Células y herencia

PRENTICE HALL Explorador de Ciencias

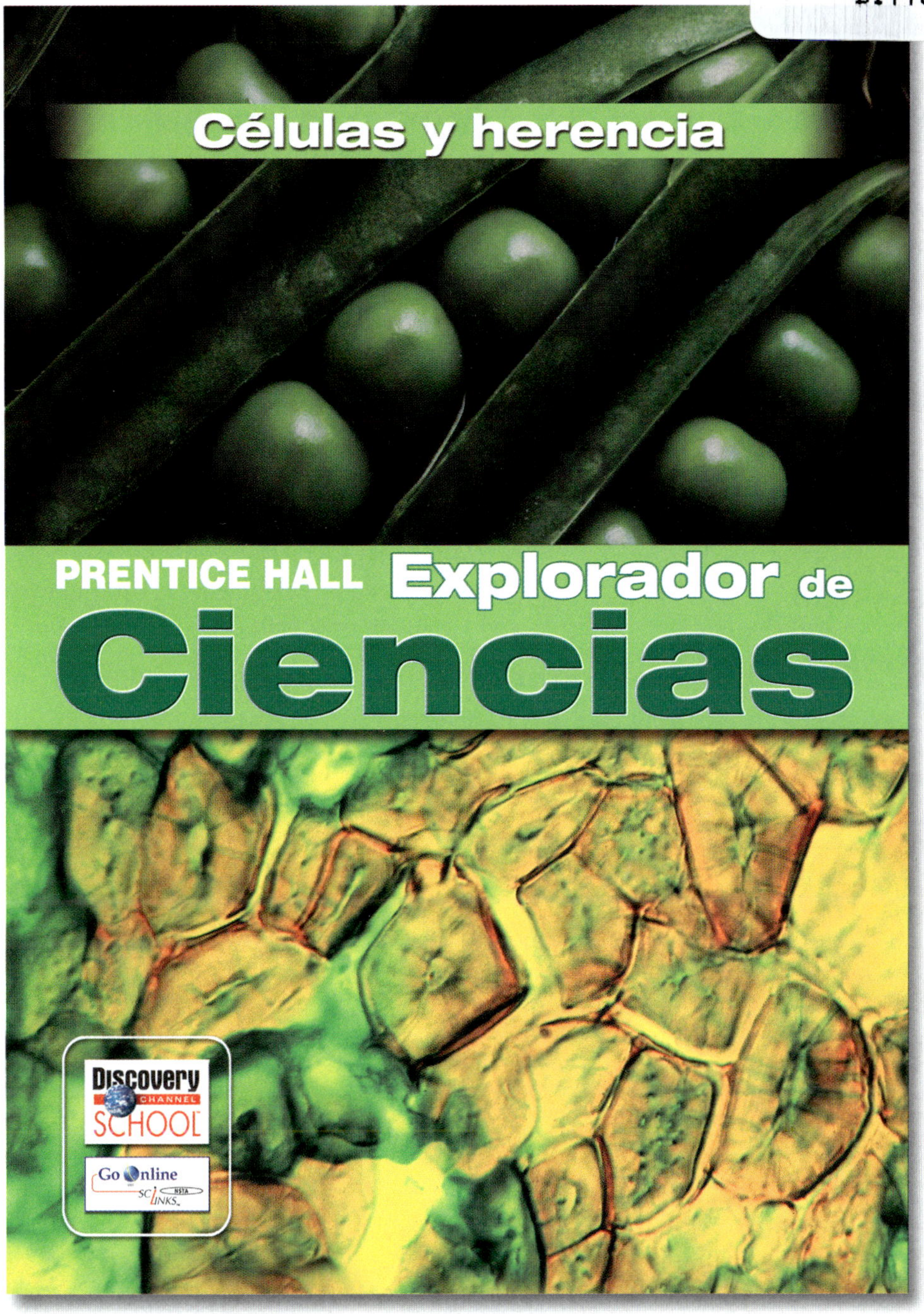

PEARSON

Prentice Hall

Needham, Massachusetts
Upper Saddle River, New Jersey

Células y herencia

Recursos específicos del libro
Student Edition
Interactive Textbook
Teacher's Edition
All-in-One Teaching Resources
Color Transparencies
Guided Reading and Study Workbook
Student Edition on Audio CD
Discovery Channel Video
Lab Activity Video
Consumable and Nonconsumable Materials Kits

Recursos del programa impreso
Integrated Science Laboratory Manual
Computer Microscope Lab Manual
Inquiry Skills Activity Books
Progress Monitoring Assessments
Test Preparation Workbook
Test-Taking Tips With Transparencies
Teacher's ELL Handbook
Reading in the Content Area

Recursos de tecnología del programa
TeacherExpress™ CD-ROM
Interactive Textbook
Presentation Pro CD-ROM
ExamView®, Computer Test Bank CD-ROM
Lab zone™ Easy Planner CD-ROM
Probeware Lab Manual With CD-ROM
Computer Microscope and Lab Manual
Materials Ordering CD-ROM
Discovery Channel DVD Library
Lab Activity DVD Library
Web Site at PHSchool.com

Recursos de la impresión en español
Libro del estudiante
Cuaderno de orientación al estudio y a la lectura
Chapter Tests with Answer Key, versión en español

Acknowledgments appear on page 208, which constitutes an extension of this copyright page.

Copyright © 2005 by Pearson Education, Inc., publishing as Pearson Prentice Hall, Upper Saddle River, New Jersey 07458. All rights reserved. Printed in the United States of America. This publication is protected by copyright, and permission should be obtained from the publisher prior to any prohibited reproduction, storage in a retrieval system, or transmission in any form or by any means, electronic, mechanical, photocopying, recording, or likewise. For information regarding permission(s), write to: Rights and Permissions Department.

Pearson Prentice Hall™ is a trademark of Pearson Education, Inc.
Pearson® is a registered trademark of Pearson plc.
Prentice Hall® is a registered trademark of Pearson Education, Inc.

Lab zone™ is a trademark of Pearson Education, Inc.

Planet Diary® is a registered trademark of Addison Wesley Longman, Inc.

Discovery Channel School® is a registered trademark of Discovery Communications, Inc., used under license. The Discovery Channel School logo is a trademark of Discovery Communications, Inc.

SciLinks® is a trademark of the National Science Teachers Association. The SciLinks® service includes copyrighted materials and is owned and provided by the National Science Teachers Association. All rights reserved.

Science News® is a registered trademark of Science Services, Inc.

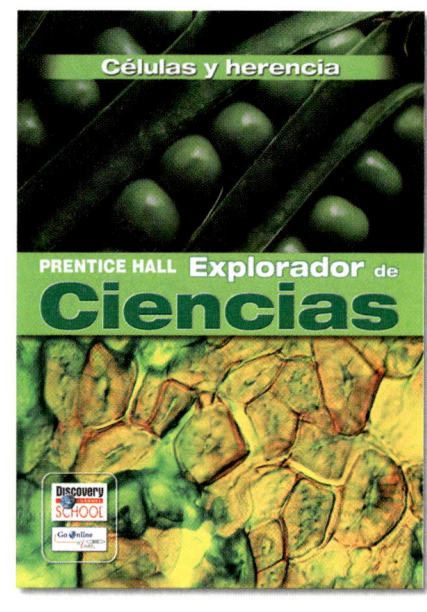

Portada
Los guisantes maduros representan el fin y el principio de un ciclo reproductivo (arriba). Las gruesas paredes de las células de la semilla de pera protegen el contenido de la célula (abajo).

ISBN 0-13-190040-4

1 2 3 4 5 6 7 8 9 10   09 08 07 06 05

Autores del programa

Dr. Michael J. Padilla
Profesor de Educación en Ciencias
Universidad de Georgia
Athens, Georgia

Michael Padilla se ha destacado en el campo de la educación media en ciencias. Ha escrito libros y ha sido electo funcionario de la Asociación Nacional de Profesores de Ciencias, además de participar en la redacción de las Normas Nacionales de Instrucción en Ciencias. Como uno de los principales autores del Explorador de Ciencias, Mike ha inspirado al grupo para desarrollar un programa que satisface las necesidades de los estudiantes de educación media, promueve la indagación científica y se ajusta a las Normas Nacionales de Instrucción en Ciencias.

Dr. Ioannis Miaoulis
Presidente del Museo de Ciencias
Boston, Massachusetts

Ioannis Miaoulis, que originalmente estudió ingeniería mecánica, encabeza el movimiento nacional para incrementar el alfabetismo tecnológico. Como rector de la Facultad de Ingeniería de la Universidad Tufts, el doctor Miaoulis estuvo en la vanguardia de la introducción de la ingeniería en los planes de estudio de Massachusetts. Actualmente colabora con sistemas escolares de todo el país para interesar a los estudiantes en actividades de ingeniería y promover el análisis del efecto de la ciencia y la tecnología sobre la sociedad.

Dra. Martha Cyr
Directora de Extensión K-12
del Instituto Politécnico de Worcester
Worcester, Massachusetts

Martha Cyr es una destacada experta en extensión de ingeniería. Cuenta con más de nueve años de experiencia en programas y actividades que hacen hincapié en el uso de los principios de ingeniería, a través de proyectos prácticos, para interesar y motivar a estudiantes y profesores de matemáticas y ciencias en los grados K-12. Su meta es suscitar un interés permanente en las ciencias y las matemáticas a través de la ingeniería.

Autor del libro

Dr. Donald Cronkite
Profesor de Biología
Universidad Hope
Holland, Michigan

Colaborador

Thomas R. Wellnitz
Instructor en Ciencias
Escuela The Paidea
Atlanta, Georgia

Asesores

Asesora de Lectura

Dra. Nancy Romance
Profesora de Educación
  en Ciencias
Universidad de Florida
Atlantic
Fort Lauderdale, Florida

Asesor de Matemáticas

Dr. William Tate
Profesor de Educación,
  estadísticas aplicadas y
  computación
Universidad de Washington
St. Louis, Missouri

Revisores

Revisores del contenido de la Universidad Tufts

La facultad de la Universidad Tufts desarrolló los proyectos de capítulo y revisó los libros del estudiante del *Explorador de Ciencias*.

Dr. Astier M. Almedom
Departamento de Biología

Dr. Wayne Chudyk
Departamento de Ingeniería civil y ambiental

Dr. John L. Durant
Departamento de Ingeniería civil y ambiental

Dr. George S. Ellmore
Departamento de Biología

Dr. David Kaplan
Departamento de Ingeniería biomédica

Dr. Samuel Kounaves
Departamento de Química

Dr. David H. Lee
Departamento de Química

Dr. Douglas Matson
Departamento de Ingeniería mecánica

Dra. Karen Panetta
Departamento de Ingeniería eléctrica y ciencias de la computación

Dr. Jan A. Pechenik
Departamento de Biología

Dr. John C. Ridge
Departamento de Geología

Dr. William Waller
Departamento de Astronomía

Revisores del contenido

Dr. Paul Beale
Departamento de Física
Universidad de Colorado
Boulder, Colorado

Dr. Jeff Bodart
Escuela Semisuperior Chipola
Marianna, Florida

Dr. Michael Castellani
Departamento de Química
Universidad Marshall
Huntington, Virginia del Oeste

Dr. Eugene Chiang
Departamento de Astronomía
Universidad de California, Berkeley
Berkeley, California

Dr. Charles C. Curtis
Departamento de Física
Universidad de Arizona
Tucson, Arizona

Dr. Daniel Kirk-Davidoff
Departamento de Meteorología
Universidad de Maryland
College Park, Maryland

Dra. Diane T. Doser
Departamento de Ciencias geológicas
Universida de Texas en El Paso
El Paso, Texas

Dr. R. E. Duhrkopf
Departamento de Biología
Universidad Baylor
Waco, Texas

Dr. Michael Hacker
Director adjunto del Centro para la alfabetización tecnológica
Universidad Hofstra
Hempstead, New York

Dr. Michael W. Hamburger
Departamento de Ciencias geológicas
Universidad de Indiana
Bloomington, Indiana

Dra. Alice K. Hankla
Escuela Galloway
Atlanta, Georgia

Dr. Donald C. Jackson
Departamento de Farmacología molecular, fisiología y biotecnología
Universidad Brown
Providence, Rhode Island

Dr. Jeremiah N. Jarrett
Departamento de Ciencias biológicas
Universidad Estatal de Connecticut Central
New Britain, Connecticut

Dr. David Lederman
Departamento de Física
Universidad de Virginia del Oeste
Morgantown, West Virginia

Dra. Becky Mansfield
Departamento de Geografía
Universidad Estatal de Ohio
Columbus, Ohio

Mtra. Elizabeth M. Martin
Departamento de Química y bioquímica
Universidad de Charleston
Charleston, Carolina del Sur

Dr. Joe McCullough
Departamento de Ciencias naturales y aplicadas
Universidad Cabrillo
Aptos, California

Dr. Robert J. Mellors
Departamento de Ciencias geológicas
Universidad Estatal de San Diego
San Diego, California

Dr. Joseph M. Moran
Sociedad Americana Meteorológica
Washington, D.C.

Dr. David J. Morrissey
Departamento de Química
Universidad Estatal de Michigan
East Lansing, Michigan

Dr. Philip A. Reed
Departamento de Estudios ocupacionales y técnicos
Universidad Old Dominion
Norfolk, Virginia

Dr. Scott M. Rochette
Departamento de Ciencias de la Tierra
Universidad Estatal de Nueva York, Universidad en Brockport
Brockport, New York

Dr. Laurence D. Rosenhein
Departamento de Química
Universidad Estatal de Indiana
Terre Haute, Indiana

Dr. Ronald Sass
Departamento de Biología y química
Universidad Rice
Houston, Texas

Dr. George Schatz
Departamento de Química
Universidad Northwestern
Evanston, Illinois

Dra. Sara Seager
Institución Carnegie de Washington
Washington, D.C.

Dr. Robert M. Thornton
División de Biología de las plantas
Universidad de California
Davis, California

Dr. John R. Villarreal
Universidad de Ciencias e ingeniería
Universidad de Texas, Pan American
Edinburg, Texas

Dr. Kenneth Welty
Escuela de Educación
Universidad de Wisconsin, Stout
Stout, Wisconsin

Dr. Edward J. Zalisko
Departamento de Biología
Universidad Blackburn
Carlinville, Illinois

Revisores de pedagogía

David R. Blakely
Preparatoria Arlington
Arlington, Massachusetts

Jane E. Callery
Secundaria Two Rivers Magnet
East Hartford, Connecticut

Melissa Lynn Cook
Preparatoria Oakland Mills
Columbia, Maryland

James Fattic
Secundaria Southside
Anderson, Indiana

Dan Gabel
Secundaria Hoover
Rockville, Maryland

Wayne Goates
Secundaria Eisenhower
Goddard, Kansas

Katherine Bobay Graser
Secundaria Mint Hill
Charlotte, Carolina del Norte

Darcy Hampton
Preparatoria Deal Junior
Washington, D.C.

Karen Kelly
Secundaria Pierce
Waterford, Michigan

David Kelso
Preparatoria Central Manchester
Manchester, New Hampshire

Benigno Lopez, Jr.
Secundaria Sleepy Hill
Lakeland, Florida

Dra. Angie L. Matamoros
ALM Consulting, INC.
Weston, Florida

Tim McCollum
Secundaria Charleston
Charleston, Illinois

Bruce A. Mellin
Escuela Brooks
North Andover, Massachusetts

Ella Jay Parfitt
Secundaria Southeast
Baltimore, Maryland

Evelyn A. Pizzarello
Secundaria Louis M. Klein
Harrison, New York

Kathleen M. Poe
Secundaria Fletcher
Jacksonville, Florida

Shirley Rose
Secundaria Lewis and Clark
Tulsa, Oklahoma

Linda Sandersen
Secundaria Greenfield
Greenfield, Wisconsin

Mary E. Solan
Secundaria Southwest
Charlotte, Carolina del Norte

Mary Stewart
Universidad de Tulsa
Tulsa, Oklahoma

Paul Swenson
Preparatoria Billings West
Billings, Montana

Thomas Vaughn
Preparatoria Arlington
Arlington, Massachusetts

Susan C. Zibell
Primaria Central
Simsbury, Connecticut

Revisores de seguridad

Dr. W. H. Breazeale
Departamento de Química
Universidad de Charleston
Charleston, Carolina del Sur

Dra. Ruth Hathaway
Hathaway Consulting
Cape Girardeau, Missouri

Mtro. Douglas Mandt
Consultor en Educación de
   Ciencias
Edgewood, Washington

Revisores de actividades de campo

Nicki Bibbo
Escuela Witchcraft Heights
Salem, Massachusetts

Rose-Marie Botting
Escuelas del Condado de Broward
Fort Lauderdale, Florida

Colleen Campos
Secundaria Laredo
Aurora, Colorado

Elizabeth Chait
Secundaria W. L. Chencry
Belmont, Massachusetts

Holly Estes
Secundaria Hale
Stow, Massachusetts

Laura Hapgood
Escuela Intermedia de la
   Comunidad Plymouth
Plymouth, Massachusetts

Mary F. Lavin
Escuela Intermedia de la
   Comunidad Plymouth
Plymouth, Massachusetts

Dr. James MacNeil
Cambridge, Massachusetts

Lauren Magruder
Escuela St. Michael's Country
Newport, Rhode Island

Jeanne Maurand
Escuela Preparatoria Austin
Reading, Massachusetts

Joanne Jackson-Pelletier
Escuela Secundaria
   Inferior Winman
Warwick, Rhode Island

Warren Phillips
Escuelas Públicas de Plymouth
Plymouth, Massachusetts

Carol Pirtle
Secundaria Hale
Stow, Massachusetts

Kathleen M. Poe
Secundaria Fletcher
Jacksonville, Florida

Cynthia B. Pope
Escuelas Públicas de Norfolk
Norfolk, Virginia

Anne Scammell
Secundaria Geneva
Geneva, New York

Karen Riley Sievers
Secundaria Callanan
Des Moines, Iowa

David M. Smith
Secundaria Eyer
Allentown, Pennsylvania

Gene Vitale
Escuela Parkland
McHenry, Illinois

Contenido

Células y herencia

Profesiones en Ciencias Se aclara un misterio x

Capítulo 1 Estructura y función celular **4**
- 1 Descubrimiento de las células 6
- 2 Observar las células por dentro 16
- 3 **Integración con la química** Compuestos químicos en las células 25
- 4 La célula en su ambiente 32

Cell Structure and Function

Capítulo 2 Procesos celulares y energía **42**
- 1 Fotosíntesis 44
- 2 Respiración 49
- 3 División celular 55
- 4 **Integración con la salud** Cáncer 64

Cell Processes and Energy

Capítulo 3 Genética: La ciencia de la herencia **74**
- 1 El trabajo de Mendel 76
- 2 **Integración con las matemáticas** Probabilidad y herencia 84
- 3 La célula y la herencia 92
- 4 La conexión con el ADN 97

Genetics: The Science of Heredity

Capítulo 4 Genética moderna **108**
- 1 Herencia humana 110
- 2 Trastornos genéticos humanos 117
- 3 **Tecnología y diseño** Adelantos en genética 123

Modern Genetics

Capítulo 5 Cambios con el tiempo **136**
- 1 Teoría de Darwin 138
- 2 Evidencia de evolución 148
- 3 **Integración con las ciencias de la Tierra** El registro fósil 155

Changes Over Time

Exploración interdisciplinaria
Perros: Compañeros fieles **168**

Sección de referencia

Manual de destrezas **174**
    Piensa como científico 174
    Hacer mediciones 176
    Realizar una investigación científica 178
    Destrezas de diseño tecnológico 180
    Crear tablas de datos y gráficas 182
    Repaso de matemáticas 185
    Destrezas de comprensión de lectura 190

Apéndice A Seguridad en el laboratorio **194**
Apéndice B Uso del microscopio **196**
Glosario **198**
Índice **202**
Reconocimientos **208**

Mejora tu comprensión con un video dinámico, disponible en inglés.

Preview Motívate con esta introducción al contenido del capítulo.

Field Trip Explora un relato de la vida real relacionado con el contenido del capítulo.

Assessment Repasa el contenido y responde a la evaluación.

Conéctate con interesantes recursos Web para cada lección, disponible en inglés.

SC*i*LINKS™ **NSTA** Busca vínculos Web sobre temas relacionados con cada sección.

Active Art Interactúa en línea con ayudas visuales seleccionadas de cada capítulo.

Planet Diary® Explora noticias y fenómenos naturales con reportajes semanales.

Science News® Ponte al día con los descubrimientos científicos más recientes.

Experimenta todo el libro de texto en línea y en CD-ROM, disponible en inglés.

Actividades Practica destrezas y aprende los contenidos.

Videos Explora el contenido y aprende importantes destrezas de laboratorio.

Apoyo de audio Escucha la pronunciación y definición de los términos clave.

Autoevaluación Usa la retroalimentación inmediata para conocer tus adelantos.

Actividades

Proyecto del capítulo — Oportunidades para una investigación a largo plazo

Experimentar con una célula 5
¡A brillar! 43
Cosas de familia 75
Enseña un rasgo a los demás 109
El largo calendario de la vida 137

Actividad Descubre — Exploración e investigación antes de la lectura

¿Ver es creer? 6
¿Qué tamaño tienen las células? 16
¿Qué es un compuesto? 25
¿Cómo se mueven las moléculas? 32
¿De dónde procede la energía? 44
¿Cuál es un producto de la respiración? ... 49
¿Qué hacen las células de levadura? 55
¿Qué sucede cuando hay demasiadas células? 64
¿Qué aspecto tiene el padre? 76
¿Cuál es la probabilidad? 84
Identificar cromosomas 92
¿Puedes descifrar el código? 97
¿Cuál es tu estatura? 110
¿Cuántos cromosomas hay? 117
¿Qué revelan las huellas dactilares? 123
¿Cómo varían los seres vivos? 138
¿Cómo puedes clasificar las especies? 148
¿Qué puedes aprender de los fósiles? 155

Actividad Inténtalo — Refuerzo de conceptos clave

Comparar células 22
¿Qué es ese sabor? 28
Difusión en acción 35
Observar pigmentos 47
Modelar la mitosis 56
Cruza de monedas 86
Está en los ojos 113
Adaptaciones de los picos de las aves 141
Conservación en hielo 156

Actividad Destrezas — Destrezas de investigación científica

Observar 11
Predecir 50
Predecir 80
Sacar conclusiones 99
Comunicar 127
Hacer modelos 143
Sacar conclusiones 150

Laboratorios
Práctica en profundidad de destrezas de investigación y conceptos científicos

Laboratorio de tecnología
Diseñar y construir un microscopio ...14

Laboratorio del consumidor
¿Qué alimentos no tienen grasa? 31

Diseña tu laboratorio
Exhalar dióxido de carbono 54

Laboratorio de destrezas
Multiplicación por división 63

Laboratorio de destrezas Hacer un estudio de la clase 82

Laboratorio de destrezas ¡Apostar a lo seguro! 90

Laboratorio de destrezas
Rompecabezas familiar 122

Laboratorio de destrezas
¿Culpable o inocente? 129

Laboratorio de destrezas
La naturaleza en acción 146

Laboratorio de destrezas
Moléculas reveladoras 154

Actividad En casa
Actividades rápidas y atractivas para realizar en casa y en familia

Compuestos del alimento 30
Hacer pan 53
Una dieta para prevenir el cáncer 67
Jardines y herencia 81
Alimentos y cruces selectivos 128
Modelar la formación de fósiles 163

Tecnología y diseño
Diseñar, construir, probar y comunicar

Tecnología y diseño en la historia
El microscopio: mejoras a lo largo del tiempo 8

Laboratorio de tecnología Diseñar y construir un microscopio 14

Ciencias y sociedad ¿Cuándo deben lanzarse nuevos medicamentos al mercado? 68

Tecnología y sociedad Dactilografía de ADN 130

Matemáticas
Práctica matemática relacionada

Analizar datos
Compuestos de bacterias y mamíferos 29
Duración del ciclo celular 60
¿Qué son los genotipos? 88
Modificar la producción de arroz 125
Descomposición radiactiva 158

Destrezas de matemáticas
Razones 33
Porcentaje 85

active art
Ilustraciones animadas en línea, en inglés

Células vegetales y animales 21
El ciclo celular 59
Síntesis de proteínas 101
Una genealogía 119
Formación de fósiles 157

Profesiones en Ciencias

Se aclara un misterio

Para hallar la cura de una enfermedad, antes hay que conocer su causa. El doctor Wilfredo Colón investiga las causas de ciertas enfermedades humanas, pero no trabaja en un hospital. El doctor Colón, a quien sus amigos llaman "Freddie", es un bioquímico que trabaja en un laboratorio, donde usa microscopios, computadoras y otros equipos para determinar cómo las proteínas pueden provocar enfermedades.

Las proteínas son parte fundamental de todas las células vivas. "Las proteínas son los bloques de construcción celular", explica el doctor Colón. "Sin duda sabes que tu cuerpo está compuesto principalmente de agua. Pero si sacaras toda el agua de tu cuerpo, sólo quedarían tus proteínas."

Las proteínas están hechas de cadenas de sustancias químicas llamadas aminoácidos, los cuales están unidos como cuentas en un cordón. Cada proteína tiene una secuencia particular de aminoácidos y hay decenas de miles de proteínas en el cuerpo humano. Si la cadena proteica no se forma correctamente, puede haber graves consecuencias para la célula.

Freddie Colón trabaja para resolver el misterio del doblamiento y desdoblamiento de las proteínas.

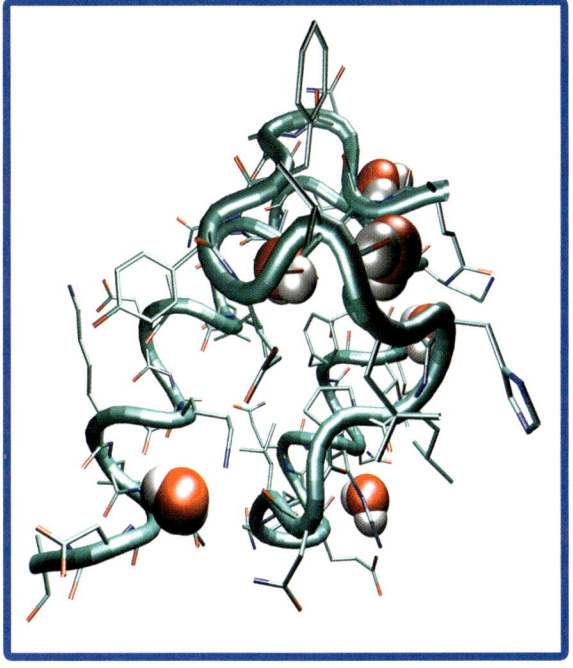

Los científicos crearon este modelo del doblamiento de las proteínas.

Freddie Colón utiliza un espectrómetro para montar las muestras de un experimento sobre el doblamiento de las proteínas.

Perfil Profesional

Wilfredo Colón nació en la Ciudad de Nueva York y a los 10 años emigró con su familia a Puerto Rico, donde obtuvo una licenciatura de la Universidad de Puerto Rico en Mayagüez. Hoy es profesor asociado de química en el Instituto Politécnico Rensselaer de Troy, Nueva York. En el año 2000, Freddie recibió el premio Presidential Early Career en Ciencias e Ingeniería. En 2002, se hizo acreedor a una beca federal de un millón de dólares para subsidiar su investigación en ALS (siglas en inglés de Esclerosis Lateral Amiotrófica).

Entrevista con Wilfredo Colón

¿ Cuál es la importancia de la forma de las proteínas?

Cuando se forma una cadena de proteína en el interior de la célula, se dobla adquiriendo la forma característica de esa proteína. A veces, la forma de la proteína se compara con una llave y su cerradura. Si la forma de la cerradura es incorrecta, la llave no puede abrirla. Del mismo modo, si la forma de la proteína es incorrecta, no funcionará debidamente y puede provocar una enfermedad. "Nadie sabe, a ciencia cierta, por qué una proteína se dobla de una manera en particular", explica Freddie. "Hasta que conozcamos la causa, no podremos comprender cómo curar las enfermedades que se desarrollan a causa de un doblamiento inadecuado".

¿ Qué sucede cuando las proteínas se doblan mal?

Las proteínas mal dobladas se adhieren en paquetes inservibles para la célula. Esos paquetes de proteínas mal dobladas se parecen a la clara de huevo cocida. La clara del huevo consiste principalmente en agua y proteína. Cuando rompes un huevo crudo, la clara es transparente y casi líquida, pero cuando cueces el huevo, las proteínas cambian de forma y la clara se vuelve dura y opaca. Estos cambios se parecen a los que se dan cuando una proteína se dobla incorrectamente.

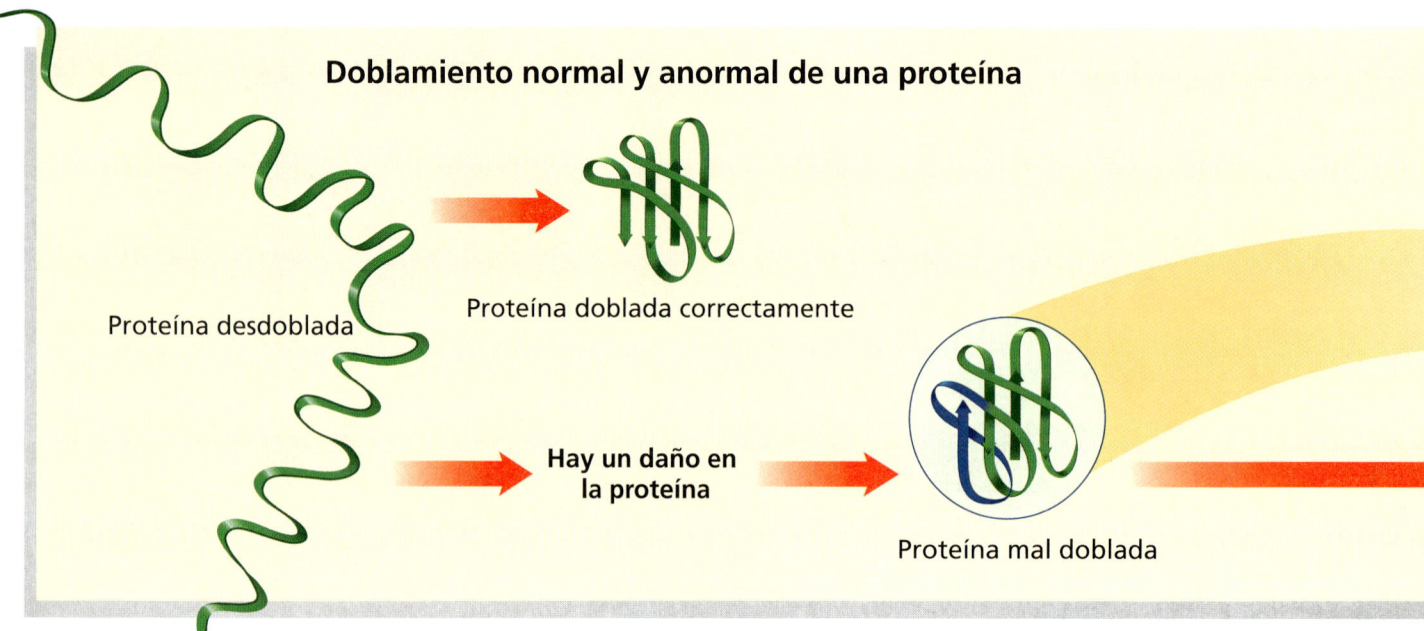

Doblamiento normal y anormal de una proteína

Proteína desdoblada
Proteína doblada correctamente
Hay un daño en la proteína
Proteína mal doblada

¿Qué enfermedades causa el doblamiento incorrecto?

Las proteínas mal dobladas pueden provocar enfermedades como mal de Parkinson, diabetes tipo II y enfermedad de Alzheimer. El doctor Colón tiene especial interés en determinar la forma como las proteínas mal dobladas pueden provocar un padecimiento llamado esclerosis lateral amiotrófica (ALS, por sus siglas en inglés), también llamada enfermedad de Lou Gehrig.

Lou Gehrig, primera base de los Yanquis de Nueva York, fue uno de los mejores jugadores en la historia del béisbol. Murió a los 38 años y la enfermedad que le quitó la vida recibió su nombre.

¿Qué es ALS?

"ALS es una enfermedad de las células nerviosas que controlan el movimiento de los músculos", explica Freddie. "Las personas que tienen ALS pierden poco a poco la capacidad de moverse y en todos los casos, la enfermedad conduce a la muerte. Muchos científicos han propuesto la hipótesis de que ALS puede deberse a proteínas que se doblan incorrectamente." En promedio, ALS se presenta hacia los 50 años de edad.

¿Qué ocasiona ALS?

Parece que las proteínas mal dobladas envenenan las células nerviosas que controlan el movimiento. Como son demasiado grandes para que la célula pueda eliminarlas, se acumulan en su interior y cuando las células contienen demasiados paquetes de proteínas mal dobladas, ya no pueden recibir señales del encéfalo. Sin órdenes del encéfalo, los músculos dejan de moverse. Con el tiempo, mueren cada vez más células nerviosas hasta que los músculos pierden toda capacidad de movimiento.

¿Cómo se investigan las proteínas?

"La investigación está enfocada en dos áreas", señala Freddie. "Primero, tratamos de comprender por qué las proteínas se doblan incorrectamente.

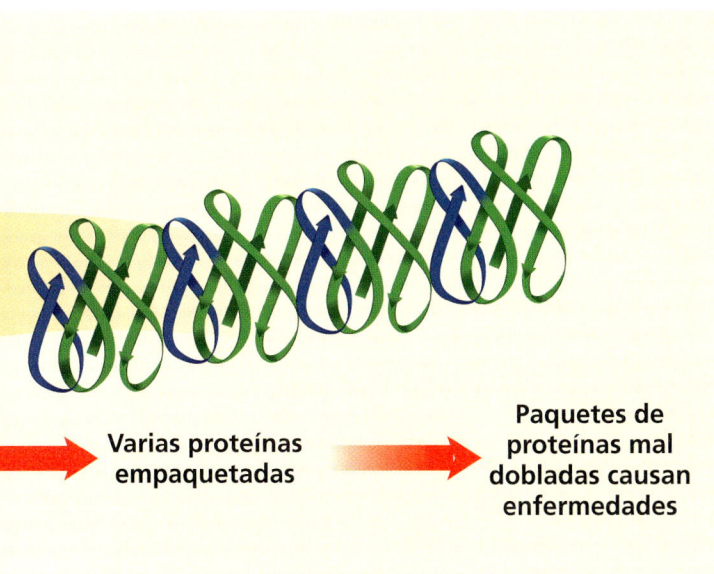

Varias proteínas empaquetadas → Paquetes de proteínas mal dobladas causan enfermedades

"Segundo, estamos probando la hipótesis de que ciertos casos de ALS se deben al doblamiento incorrecto de una proteína particular. Como no podemos ver las moléculas proteicas a simple vista, utilizamos una máquina llamada espectrómetro.

"El espectrómetro nos dice si la proteína está bien o mal doblada, formando paquetes. Utilizamos un microscopio de fuerza atómica para estudiar la forma de la proteína alterada.

"Si descubrimos cómo se comporta la proteína de ALS, podremos comprender cómo causa la enfermedad y empezar a buscar medicinas que frenen su desarrollo. Esa información también servirá para comprender otros padecimientos que, al parecer, están causados por el inadecuado doblamiento de una proteína."

¿Siempre quiso ser investigador?

"¡No!", exclama Freddie. "Siempre quise ser médico, curar enfermedades. Pero cuando estudié química en el segundo año de la universidad, el tema se volvió apasionante para mí. Luego vi un anuncio solicitando un estudiante como asistente de investigación y conseguí el puesto. La oportunidad de trabajar en una investigación fue determinante para mí y decidí estudiar la carrera de química. Ahora trabajo con las cadenas de aminoácidos que componen las proteínas. Así que en vez de médico, ¡ahora soy científico!".

¿Qué cualidades necesita un buen científico?

"Un buen científico necesita cuatro cosas", responde Freddie. "Primero, debe gustarle trabajar. Yo hago todo lo necesario para realizar mis investigaciones y, a veces, trabajo muchas horas extra. Segundo, el científico debe ser perseverante. ¡No imaginas cuántos de nuestros experimentos fallan! Perseverancia significa seguir trabajando aunque las cosas salgan mal. Tercero, creo que el científico necesita la capacidad de analizar un problema y reunir todas sus observaciones para hallar una solución. Por último, y lo más importante de todo, el científico debe tener confianza. Si quieres ser científico, ¡adelante!".

Escribir en ciencias

Enlace con profesiones Freddie indicó las cuatro cualidades de un buen científico. Una de ellas es la perseverancia. Una persona perseverante no se rinde cuando enfrenta dificultades. Escribe un párrafo donde describas cuál es la utilidad de la perseverancia en una profesión científica.

Para: Más información sobre esta profesión, disponible en inglés.
Visita: PHSchool.com
Código Web: ceh-3000

Capítulo 1

Estructura y función celular

Avance del capítulo

1 Descubrimiento de las células
Descubre *¿Ver para creer?*
Actividad de destrezas *Observar*
Laboratorio de tecnología *Diseñar y construir un microscopio*

2 Observar las células por dentro
Descubre *¿Qué tamaños tienen las células?*
Inténtalo *Célula de gelatina*
Arte activo *Células vegetales y animales*
Inténtalo *Comparar células*

3 Compuestos químicos en las células
Descubre *¿Qué es un compuesto?*
Inténtalo *¿Qué es ese sabor?*
Analizar datos *Compuestos de bacterias y mamíferos*
Actividad en casa *Compuestos del alimento*
Laboratorio del consumidor *¿Qué alimentos no tienen grasa?*

4 La célula en su ambiente
Descubre *¿Cómo se mueven las moléculas?*
Destrezas de matemáticas *Razones*
Inténtalo *Difusión en acción*

Interactive Textbook

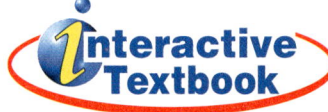

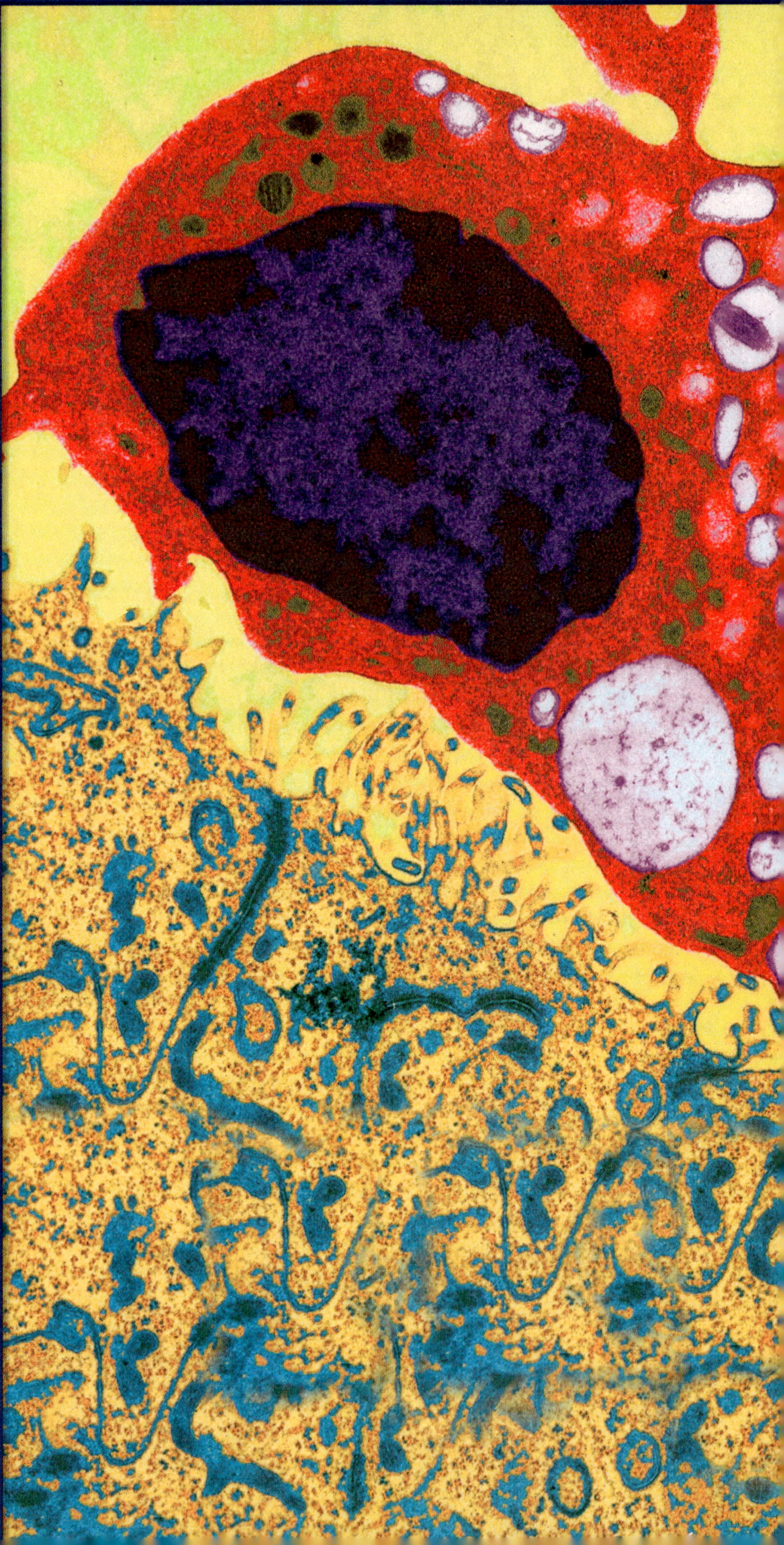

La célula en rojo se halla en la sangre. Este tipo de célula destruye bacterias.

Discovery Channel School

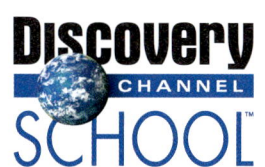

Cell Structure and function

- ▶ Video Preview
- Video Field Trip
- Video Assessment

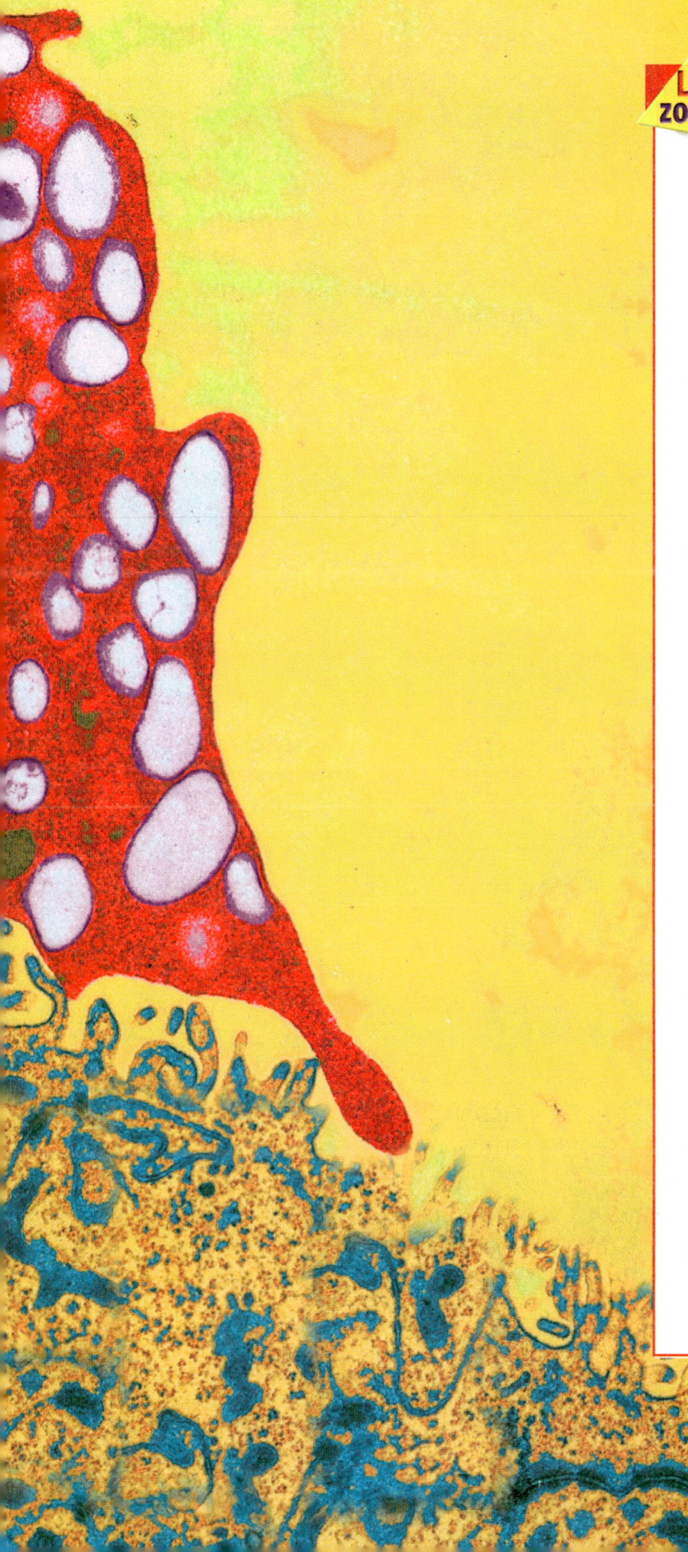

Lab zone™ **Proyecto** del capítulo

Experimentar con una célula

En este capítulo aprenderás que todos los seres vivos están compuestos de células; a veces sólo de una y a veces ¡de billones de ellas! Estudiarás un objeto cotidiano que sirve como modelo de una célula: un huevo crudo.

Tu objetivo Observar cómo entran y salen de la célula diversas sustancias, usando un huevo como modelo de la célula

Para completar este proyecto debes

- observar qué pasa cuando remojas un huevo crudo en vinagre, luego en agua, colorante vegetal, agua salada y, por último, en cualquier otro líquido
- medir todos los días la circunferencia del huevo y hacer una gráfica con los resultados
- explicar los cambios que observes en el huevo
- seguir las reglas de seguridad del Apéndice A

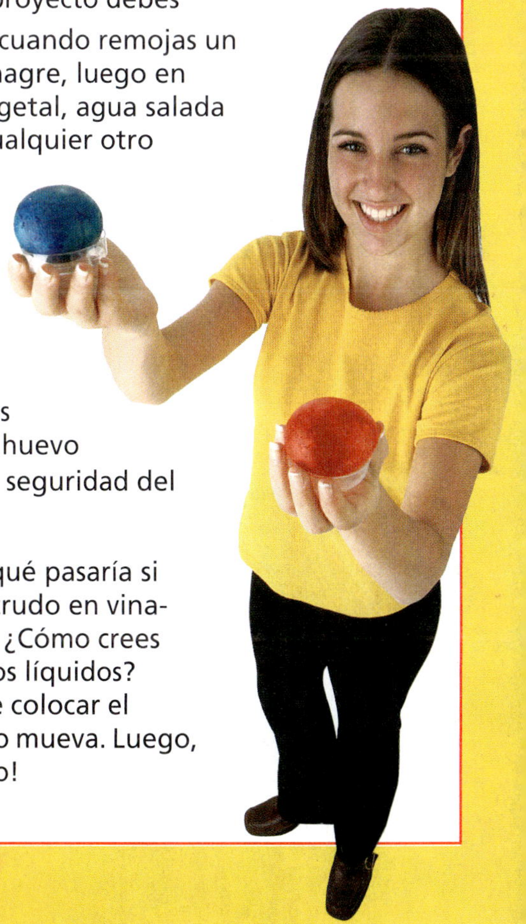

Haz un plan Predice qué pasaría si remojaras un huevo crudo en vinagre durante dos días. ¿Cómo crees que lo afectarían otros líquidos? Busca un lugar dónde colocar el huevo sin que nadie lo mueva. Luego, ¡inicia tu experimento!

Sección 1
Descubrimiento de las células

Avance de la lectura

Conceptos clave
- ¿Qué son las células?
- ¿Cómo contribuyó la invención del microscopio al conocimiento de los seres vivos?
- ¿Qué es la teoría celular?
- ¿Cómo amplifican las imágenes los microscopios?

Términos clave
- célula • microscopio
- teoría celular

Destreza clave de lectura
Ordenar en serie Una serie es el orden en que se da un conjunto de sucesos. Mientras lees, haz un diagrama de flujo que muestre las contribuciones de Hooke, Leeuwenhoek, Schleiden, Schwann y Virchow al conocimiento científico de las células.

Descubrimiento de las células

Hooke observa las células del corcho.

↓

↓

Actividad Descubre (Lab zone)

¿Ver para creer?

1. Recorta una fotografía en blanco y negro de cualquier periódico. A simple vista, examínala detenidamente. Anota tus observaciones.
2. Analiza la misma foto con una lupa. Vuelve a anotar tus observaciones.
3. Pon la foto en la platina de un microscopio. Usa las láminas portaobjetos para sujetarla. Proyecta un haz de luz sobre la foto. Enfoca el microscopio sobre alguna parte de la foto. (Consulta las instrucciones del Apéndice B sobre el uso de un microscopio). Anota tus observaciones.

Reflexiona
Observar ¿Qué viste con la lupa en la fotografía que no pudiste ver a simple vista? ¿Qué detalles adicionales pudiste observar con el microscopio?

Un bosque está repleto de una asombrosa variedad de seres vivos. Algunos son fáciles de ver, pero hay que observar detenidamente para localizar otros. Si observas con cuidado el suelo del bosque, a veces hallarás manchas de color brillante. Un hermoso hongo coral rosado crece bajo los altos árboles. Junto a él, un diminuto tritón rojo sentado en una hoja caída.

¿Qué crees que tengan en común el hongo, un árbol y el tritón rojo? Todos son seres vivos u organismos y, como cualquier organismo, están compuestos de células.

FIGURA 1
Tritón y hongo coral
Todos los seres vivos están compuestos de células, incluidos este hongo rosado y el tritón rojo que se encuentra a su lado.

Perspectiva general de las células

Tú estás hecho de células. **Las células son las unidades básicas de estructura y función en los seres vivos.** Esto significa que las **células** componen las distintas partes de un organismo y realizan todos los procesos, es decir, las funciones del organismo.

Células y estructura Cuando describes la estructura de un objeto, señalas su composición y la forma como están unidas sus distintas partes. Por ejemplo, las estructuras de muchos edificios dependen de la forma como se colocaron sus ladrillos, vigas de acero y otros materiales. Las estructuras de los seres vivos están determinadas por la asombrosa variedad de formas como se unen sus células. Por ejemplo, un árbol alto consta de células organizadas en un tronco elevado y ramas con hojas. Las células del tritón rojo forman un cuerpo con cabeza y cuatro patas.

Células y función Las funciones de un organismo son los procesos que le permiten vivir y reproducirse. Algunas funciones de los organismos incluyen obtención de oxígeno, eliminación de desechos, obtención de alimento y crecimiento. Las células participan en todas estas funciones. Por ejemplo, las células de tu aparato digestivo absorben alimento. El alimento proporciona la energía y los materiales que tu cuerpo necesita para crecer.

Muchas y pequeñas La Figura 2 muestra células de la piel humana. Un centímetro cuadrado de tu piel contiene más de 100,000 células. Pero no importa con cuánta atención observes a simple vista, no podrás ver las células individuales de tu piel. Eso se debe a que, como la mayoría de las células, las que forman tu piel son muy pequeñas. Hasta fines del siglo XVII, nadie sabía que existían las células porque no había manera de verlas.

 ¿Cuáles son algunas de las funciones que realizan las células de los seres vivos?

Primeras observaciones de las células

Alrededor de 1590, la invención del microscopio permitió que las personas observaran objetos muy pequeños. **La invención del microscopio hizo posible el descubrimiento y estudio de las células.** Un **microscopio** es un instrumento que agranda el aspecto de objetos pequeños. Algunos usan lentes para enfocar la luz. Las lentes de los microscopios ópticos son como los pedazos de vidrio o plástico transparente y curvado que se usan en los anteojos. Un microscopio simple contiene una sola lente. Un microscopio óptico con más de una lente se llama microscopio compuesto.

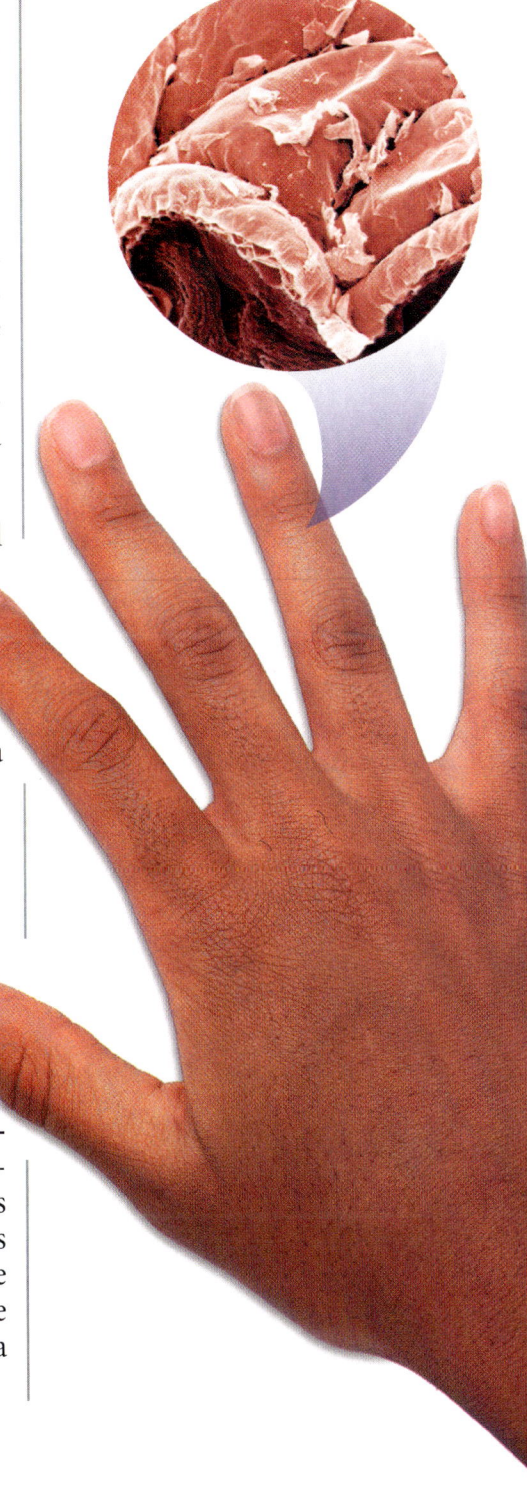

Figura 2
Células de la piel
Tu piel está compuesta de células como éstas. **Aplicar conceptos** *¿Qué son las células?*

Robert Hooke Uno de los primeros en observar las células fue el científico e inventor inglés Robert Hooke. Hooke construyó su propio microscopio compuesto, que fue uno de los mejores en su tiempo. En 1663, Hooke usó su microscopio para observar la estructura de una delgada porción de corcho. El corcho, la corteza del árbol de corcho, está compuesto de células muertas. A Hooke le pareció que los espacios vacíos del corcho eran como diminutas habitaciones rectangulares. Por ello, Hooke dio a los espacios vacíos el nombre de *células,* vocablo derivado del latín *cellula* que significa "hueco".

Hooke describió así sus observaciones: "Estos poros o células no son muy profundos, aunque contienen gran cantidad de minúsculas cajas…". Para Hooke, lo más sorprendente era la cantidad de células que contenía el corcho. Calculó que una pulgada cúbica de corcho contenía unos mil doscientos millones de células, cantidad que calificó de "casi increíble".

• Tecnología y diseño en la historia •

El microscopio: mejoras a lo largo del tiempo

El microscopio permitió el descubrimiento de las células. Los microscopios se han mejorado en muchos sentidos durante los últimos 400 años.

1590 Primer microscopio compuesto
Zacharias y Hans Janssen, fabricantes holandeses de espejuelos, fabricaron uno de los primeros microscopios compuestos. Era un tubo con una lente en cada lado.

1660 Microscopio compuesto de Hooke
El microscopio compuesto de Hooke incluía una lámpara de aceite para iluminación. Una lente enfoca la luz de la llama en el espécimen.

1674 Microscopio simple de Leeuwenhoek
El microscopio simple de Leeuwenhoek tenía sólo una lente diminuta, pero podía amplificar hasta 266 veces un espécimen.

1500   1600   1700

Anton van Leeuwenhoek Casi al mismo tiempo que Robert Hooke hacía su descubrimiento, Anton van Leeuwenhoek también comenzó a observar objetos diminutos con el microscopio. Leeuwenhoek fue un comerciante holandés que vendía telas. En su tiempo libre, construyó microscopios simples.

Leeuwenhoek observó gotas de agua de un lago, raspaduras de dientes y encías, y agua de los canalones. Se sorprendió de hallar una variedad de organismos unicelulares en muchos de sus materiales. Leeuwenhoek observó que muchos de esos organismos microscópicos se movían. Algunos daban vueltas, unos saltaban y otros nadaban en el agua como peces. Dio a los organismos móviles el nombre de *animálculos,* que significa "animales pequeños".

Verifica tu lectura ¿Qué tipo de microscopio, simple o compuesto, fabricó y usó Leeuwenhoek?

Escribir en ciencias

Analizar y escribir Investiga más sobre alguno de los microscopios. Luego, escribe un anuncio publicitario que podría publicarse en una revista científica. Demuestra creatividad. Resalta la utilidad del microscopio o describe las maravillas que se pueden ver con él.

1886 Microscopio óptico compuesto moderno
Los científicos alemanes Ernst Abbé y Carl Zeiss crearon un microscopio óptico compuesto usando lentes complejas que mejoraban mucho la imagen. Un espejo dirige la luz a través del espécimen. Los microscopios compuestos modernos pueden amplificar un espécimen hasta 1,000 veces su tamaño.

1965 Microscopio electrónico de exploración (MEE)
En vez de atravesarlo, un MEE proyecta electrones sobre la superficie de un espécimen y da una imagen tridimensional. Amplifica hasta 150,000 veces el tamaño del espécimen.

1933 Microscopio de transmisión de electrones (MTE)
El físico alemán Ernst Ruska creó el primer microscopio electrónico. Los MTE emiten electrones a través de especímenes cortados en capas muy delgadas. Los MTE pueden amplificar la imagen hasta 500,000 veces.

1981 Microscopio de exploración en túnel (MET)
Un MET mide los electrones que pasan o "forman un túnel" a través de la superficie de un espécimen. Los MET pueden amplificar la imagen hasta 1,000,000 de veces.

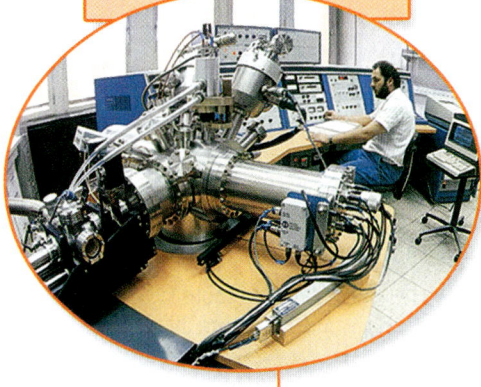

1800 — 1900 — 2000

Figura 3
La monarca y el algodoncillo
La oruga de la mariposa monarca y la hoja de algodoncillo que roe están formados por células.

Células vegetales

Células animales

Para: Vínculos sobre la teoría celular, disponible en inglés.
Visita: www.SciLinks.org
Código Web: scn-0311

Desarrollo de la teoría celular

Los emocionantes descubrimientos de Leeuwenhoek llamaron la atención de otros investigadores. Al igual que Hooke, Leeuwenhoek y todos los buenos científicos de la época, los otros investigadores estaban intrigados por el mundo que los rodeaba, incluidas las cosas que no podían ver normalmente. Muchas personas comenzaron a usar microscopios para descubrir todos los posibles secretos de las células.

Schleiden, Schwann y Virchow Tres científicos alemanes hicieron contribuciones particularmente importantes al conocimiento de la célula: Matthias Schleiden, Theodor Schwann y Rudolf Virchow. En 1838, Schleiden determinó que todas las plantas están hechas de células. Fundamentó su conclusión en sus propias investigaciones y las de otros. Al año siguiente, Theodor Schwann concluyó que todos los animales también están hechos de células. Por consiguiente, afirmó Schwann, todos los seres vivos están compuestos de células.

Schleiden y Schwann hicieron un importante descubrimiento sobre los seres vivos. Sin embargo, no pudieron explicar el origen de las células. Hasta esa época, se pensaba que los seres vivos surgían de la materia sin vida. En 1885, Virchow propuso que las nuevas células provenían de células ya existentes. "Todas las células provienen de células", escribió Virchow.

Lo que dice la teoría celular Schleiden, Schwann, Virchow y otros ayudaron a desarrollar la teoría celular. La **teoría celular** es una explicación ampliamente aceptada sobre la relación entre las células y los seres vivos. **La teoría celular afirma que:**

- Todos los seres vivos están compuestos de células.
- Las células son las unidades básicas de estructura y función en los seres vivos.
- Todas las células se producen a partir de otras células.

La teoría celular se aplica a todos los seres vivos, sin importar cuán grandes o pequeños sean. Como las células son un elemento común a todos los seres vivos, pueden proporcionar información acerca de las funciones que realizan los seres vivos. Debido a que las células se derivan de otras células, los científicos pueden estudiar las células para conocer más de su crecimiento y reproducción.

 **Verifica tu lectura** ¿Qué concluyeron Schleiden y Schwann acerca de las células?

Microscopios ópticos y electrónicos

La teoría celular no se habría desarrollado sin ayuda de los microscopios. Para ser útil, un microscopio necesita combinar dos propiedades importantes: amplificación y resolución. Los científicos modernos usan dos tipos de microscopio: ópticos y electrónicos.

Amplificación y lentes La primera propiedad, amplificación, es la capacidad de hacer que las cosas parezcan más grandes de lo que son. **Las lentes de los microscopios ópticos amplifican objetos reflejando la luz que pasa a través de ellos.** Si observas una lupa, como en la Figura 4, verás que la lente no es plana, sino curva. El centro de la lente es más grueso que el borde. Una lente que tiene esta forma curva se llama lente convexa. La luz que pasa por los lados de la lente se refleja hacia adentro. Cuando la luz llega al ojo, el ojo ve el objeto más grande de lo que es en realidad.

Lab zone Actividad Destrezas

Observar

1. Lee sobre el uso del microscopio (Apéndice B) antes de iniciar esta actividad.
2. Coloca un portaobjetos preparado con una delgada sección de corcho en la platina del microscopio.
3. Observa el portaobjetos a baja potencia. Dibuja lo que veas.
4. Coloca unas gotas de agua de estanque en otro portaobjetos y cúbrelas con el cubreobjetos.
5. Observa el portaobjetos a baja potencia. Dibuja lo que veas. Lávate las manos luego de usar el agua de estanque.

¿Qué diferencia hay entre tu dibujo del paso 3 y la descripción de Hooke sobre las células, en la página 8? Según tus observaciones del paso 5, explica por qué Leeuwenhoek llamó "pequeños animales" a los organismos que vio.

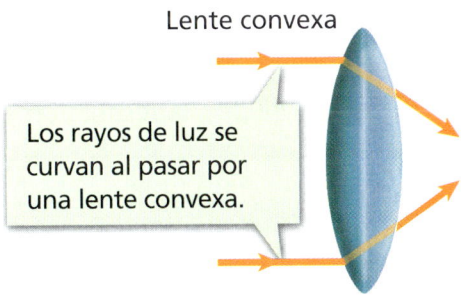

Los rayos de luz se curvan al pasar por una lente convexa.

Figura 4
Una lente convexa
Una lupa es una lente convexa. Las líneas del diagrama representan los rayos de luz y las flechas muestran la dirección que sigue la luz. **Interpretar diagramas** *Describe qué sucede con los rayos de luz al pasar por una lente convexa.*

C ◆ 11

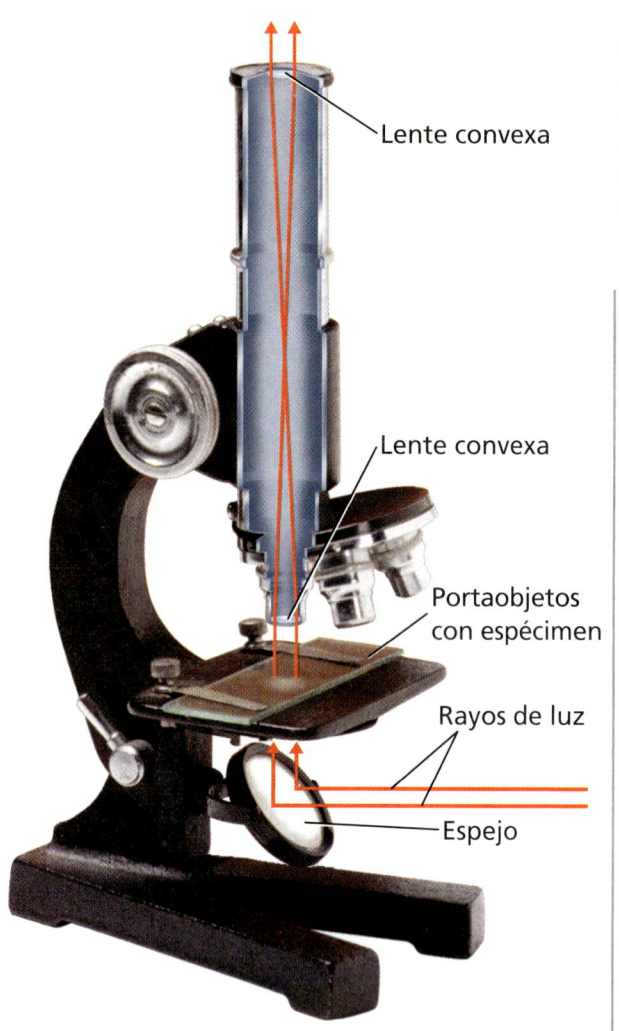

FIGURA 5
Un microscopio compuesto
Un microscopio compuesto tiene dos lentes convexas. **Calcular** *Si una lente tiene una amplificación de 10 y la otra tiene una amplificación de 50, ¿cuál será la amplificación total?*

Amplificación del microscopio compuesto

Debido a que el microscopio compuesto usa más de una lente, puede amplificar más al objeto que usando una sola lente. La luz atraviesa el espécimen y luego pasa por las dos lentes como muestra la Figura 5. La primera lente, más próxima al espécimen, amplifica el objeto. Luego, la segunda lente que está más cerca del ojo, aumenta la amplificación de la imagen. La amplificación total del microscopio es igual al múltiplo de la amplificación de ambas lentes. Por ejemplo, supongamos que la primera lente hace que el objeto parezca 10 veces más grande de lo que es en realidad y que la segunda hace que el objeto se vea 40 veces más grande de lo que es. La amplificación total del microscopio es 10×40, es decir, 400.

Resolución Para crear una imagen útil, el microscopio debe ayudarte a ver claramente cada una de las partes del espécimen. La capacidad para distinguir con claridad las distintas partes de un objeto se llama **resolución**. Resolución es otra forma de describir la nitidez o claridad de una imagen. Por ejemplo, una fotografía en un periódico está compuesta de varios puntos pequeños. Si pones la imagen bajo el microscopio, verás los puntos. Puedes ver los puntos no sólo porque están amplificados, sino gracias a que el microscopio también mejora la resolución. Necesitas buena resolución para estudiar las células.

FIGURA 6
Fotos de microscopio óptico
Las imágenes del pulgón de agua y la filiforme *Spirogyra* se tomaron con un microscopio óptico.

Pulgón de agua
40 veces su tamaño real

Spirogyra
300 veces su tamaño real

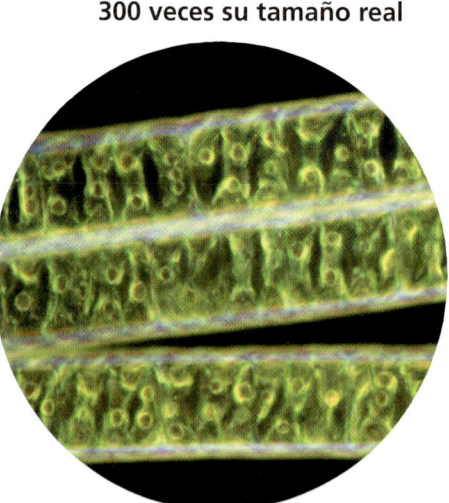

FIGURA 7
Imagen de microscopio electrónico
Un piojo sujeto a un cabello humano. Esta imagen se hizo con un microscopio electrónico de exploración. El piojo se amplificó a más de 100 veces su tamaño real.

Microscopios electrónicos Los microscopios que usaron Hooke, Leeuwenhoek y otros investigadores del pasado, eran microscopios ópticos. Desde la década de 1930, los científicos han desarrollado diferentes tipos de microscopios electrónicos. **En vez de luz, los microscopios electrónicos usan un haz de electrones para producir una imagen amplificada.** Los electrones son partículas aún más pequeñas que los átomos. Los microscopios electrónicos pueden producir imágenes de objetos extremadamente pequeños; mucho más de los que pueden observarse con un microscopio óptico. La resolución de los microscopios electrónicos es mucho mejor que la de los microscopios ópticos.

 **Verifica tu lectura** ¿Qué usan los microscopios electrónicos para producir imágenes amplificadas?

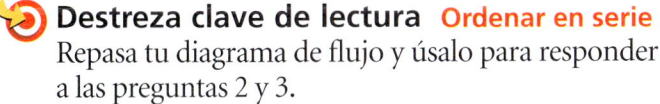

Sección 1 Evaluación

Destreza clave de lectura **Ordenar en serie**
Repasa tu diagrama de flujo y úsalo para responder a las preguntas 2 y 3.

Repasar los conceptos clave

1. a. **Definir** Define estructura y función.
   b. **Explicar** Explica esta oración: Las células son las unidades básicas de estructura y función en los organismos.
   c. **Aplicar conceptos** ¿En qué función importante participan las células de tus ojos?
2. a. **Repasar** ¿Qué permite hacer el microscopio?
   b. **Resumir** Resume las observaciones de Hooke acerca del corcho visto bajo el microscopio.
   c. **Relacionar causa y efecto** ¿Por qué el descubrimiento de Hooke habría sido imposible sin el microscopio?
3. a. **Repasar** ¿Cuáles son las ideas principales de la teoría celular?
   b. **Explicar** ¿Cómo contribuyó Virchow a la teoría celular?
   c. **Aplicar conceptos** Usa las ideas de Virchow para explicar por qué las plantas de plástico y los animales de peluche no son seres vivos.
4. a. **Definir** ¿Qué es amplificación?
   b. **Comparar y contrastar** Contrasta la forma como los microscopios ópticos y los microscopios electrónicos amplifican los objetos.

Escribir en ciencias

Escribir un discurso de entrega de premios Imagina que perteneces a una sociedad científica que otorgará un premio a uno de los científicos del pasado que estudiaron las células. Elige al científico y escribe el discurso que pronunciarás durante la ceremonia. Tu discurso debe incluir los logros del científico.

Laboratorio de tecnología
• Tecnología y diseño •

Diseñar y construir un microscopio

Problema
¿Cómo puedes diseñar y construir un microscopio compuesto?

Destrezas de diseño
construir un prototipo, evaluar restricciones de diseño

Materiales
- libro
- 2 lupas dobles, cada cual con una lente de alta potencia y otra lente de baja potencia
- regla métrica
- 2 tubos de cartón para rollos de toallas de papel o cartulina negra
- cinta adhesiva

Procedimiento

PARTE 1 Analizar e investigar

1. Trabaja con un compañero. Usa sólo tus ojos para examinar las palabras de un libro. Luego, usa la lente de alta potencia para examinar las mismas palabras. Contrasta en tu cuaderno lo que viste con y sin la lente de aumento.

2. Coloca la lente de alta potencia a 5 ó 6 centímetros sobre las palabras del libro. Cuando veas las palabras a través de la lente, te parecerán borrosas.

3. Deja la lente de alta potencia a 5 ó 6 centímetros sobre las palabras. Coloca la lente de baja potencia sobre la lente de alta potencia, como muestra la fotografía de la derecha.

4. Sube y baja la lente de baja potencia hasta que la imagen esté enfocada e invertida. (*Pista*: Tal vez también debas subir y bajar un poco la lente de alta potencia).

5. Cuando hayas enfocado la imagen, experimenta subiendo y bajando las dos lentes. El objetivo es producir la máxima amplificación manteniendo bien enfocada la imagen.

6. Cuando la imagen esté enfocada en la posición de máxima amplificación, pide a tu compañero de laboratorio que mida y anote la distancia entre el libro y la lente de alta potencia. Tu compañero también deberá medir y anotar la distancia entre las dos lentes.

7. Escribe una descripción que compare las palabras vistas a través de las dos lentes y las palabras vistas sin amplificación.

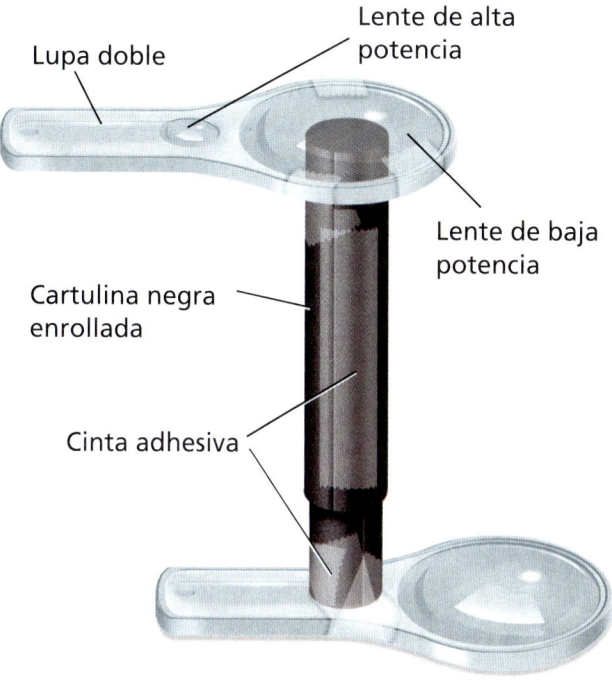

Lupa doble
Lente de alta potencia
Lente de baja potencia
Cartulina negra enrollada
Cinta adhesiva

PARTE 2 Diseñar y construir

8. Basándote en lo que aprendiste en la parte 1, trabaja con tu compañero para diseñar un microscopio con dos lentes (compuesto). El microscopio deberá
   - contar con una lente de alta potencia y una lente de baja potencia, cada cual unida a un tubo de cartón o una cartulina enrollada
   - permitirte introducir un tubo que se deslice ajustadamente en el interior, de modo que puedas ajustar la distancia de las dos lentes
   - enfocarse para producir una imagen clara, amplificada e invertida de un objeto
   - estar construido con dos lupas dobles, tubos de cartón y cinta adhesiva

9. Haz un boceto en una hoja de papel. Pide a tu maestro que apruebe el diseño. Luego, construye el microscopio.

PARTE 3 Evaluar y rediseñar

10. Prueba el microscopio examinando palabras impresas o una fotografía impresa. Luego, observa otros objetos como una hoja o tu piel. Anota tus observaciones. ¿Consideras que el microscopio cumplió los requisitos indicados en el paso 8?

11. Examina los microscopios de otros estudiantes. Basándote en tus pruebas y la observación de otros microscopios, indica la forma en que podrías mejorar el tuyo.

Analiza y concluye

1. **Observar** Compara las imágenes que observaste usando una lente con la imagen creada con dos lentes.

2. **Evaluar** Cuando usaste dos lentes, ¿cómo afectó a la imagen el subir y bajar la lente superior? ¿Cuál fue el efecto de mover arriba y abajo la lente inferior?

3. **Construir un prototipo** Describe cómo construiste el microscopio y explica por qué lo construiste de esa manera.

4. **Evaluar el efecto en la sociedad** Describe algunas formas en las que los microscopios han ayudado a los científicos en su trabajo.

Comunica

Imagina que es el año 1675. Escribe una explicación que convenza a los científicos de usar tu nuevo microscopio en vez de los microscopios de una lente que usaba Leeuwenhoek.

Sección 2

Observar las células por dentro

Avance de la lectura

Conceptos clave
- ¿Qué papel desempeñan la pared y la membrana celular?
- ¿Cuáles son las funciones de los organelos celulares?
- ¿Cómo se han organizado las células en los organismos multicelulares?
- ¿Cómo difieren las células bacterianas de las células vegetales y animales?

Términos clave
- organelo • pared celular
- membrana celular • núcleo
- citoplasma • mitocondria
- retículo endoplasmático
- ribosoma • aparato de Golgi
- cloroplasto • vacuola
- lisosoma

Destreza clave de lectura
Examinar ayudas visuales Antes de leer, revisa la Figura 12. Luego, elige dos preguntas que tengas sobre las ilustraciones y escríbelas en un organizador gráfico como el que sigue. Mientras lees, responde a tus preguntas.

Células vegetales y animales
P. ¿Cómo difieren las células animales de las vegetales?
R.
P.

Lab zone — Actividad Descubre

¿Qué tamaños tienen las células?

1. Observa el organismo de la fotografía. Es una ameba, un organismo unicelular de gran tamaño. Este tipo de ameba mide 1 mm de largo.
2. Multiplica por 1,000 tu estatura en metros para conocer tu estatura en milímetros. ¿Cuántas amebas tendrías que colocar en línea para igualar tu estatura?
3. Muchas células de tu cuerpo miden alrededor de 0.01 mm de largo; es decir, un centésimo del tamaño de una ameba. ¿Cuántas células del cuerpo tendrías que colocar en línea para igualar tu estatura?

Reflexiona
Inferir Observa una regla métrica para averiguar que tamaño tiene un milímetro. Ahora, imagina una distancia de un cienmilésimo de largo o 0.01 mm. ¿Por qué no puedes ver las células de tu cuerpo sin la ayuda de un microscopio?

Las capuchinas dan vida a muchos jardines con sus verdes hojas y coloridas flores. ¿Cómo realizan las capuchinas todas las funciones necesarias para vivir? Para responder a esta pregunta, debes realizar un viaje imaginario. Irás al interior de una hoja de capuchina para visitar sus diminutas células. Observarás algunas estructuras que contienen las células vegetales. También conocerás las diferencias entre las células vegetales y animales.

Como verás durante tu viaje, en el interior de la célula hay estructuras mucho más pequeñas. Estas minúsculas estructuras, llamadas **organelos,** llevan a cabo funciones específicas dentro de la célula. Así como tu estómago, tus pulmones y el corazón tienen diferentes funciones en el cuerpo, cada organelo tiene una función distinta dentro de la célula. Es el momento de abordar tu barco imaginario y navegar hacia la célula vegetal típica.

Capuchinas ▶

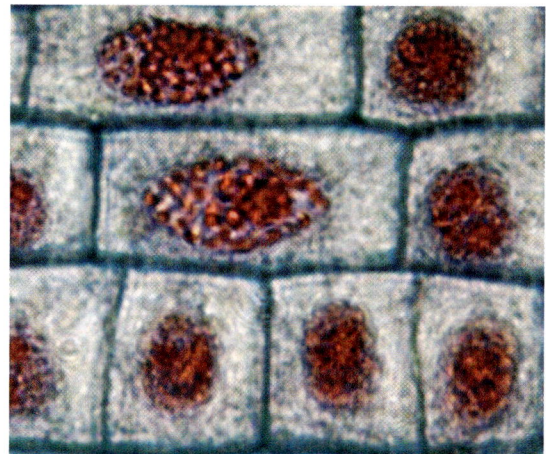

◀ Células de raíz de cebolla

Paramecio ▼

Entrar en la célula

Tu barco no penetrará fácilmente la célula. Tiene que pasar a través de la pared celular y la membrana celular.

Pared celular Mientras viajas por la célula vegetal, consulta la Figura 12 de la página 20. Primero, has de escabullirte por la pared celular. La **pared celular** es una capa rígida de materia sin vida que rodea las células vegetales y de otros organismos. En contraste, las células animales no tienen paredes celulares. **La pared celular protege y sostiene a una célula vegetal.** La pared celular está hecha principalmente de una sustancia dura llamada celulosa. Aunque la pared celular es resistente, muchas sustancias, como agua y oxígeno, pueden atravesarla con facilidad.

Membrana celular Después de navegar a través de la pared celular, deberás cruzar otra barrera: la **membrana celular**. Todas las células tienen membrana. En las células que tienen pared celular, la membrana celular se encuentra justo en la cara interior de la pared. En otras células, la membrana celular forma el límite exterior que separa la célula de su entorno.

La membrana celular controla las sustancias que entran y salen de la célula. Todo lo que la célula necesita, desde alimento hasta oxígeno, pasa a través de la membrana celular. Por suerte, tu barco también puede atravesarla. Los productos de desecho salen de la célula por la membrana celular. Es necesario que la membrana permita el paso de todas estas sustancias para que la célula sobreviva. Además, la membrana celular evita la entrada de sustancias dañinas. De cierta manera, la membrana celular es como una malla mosquitera. La malla permite la entrada y salida de aire en una habitación, pero impide el paso de los insectos.

 ¿Cuál es la función de la pared celular?

FIGURA 8
Pared celular y membrana celular
Las células de la raíz de cebolla tienen pared y membrana celular. El paramecio unicelular sólo tiene membrana celular.
Interpretar fotografías ¿Qué forma dan las paredes celulares a las células de la raíz de cebolla?

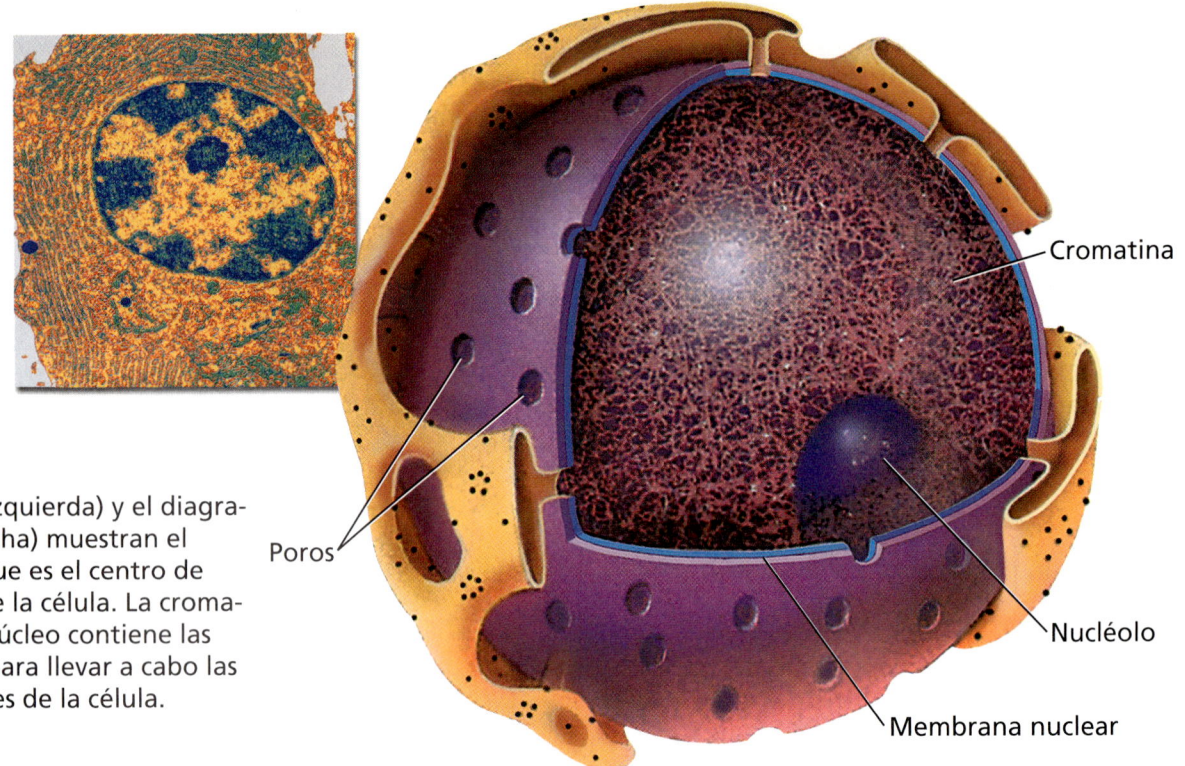

FIGURA 9
El núcleo
La foto (izquierda) y el diagrama (derecha) muestran el núcleo, que es el centro de control de la célula. La cromatina del núcleo contiene las órdenes para llevar a cabo las actividades de la célula.

Navegar hacia el núcleo

Mientras navegas por el interior de la célula, de pronto aparece una gran estructura ovalada. Esta estructura, llamada **núcleo,** actúa como el "cerebro" de la célula. **Imagina que el núcleo es el centro de control que dirige todas las actividades de la célula.**

Membrana nuclear Observa en la Figura 9 que el núcleo está rodeado de una capa llamada membrana nuclear. Al igual que un sobre protege la carta que contiene, la membrana nuclear protege al núcleo. Diversas sustancias pueden entrar y salir del núcleo a través de los poros de la membrana nuclear. Así que dirige tu barco al poro que tienes enfrente y navega con cuidado al interior del núcleo.

Cromatina Tal vez te preguntas cómo el núcleo "sabe" dirigir a la célula. La respuesta está en las pequeñas estructuras filamentosas que flotan frente a ti en el núcleo. Esos filamentos, llamados cromatina, contienen material genético, las órdenes que dirigen las funciones de la célula. Por ejemplo, las órdenes de la cromatina garantizan que las células de las hojas crezcan y se dividan para formar más células de hoja.

Nucléolo Mientras te dispones a salir del núcleo, detectas un pequeño objeto que pasa flotando junto a ti. Esa estructura, el nucléolo, se ocupa de producir ribosomas. Los ribosomas son organelos que producen proteínas. Las proteínas son sustancias químicas importantes para las células.

 ¿En qué parte del núcleo se encuentra el material genético?

Lab zone Actividad Inténtalo

Célula de gelatina
Haz tu propio modelo de una célula.

1. Disuelve un sobre de gelatina incolora en agua tibia. Vierte la gelatina en un recipiente rectangular (para la célula vegetal) o circular (para una célula animal).
2. Selecciona distintos materiales para representar las estructuras celulares que contiene la célula que estás modelando. Introduce los materiales en la gelatina antes que empiece a cuajar.

Hacer modelos En una hoja, escribe una clave que identifique cada estructura celular del modelo. Describe la función de cada una.

FIGURA 10
Mitocondria
La mitocondria produce la mayor parte de la energía que usa la célula.
Inferir ¿*En qué tipo de célula esperarías encontrar gran cantidad de mitocondrias?*

Organelos del citoplasma

Al salir del núcleo, te encuentras en el **citoplasma**, la región que se extiende entre la membrana celular y el núcleo. Tu barco navega por un líquido transparente, espeso y viscoso. El líquido del citoplasma está en constante movimiento, de modo que tu barco no necesita impulso adicional. Hay muchos organelos en el citoplasma.

Mitocondrias De pronto aparecen unas estructuras con forma de bastón. Esos organelos se llaman **mitocondrias. Las mitocondrias son la "planta de energía" de la célula, porque transforman la energía de los alimentos en energía que la célula puede usar para llevar a cabo sus funciones.** La Figura 10 muestra una mitocondria de cerca.

Retículo endoplasmático Al adentrarte en el citoplasma, descubres un laberinto de pasadizos llamado **retículo endoplasmático. Los pasadizos del retículo endoplasmático transportan proteínas y otras sustancias hacia las distintas partes de la célula.**

Ribosomas En ciertas superficies del retículo endoplasmático hay pequeños cuerpos que parecen granos, llamados **ribosomas.** También hay ribosomas flotando en el citoplasma. **Los ribosomas son las fábricas que producen proteínas.** Algunas de las proteínas recién fabricadas salen a través de la pared del retículo endoplasmático. Una vez en el interior del retículo endoplasmático, las proteínas son transportadas por el aparato de Golgi.

FIGURA 11
Retículo endoplasmático
El retículo endoplasmático es parecido a un sistema de pasillos dentro de un edificio. Las proteínas y otras sustancias se desplazan hacia toda la célula a través del retículo endoplasmático. Los puntos que ves en este organelo se llaman ribosomas, y son los encargados de producir proteínas.

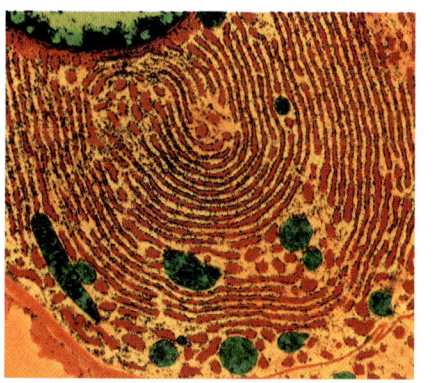

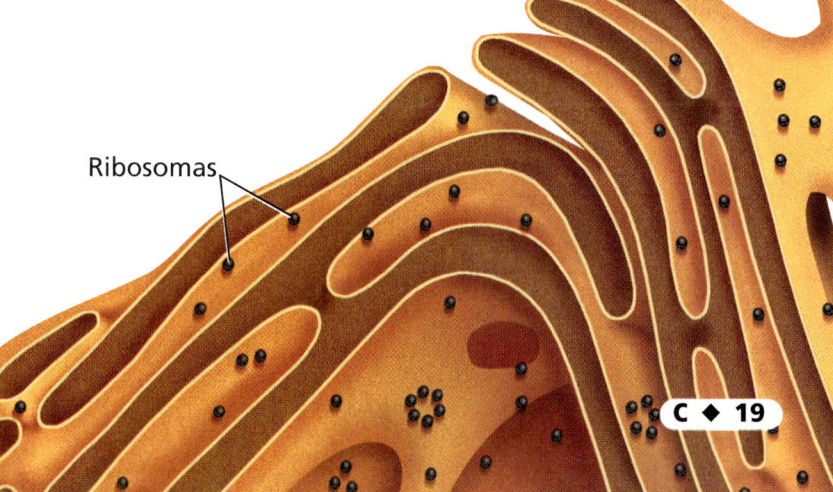

Ribosomas

FIGURA 12
Células vegetales y animales
Estas ilustraciones muestran las estructuras típicas de las células vegetales y animales. **Comparar y contrastar** *Identifica una estructura que se encuentra en las células vegetales, pero no en las animales.*

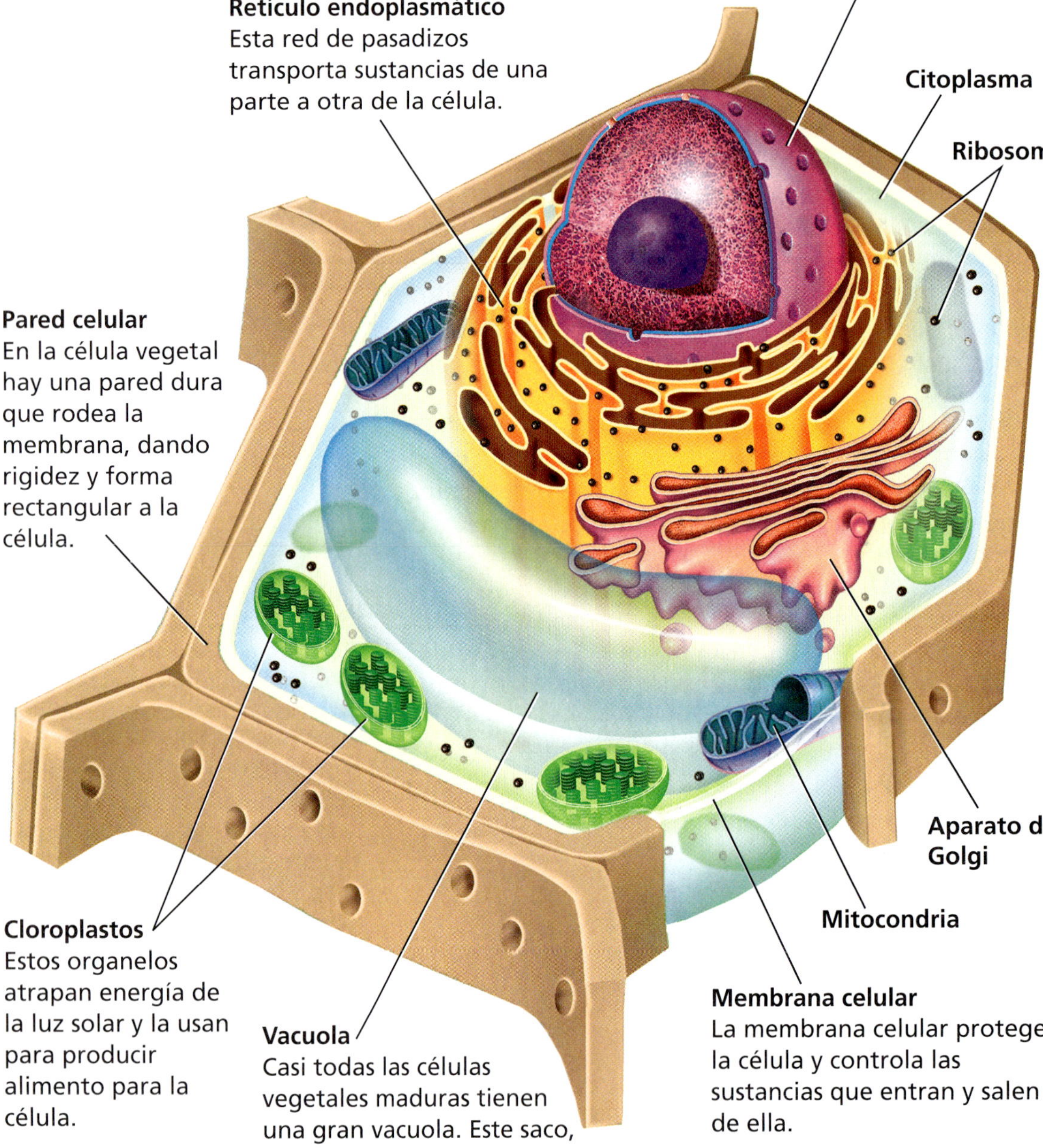

Núcleo
El núcleo dirige todas las actividades de la célula, incluida la reproducción.

Retículo endoplasmático
Esta red de pasadizos transporta sustancias de una parte a otra de la célula.

Citoplasma

Ribosomas

Pared celular
En la célula vegetal hay una pared dura que rodea la membrana, dando rigidez y forma rectangular a la célula.

Aparato de Golgi

Mitocondria

Cloroplastos
Estos organelos atrapan energía de la luz solar y la usan para producir alimento para la célula.

Vacuola
Casi todas las células vegetales maduras tienen una gran vacuola. Este saco, contenido en el citoplasma, almacena agua, alimento, productos de desecho y otras sustancias.

Membrana celular
La membrana celular protege la célula y controla las sustancias que entran y salen de ella.

Célula vegetal

Para: Actividad sobre las células animales y vegetales, disponible en inglés.
Visita: PHSchool.com
Código Web: cep-3012

Citoplasma
El citoplasma está compuesto de un líquido viscoso que contiene muchos organelos distintos.

Ribosomas
Estas pequeñas estructuras son fábricas productoras de proteínas. Los ribosomas pueden hallarse adheridos al retículo endoplasmático o flotando en el citoplasma.

Núcleo
El núcleo dirige todas las actividades de la célula, incluida la reproducción.

Mitocondria
La mayor parte de la energía de la célula se produce dentro de estos organelos con forma de bastón.

Retículo endoplasmático

Aparato de Golgi
El aparato de Golgi recibe materiales del retículo endoplasmático y los envía a otras partes de la célula. También saca sustancias de la célula.

Lisosomas
Estos pequeños organelos contienen sustancias químicas que descomponen partículas de alimento y componentes celulares desgastados.

Vacuola
Algunas células animales poseen vacuolas que almacenan alimento, agua, desechos y otras sustancias.

Membrana celular
Como la célula animal no tiene pared celular, la membrana celular forma una barrera entre el citoplasma y el medio ambiente que rodea la célula.

Célula animal

Capítulo 1 C ◆ 21

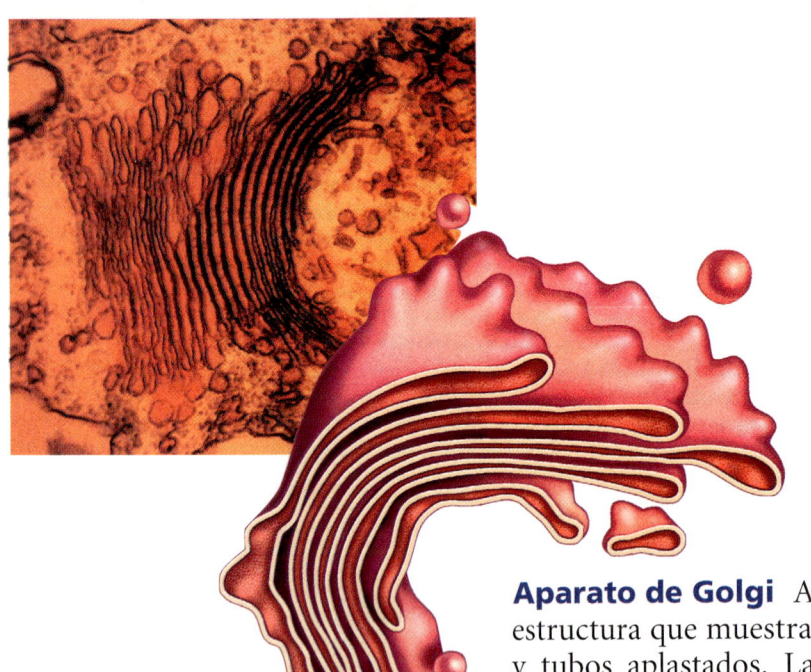

FIGURA 13
Un aparato de Golgi
Los aparatos de Golgi son organelos que transportan materiales.

Aparato de Golgi Al salir del retículo endoplasmático, ves la estructura que muestra la Figura 13. Parece un montón de sacos y tubos aplastados. La estructura, llamada **aparato de Golgi**, puede considerarse la oficina de correos de la célula. **Los aparatos de Golgi reciben proteínas y otras sustancias recién formadas en el retículo endoplasmático; luego las empaquetan y distribuyen a otras partes de la célula.** Los aparatos de Golgi también sacan sustancias de la célula.

Cloroplastos ¿Viste las numerosas estructuras verdes y grandes que flotan en el citoplasma? Estos organelos, que sólo se encuentran en las células vegetales y otros cuantos organismos, se llaman **cloroplastos. Los cloroplastos absorben la energía de la luz solar y la usan para producir alimento para la célula.** Los cloroplastos dan el color verde a las hojas.

Vacuolas Pasa junto a los cloroplastos y navega hacia ese gran saco lleno de agua que flota en el citoplasma; se llama **vacuola. Las vacuolas son las áreas de almacenamiento de las células.** La mayoría de las células vegetales tiene una gran vacuola. Algunas células animales no tienen vacuolas, pero otras sí. Las vacuolas almacenan alimento y otros materiales que necesita la célula. Las vacuolas también almacenan productos de desecho.

Lisosomas El viaje a través de la célula casi ha terminado. Antes de salir, da otro vistazo a tu alrededor. Si rodeas con cuidado la vacuola, tal vez tengas la suerte de ver un **lisosoma. Los lisosomas son pequeñas estructuras redondas que contienen sustancias químicas para descomponer ciertos materiales de la célula.** Algunas sustancias químicas descomponen grandes partículas de alimento para volverlas más pequeñas. Los lisosomas también descomponen elementos viejos de la célula y liberan las sustancias que pueden volver a usarse. En cierto sentido, podríamos decir que los lisosomas son el equipo de limpieza de la célula.

Comparar células

Observa las características de las células vegetales y animales.

1. Tu maestro te dará un portaobjetos con células vegetales. Observa las células bajo el microscopio usando las lentes de baja y alta potencia.
2. Haz un dibujo de lo que viste.
3. Repite los pasos 1 y 2 con el portaobjetos preparado con células animales.

Observar ¿En qué se parecen las células animales y las células vegetales? ¿En qué se diferencian?

 ¿Qué organelo atrapa la energía de la luz solar y la usa para producir alimento para la célula?

Células especializadas

Las plantas y los animales (incluido tú) contienen muchas células. Las células de los organismos multicelulares suelen ser diferentes entre sí y se han especializado para realizar funciones específicas. Por ejemplo, compara la célula nerviosa y los glóbulos rojos de la Figura 14. Las células nerviosas están especializadas para transmitir información de una parte del cuerpo a otra, mientras que los glóbulos rojos transportan oxígeno a todo tu cuerpo.

Las células de muchos organismos multicelulares se han organizado en tejidos, órganos y sistemas de órganos. Un tejido es un grupo de células semejantes que trabajan en conjunto para realizar una función específica. Por ejemplo, tu encéfalo está compuesto principalmente de tejido nervioso, que consta de células nerviosas. Un órgano, como tu encéfalo, está compuesto de diferentes tipos de tejidos que trabajan en conjunto. Además del tejido nervioso, el encéfalo contiene otros tipos de tejido que le dan sostén y lo protegen. El encéfalo forma parte de tu sistema nervioso, el sistema de órganos que dirige las actividades y procesos de tu cuerpo. Un sistema de órganos es un grupo de órganos que trabajan en conjunto para realizar una función importante.

Cell Structure and Function
- Video Preview
- ▶ Video Field Trip
- Video Assessment

Célula nerviosa ▼

Verifica tu lectura ¿Qué es un sistema de órganos? Da un ejemplo.

FIGURA 14
Células especializadas
Las células nerviosas llevan información a todo el cuerpo humano. Los glóbulos rojos transportan oxígeno. Las células óseas producen sustancias químicas que fortalecen los huesos.
Comparar y contrastar
Compara las estructuras de estos tres tipos de células.

Glóbulos rojos en un vaso sanguíneo ▼

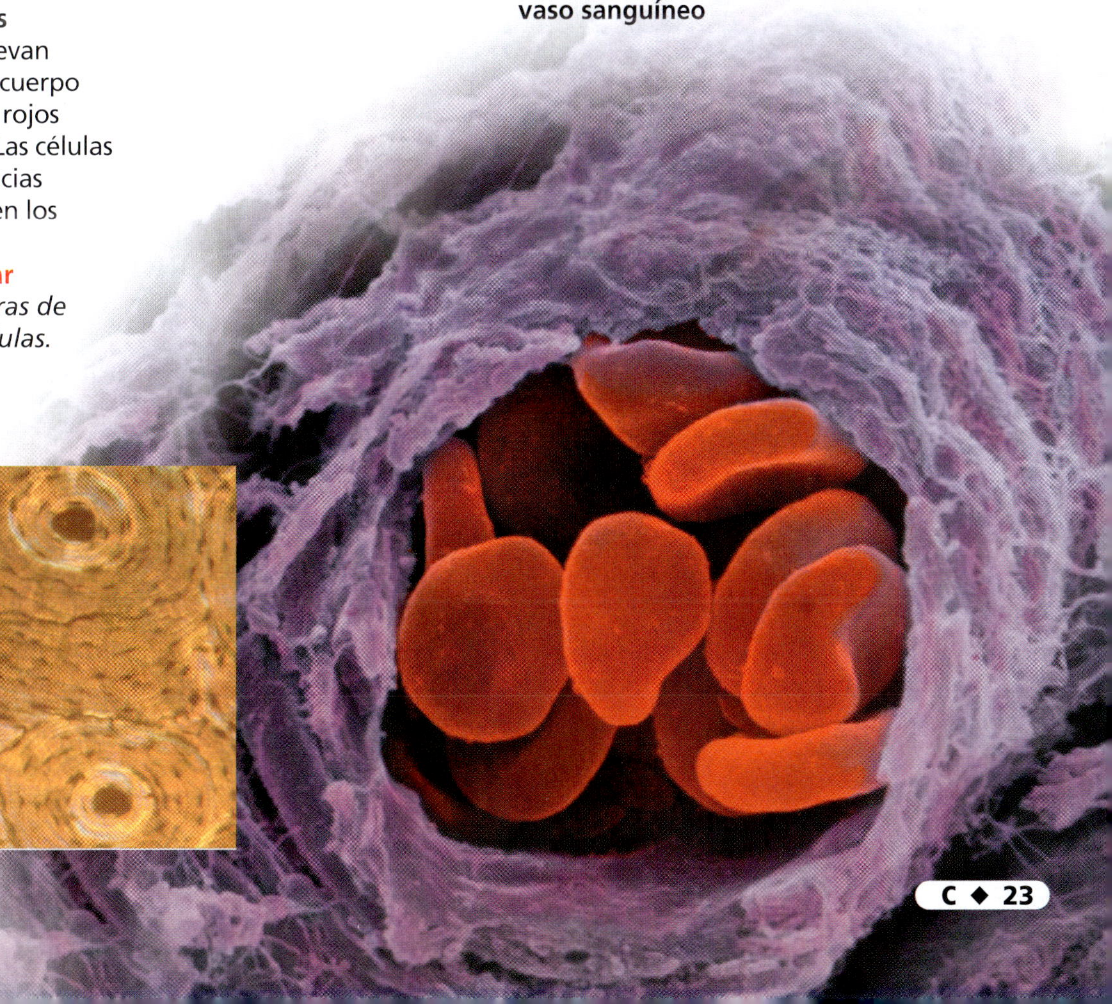

Células óseas ▼

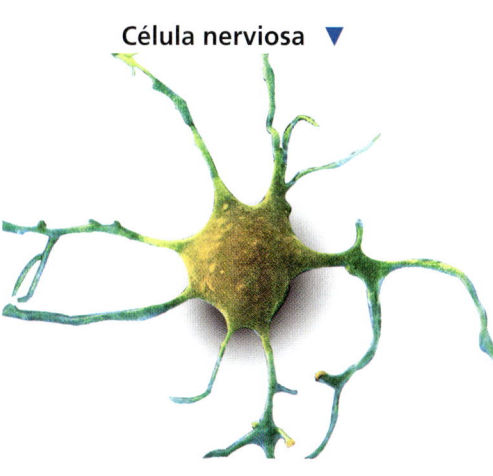

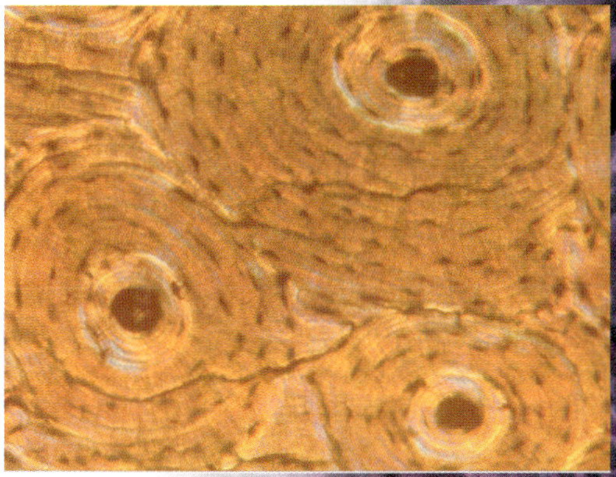

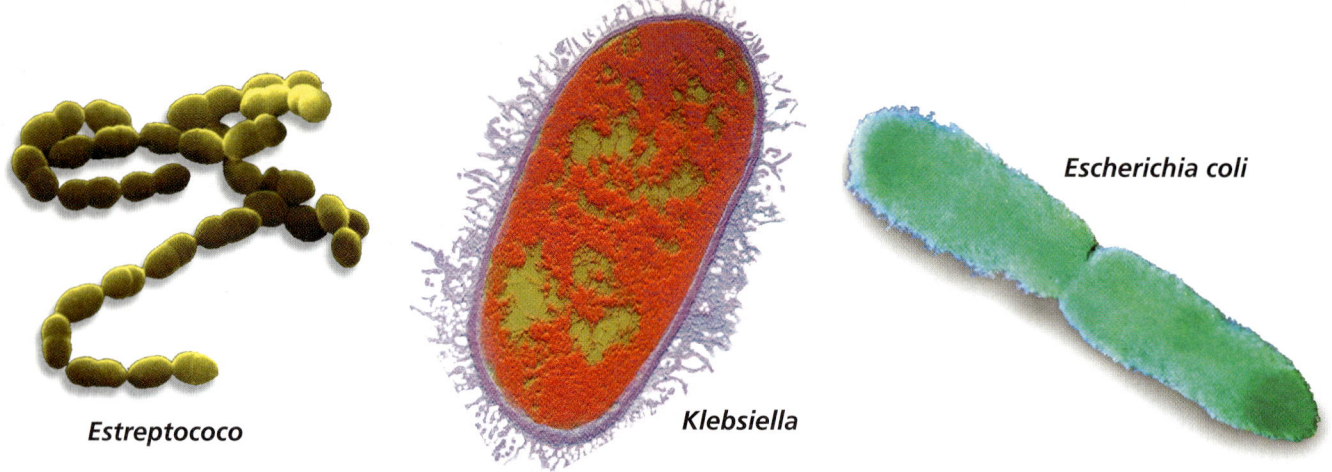

Figura 15
Células bacterianas
Las células bacterianas no tienen núcleos.

Células bacterianas

Las células vegetales y animales que acabas de estudiar son muy diferentes de las células bacterianas que muestra la Figura 15. En primer lugar, las células bacterianas suelen ser mucho más pequeñas que las células vegetales o animales. Por ejemplo, una célula de piel humana es casi diez veces más grande que una célula bacteriana promedio. **Aunque la célula bacteriana tiene pared y membrana celulares, no tiene núcleo. El material genético de la célula bacteriana, que parece un cordón grueso y enredado, está en el citoplasma.** Las células bacterianas contienen ribosomas, pero no tienen ninguno de los otros organelos que tienen las células vegetales o animales.

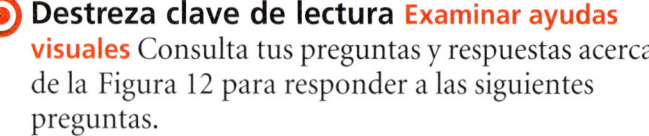

Sección 2 Evaluación

Destreza clave de lectura Examinar ayudas visuales Consulta tus preguntas y respuestas acerca de la Figura 12 para responder a las siguientes preguntas.

Repasar los conceptos clave

1. a. **Comparar y contrastar** Compara las funciones de la pared celular y la membrana celular.
   b. **Describir** ¿Cuáles son las características de la celulosa?
   c. **Inferir** ¿Cómo contribuye la celulosa a una función de la pared celular?
2. a. **Identificar** Identifica las funciones de los ribosomas y los aparatos de Golgi.
   b. **Describir** Describe las características del retículo endoplasmático.
   c. **Aplicar conceptos** ¿Cómo están relacionadas entre sí las funciones de ribosomas, aparatos de Golgi y retículo endoplasmático?
3. a. **Repasar** ¿Qué es un tejido? ¿Qué es un órgano?
   b. **Explicar** ¿Cuál es la relación entre células, tejidos y órganos?
   c. **Inferir** ¿Qué tendría más tipos de células especializadas, un tejido o un órgano?
4. a. **Repasar** ¿Dónde se encuentra el material genético de una célula bacteriana?
   b. **Comparar y contrastar** Contrasta la ubicación del material genético en la célula bacteriana con su ubicación en las células vegetales y animales.

Escribir en ciencias

Escribir una descripción Escribe un párrafo que describa una célula animal típica. El párrafo debe incluir todas las estructuras que suelen hallarse en las células animales, así como una breve explicación de las funciones de dichas estructuras.

Sección 3 · Integración con la química

Compuestos químicos en las células

Avance de la lectura

Conceptos clave
- ¿Qué son elementos y compuestos?
- ¿Cuáles son los principales tipos de moléculas orgánicas en los seres vivos?
- ¿Cuál es la importancia del agua para la función de las células?

Términos clave
- elemento • compuesto
- carbohidrato • lípido
- proteína • aminoácido
- enzima • ácido nucleico
- ADN • ARN

Destreza clave de lectura
Comparar y contrastar Mientras lees, compara y contrasta carbohidratos, proteínas y lípidos en una tabla como la siguiente.

Tipo de compuesto	Elementos	Funciones
Carbohidrato	Carbono, hidrógeno, oxígeno	
Proteína		
Lípido		

Lab zone · Actividad Descubre

¿Qué es un compuesto?
1. Tu maestro distribuirá recipientes con diversas sustancias. Todas las sustancias son compuestos químicos.
2. Observa cada sustancia. Lee la etiqueta de cada recipiente para saber de qué está hecha cada sustancia.

Reflexiona
Formular definiciones operativas Escribe una definición de lo que crees que es un compuesto químico.

¡Cuidado, estás rodeado de partículas que no puedes ver! El aire se compone de millones de minúsculas partículas. Chocan contra tus pies, se ocultan en los pliegues de tu ropa y entran por tu nariz cada vez que respiras. De hecho, tú y el mundo que te rodea, incluyendo las células de tu cuerpo, están compuestos de partículas infinitesimales. Algunas partículas son elementos y otras son compuestos.

Elementos y compuestos

Aunque no te des cuenta, el aire es una mezcla de gases. Esos gases incluyen elementos y compuestos. Los tres gases del aire son oxígeno, nitrógeno y dióxido de carbono.

Elementos El oxígeno y el nitrógeno son ejemplos de **elementos. Un elemento es cualquier sustancia que no pueda descomponerse en sustancias más simples.** La unidad más pequeña de un elemento se denomina átomo. Un elemento está compuesto de un solo tipo de átomo. Los elementos que se encuentran en los seres vivos incluyen carbono, hidrógeno, oxígeno, nitrógeno, fósforo y azufre.

FIGURA 16
Un elemento
El azufre es un elemento. A veces forma cristales en su forma pura.

C ◆ 25

Para: Vínculos sobre proteínas, disponible en inglés.
Visita: www.SciLinks.org
Código Web: scn-0313

Compuestos El dióxido de carbono es un **compuesto** hecho de los elementos carbono y oxígeno. **Cuando dos o más elementos se combinan químicamente, forman un compuesto.** Casi todos los elementos están presentes en los seres vivos en forma de compuestos.

La unidad más pequeña de muchos compuestos se denomina molécula. Una molécula de dióxido de carbono consta de un átomo de carbono y dos átomos de oxígeno. El agua es otro compuesto. Cada molécula de agua contiene dos átomos de hidrógeno y un átomo de oxígeno. Observa los diagramas de las moléculas de dióxido de carbono y agua en la Figura 17.

Compuestos orgánicos e inorgánicos Muchos compuestos presentes en los seres vivos contienen el elemento carbono, que suele estar combinado con otros elementos. La mayoría de los compuestos que contienen carbono se denominan compuestos orgánicos. **Algunos grupos importantes de compuestos orgánicos en los seres vivos son carbohidratos, proteínas, lípidos y ácidos nucleicos.** Como tal vez sepas, muchos de estos compuestos se encuentran en los alimentos que comes. No debe sorprenderte, pues la comida que consumes proviene de seres vivos.

Los compuestos que no contienen el elemento carbono se llaman compuestos inorgánicos. El agua y el cloruro de sodio o la sal de mesa son ejemplos de compuestos inorgánicos. Los organismos tienen muchos compuestos inorgánicos además de los orgánicos.

 ¿Cómo difieren los compuestos inorgánicos de los orgánicos?

FIGURA 17
Moléculas y compuestos
El dióxido de carbono, que se encuentra en las burbujas de gas, es un compuesto químico. También lo es el agua.
Aplicar conceptos ¿Qué es un compuesto?

Carbono
Oxígeno
Molécula de dióxido de carbono
Las burbujas de aire contienen dióxido de carbono. Una molécula de dióxido de carbono tiene un átomo de carbono y dos de oxígeno.

Molécula de agua
Una molécula de agua está formada por un átomo de oxígeno y dos de hidrógeno.
Oxígeno
Hidrógeno

Carbohidratos

Un **carbohidrato** es un compuesto orgánico rico en energía, formado por los elementos carbono, hidrógeno y oxígeno. Los azúcares y almidones son ejemplos de carbohidratos.

Los azúcares se producen durante los procesos de formación de alimentos que ocurren dentro de las plantas. Alimentos como frutas y algunas verduras tienen un alto contenido de azúcar. Las moléculas de azúcar pueden combinarse y formar grandes moléculas llamadas almidones o carbohidratos complejos. Las células vegetales almacenan el exceso de energía en moléculas de almidón. Muchos alimentos derivados de las plantas tienen almidón, como la papa, pasta, arroz y pan. Cuando comes esos alimentos, tu cuerpo descompone el almidón en glucosa, un azúcar que tus células usan para producir energía.

Los carbohidratos son componentes importantes de algunas partes de la célula. Por ejemplo, la celulosa de las paredes de las células vegetales es un tipo de carbohidrato. También hay carbohidratos en las membranas celulares.

 ¿Cuál es la diferencia entre azúcar y almidón?

Lípidos

¿Alguna vez has visto a un cocinero quitar la grasa de la carne antes de cocinarla? El cocinero está eliminando un lípido. Todas las grasas, aceites y ceras son lípidos. Al igual que los carbohidratos, los **lípidos** son compuestos orgánicos ricos en energía formados por carbono, hidrógeno y oxígeno. Los lípidos contienen aún más energía que los carbohidratos. Las células almacenan energía en los lípidos para usarla en otro momento. Por ejemplo, en invierno, un oso que hiberna se sostiene de la energía almacenada como grasa dentro de sus células. Además, las membranas celulares están compuestas principalmente de lípidos.

FIGURA 18
Almidón
Estas papas contienen gran cantidad de almidón. El almidón es un carbohidrato. Los granos azules de la imagen amplificada son los gránulos de almidón de una papa. Los granos se tiñeron de azul para hacerlos más visibles.

FIGURA 19
Lípidos
El aceite de oliva, derivado de las aceitunas que aquí ves, está compuesto principalmente de lípidos.
Hacer generalizaciones
¿De qué elementos se componen los lípidos?

Actividad Inténtalo

¿Qué es ese sabor?

Usa esta actividad para descubrir uno de los papeles de las enzimas en tu cuerpo.

1. Muerde una galleta salada. Mastícala, pero sin tragar. Observa el sabor que tiene la galleta salada.
2. Sigue masticando la galleta unos minutos, mezclándola bien con tu saliva. Observa cómo cambia el sabor de la galleta.

Inferir Las galletas saladas están hechas principalmente de almidón y muy poco azúcar. ¿Cómo explicas el cambio de sabor después de haber masticado la galleta salada durante unos minutos?

Proteínas

¿Qué tienen en común las plumas de un ave, la tela de una araña y tus uñas? Todas esas sustancias están compuestas principalmente de proteínas. Las **proteínas** son grandes moléculas orgánicas que contienen carbono, hidrógeno, oxígeno, nitrógeno y en algunos casos, azufre. Los alimentos ricos en proteínas incluyen carne, huevos, pescado, nueces y frijoles.

Estructura de las proteínas Las moléculas de proteína están compuestas de moléculas más pequeñas llamadas **aminoácidos.** Aunque sólo hay 20 aminoácidos comunes, las células los combinan de distintas maneras para formar miles de proteínas diferentes. Los tipos de aminoácidos y el orden en que están unidos determinan el tipo de proteína que se forma. Imagina que los aminoácidos son como las 28 letras del alfabeto. Esas 28 letras pueden formar miles de palabras. Las letras que usas y el orden que siguen determinan las palabras que estás formando. El cambio de una letra, por ejemplo, *ratón* por *latón*, crea una nueva palabra. Del mismo modo, cualquier cambio en el tipo u orden de los aminoácidos puede dar origen a una proteína distinta.

Funciones de las proteínas Gran parte de la estructura de las células está compuesta de proteínas. Las proteínas forman parte de las membranas celulares. También se encuentran en muchos organelos de la célula.

Las proteínas llamadas enzimas realizan funciones importantes en las reacciones químicas dentro de las células. Una **enzima** es un tipo de proteína que acelera una reacción química en los seres vivos. Sin ellas, muchas reacciones químicas indispensables para la vida no se darían o serían demasiado lentas. Por ejemplo, las enzimas de tu saliva aceleran la digestión del alimento descomponiendo los almidones en tu boca para transformarlos en azúcares.

 **Verifica tu lectura** ¿Cuáles son las moléculas más pequeñas que forman moléculas de proteína?

FIGURA 20
Plumas de proteína
Las plumas de este pavo real están compuestas principalmente de proteína.
Aplicar conceptos ¿Cuáles son las moléculas más pequeñas que forman moléculas de proteína?

Ácidos nucleicos

Los **ácidos nucleicos** son moléculas orgánicas muy largas compuestas de carbono, oxígeno, hidrógeno, nitrógeno y fósforo. Los ácidos nucleicos contienen las instrucciones que necesitan las células para llevar a cabo todas las funciones de la vida.

Hay dos tipos de ácidos nucleicos. El ácido desoxirribonucleico, o **ADN,** es el material genético que contiene información de un organismo y que pasa de padres a hijos. La información de ADN también dirige todas las funciones de la célula. La mayor parte del ADN de una célula se encuentra en la cromatina del núcleo. El ácido ribonucleico, o **ARN,** tiene un papel importante en la producción de proteínas. El ARN se halla en el citoplasma y también en el núcleo.

 ¿Cuáles son los dos tipos de ácidos nucleicos? ¿Cuáles son sus funciones?

Matemáticas — Analizar datos

Compuestos de bacterias y mamíferos

Todas las células contienen carbohidratos, lípidos, proteínas y ácidos nucleicos, así como agua y otros compuestos inorgánicos. Pero, ¿acaso todas contienen los mismos porcentajes de estos compuestos? La gráfica compara los porcentajes de algunos tipos de compuestos hallados en una célula bacteriana y en una célula de un mamífero.

1. **Leer gráficas** ¿Qué representan las barras rojas? ¿Qué representan las barras azules?

2. **Interpretar datos** ¿Qué porcentaje de la célula de un mamífero está compuesto de agua? ¿Qué diferencia hay con el porcentaje de agua de la célula bacteriana?

3. **Interpretar datos** ¿Qué tipo de compuesto, proteínas o ácidos nucleicos, forma el mayor porcentaje de la célula de un mamífero?

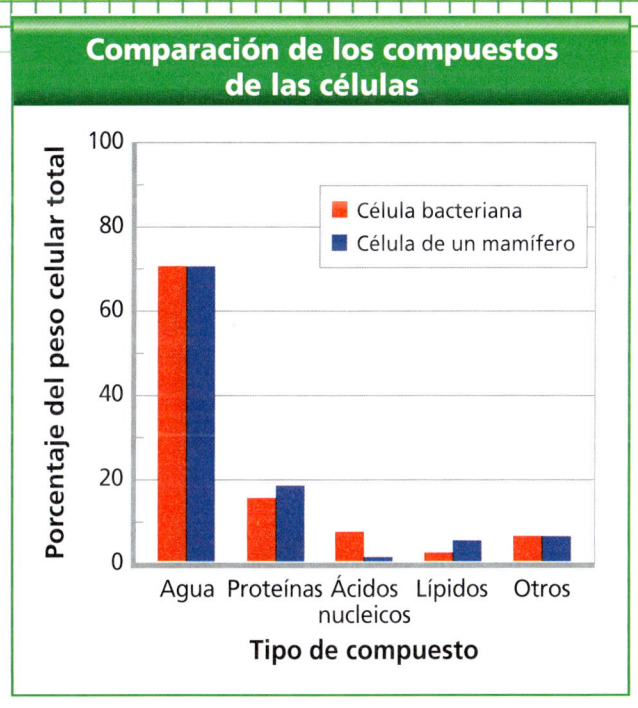

4. **Sacar conclusiones** En general, ¿qué diferencias hay entre la composición química de una célula bacteriana y una célula de un mamífero?

Agua y seres vivos

¿Sabías que casi dos terceras partes de tu cuerpo es agua? El agua tiene muchos papeles importantes en la célula. Por ejemplo, la mayoría de las reacciones químicas celulares usa sustancias disueltas en agua. No sólo eso, las moléculas de agua participan directamente en muchas reacciones químicas de las células. **La mayoría de las reacciones químicas del interior de las células no pueden llevarse a cabo sin agua.**

El agua también contribuye a mantener el tamaño y la forma de las células. De hecho, una célula sin agua sería como un globo sin aire. Además, como el agua cambia lentamente de temperatura, contribuye a evitar que la temperatura de las células cambie con rapidez. En la siguiente sección estudiarás el papel que desempeña el agua para transportar sustancias dentro y fuera de las células.

 **Verifica tu lectura** ¿Qué compuesto es necesario para la mayoría de las reacciones químicas en las células?

FIGURA 21
Casi todo es agua
El agua compone dos terceras partes del cuerpo humano. **Relacionar causa y efecto** *¿Cómo contribuye el agua a regular la temperatura del cuerpo?*

Sección 3 Evaluación

 Destreza clave de lectura

Comparar y contrastar Usa la información de tu tabla para responder a las siguientes preguntas.

Repasar los conceptos clave

1. a. **Definir** ¿Qué es un elemento?
   b. **Comparar y contrastar** ¿Cuál es la diferencia entre compuesto y elemento?
   c. **Clasificar** Una molécula de amoniaco consta de un átomo de nitrógeno y tres de hidrógeno. ¿Crees que el amoniaco es un elemento o un compuesto? Explica.
2. a. **Repasar** ¿Cuáles son los cuatro tipos de moléculas orgánicas en los seres vivos?
   b. **Clasificar** ¿Cuál de los cuatro tipos de moléculas orgánicas contiene el elemento nitrógeno?
   c. **Inferir** Un compuesto orgánico contiene sólo los elementos carbono, hidrógeno y oxígeno. ¿Crees que el compuesto pueda ser un carbohidrato? ¿Podría ser una proteína? Explica.
3. a. **Repasar** ¿Cuáles son las tres funciones importantes que realiza el agua en las células?
   b. **Relacionar causa y efecto** Imagina que una célula está gravemente privada de agua. ¿Cómo afectaría la falta de agua a las enzimas de la célula? Explica.

Lab zone Actividad En casa

Compuestos del alimento Lee con tu familia las etiquetas "Información nutricional" de diversos productos alimentarios. Identifica los alimentos que contienen gran cantidad de los siguientes compuestos orgánicos: carbohidratos, proteínas y grasas. Analiza con tu familia los elementos que forman esos compuestos y el papel que desempeñan en las células y en tu cuerpo.

Laboratorio del consumidor

¿Qué alimentos no tienen grasa?

Problema

Algunas personas desean limitar la cantidad de grasas o lípidos que consumen. ¿Cómo puedes determinar la exactitud de la información sobre el contenido de grasas en las etiquetas de alimentos?

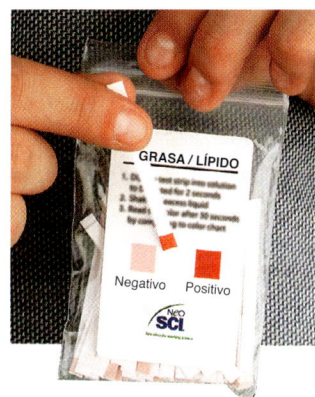

Destrezas aplicadas

interpretar datos, hacer inferencias

Materiales

- 5 diferentes aderezos para botana en sus empaques
- 5 tiras para prueba de grasas
- marcador permanente
- 5 hisopos de algodón
- 5 cuadrados pequeños de toalla de papel

Procedimiento

1. Copia la tabla de datos en una hoja de papel. Anota las marcas de los cinco aderezos en la tabla. **PRECAUCIÓN:** *No pruebes los aderezos en ningún momento*.
2. Observa la etiqueta de información nutricional del recipiente de cada aderezo. Anota el porcentaje del Valor Diario (%VD) de grasa que contiene el aderezo.
3. Observa otra información del recipiente para determinar si el aderezo está etiquetado como "sin grasa". Anota esa información en la tabla.
4. Consigue cinco tiras para prueba de grasa. Rotula cada tira con el nombre de un aderezo.
5. Usa un hisopo de algodón para untar un poco de aderezo en el cuadro de prueba de la tira correspondiente. Después de 30 segundos, limpia el aderezo de la tira con una toalla de papel.
6. Determina si la muestra contiene grasa, compara el cuadro de prueba con la clave de color. Anota tu observación en la tabla.
7. Repite los pasos 5 y 6 con cada muestra de aderezo.

Analiza y concluye

1. **Observar** Según la información del recipiente, ¿qué aderezos tuvieron 0% de grasa? ¿Qué aderezos estaban marcados como "sin grasa"?
2. **Interpretar datos** ¿Los resultados de los cuadros de prueba correspondieron siempre a la información del recipiente de aderezo?
3. **Inferir** Basándote en tus resultados, ¿qué puedes concluir acerca de la precisión de las etiquetas que indicaban que los alimentos no contenían grasa?
4. **Comunicar** Escribe un informe para los consumidores resumiendo tus resultados. Resume los procedimientos que usaste.

Diseña un experimento

Las tiras para pruebas de proteína indican *cuánta* proteína contiene una muestra de alimento. Diseña un experimento para clasificar cinco muestras de alimento en el orden de menor a mayor contenido de proteína. *Pide autorización a tu maestro antes de iniciar la investigación.*

Tabla de datos			
Nombre del aderezo	Porcentaje de grasa (% Valor Diario)	¿Etiquetado "sin grasa"?	Resultado de la prueba

Sección 4
La célula en su ambiente

Avance de la lectura

Conceptos clave
- ¿Cómo cruzan la membrana celular la mayoría de las moléculas pequeñas?
- ¿Por qué es importante la ósmosis para las células?
- ¿Cuál es la diferencia entre transporte pasivo y transporte activo?

Términos clave
- permeabilidad selectiva
- difusión • ósmosis
- transporte pasivo
- transporte activo

Destreza clave de lectura
Desarrollar el vocabulario Una definición da el significado de una palabra o frase. Después de leer la sección, vuelve a leer los párrafos que contienen las definiciones de los términos clave. Usa toda la información que hayas aprendido para escribir, con tus propias palabras, una definición de cada término clave.

Actividad Descubre

¿Cómo se mueven las moléculas?

1. Colócate con tus compañeros en lugares espaciados regularmente por todo el salón.
2. El maestro rociará aromatizante de ambiente en el salón. Cuando percibas el olor, levanta la mano.
3. Observa cuánto tiempo tardan los otros estudiantes en percibir el olor.

Reflexiona

Desarrollar hipótesis ¿Qué relación hay entre la distancia entre cada estudiante y el maestro y el momento en que percibió el olor? Desarrolla una hipótesis que explique por qué ocurrió este patrón.

Al caer la noche, el caballero acicateó al caballo hacia el castillo. El fatigado caballero anhelaba la seguridad del castillo, con sus gruesas paredes de piedra y fuertes puertas de metal. El portero del castillo abrió las puertas y bajó lentamente el puente levadizo. El caballo trotó sobre el puente y el caballero lanzó un suspiro de alivio. ¡Al fin en casa!

Al igual que los antiguos castillos, las células poseen estructuras que protegen su contenido del mundo exterior. Todas las células están rodeadas de una membrana celular que las separa del medio ambiente exterior. La membrana celular posee una **permeabilidad selectiva,** lo que significa que algunas sustancias pueden traspasarla mientras que otras no.

Las células, como los castillos, deben permitir la entrada y salida de cosas. Las células dejan entrar sustancias necesarias como oxígeno y moléculas de alimento. En contraste, los materiales de desecho deben salir. Oxígeno, moléculas de alimento y productos de desecho: todos deben cruzar la membrana celular.

Difusión

Las sustancias pueden entrar y salir de la célula mediante uno de tres métodos: difusión, ósmosis o transporte activo. **Difusión es el método principal por el cual las moléculas pequeñas atraviesan la membrana celular. Difusión** es el proceso por el cual las moléculas se desplazan de un área de mayor concentración a otra de menor concentración. La concentración de una sustancia es la cantidad de sustancia en determinado volumen. Por ejemplo, vamos a suponer que disuelves 1 gramo de azúcar en 1 litro de agua. La concentración de la solución de azúcar es 1 gramo por litro.

Si realizaste la actividad Descubre, pudiste observar la difusión en acción. El área donde se roció el aromatizante de ambiente tenía muchas moléculas de aromatizante. Poco a poco, las moléculas se desplazaron del área de mayor concentración hacia otras partes del salón, donde había menos moléculas de aromatizante y, por consiguiente, menor concentración.

¿Qué causa la difusión? Las moléculas están en constante movimiento. Al moverse, chocan entre sí. Cuantas más moléculas haya en un área, más choques habrá. Los choques hacen que las moléculas se empujen unas a otras, alejándose. A medida que pasa el tiempo, las moléculas de una sustancia continúan diseminándose. A la larga, se diseminan por toda el área de manera homogénea.

Matemáticas Destrezas

Razones

La concentración de una solución puede expresarse como una razón. Una razón compara dos cifras. Informa cuánto tienes de una cosa con respecto de otra. Por ejemplo, supón que disuelves 5 g de azúcar en 1 L de agua. Puedes expresar la concentración de la solución en forma de razón como 5 g : 1 L o 5 g/L.

Problema de práctica Supón que disuelves 7 g de sal en 1 L de agua. Expresa la concentración de la solución como una razón.

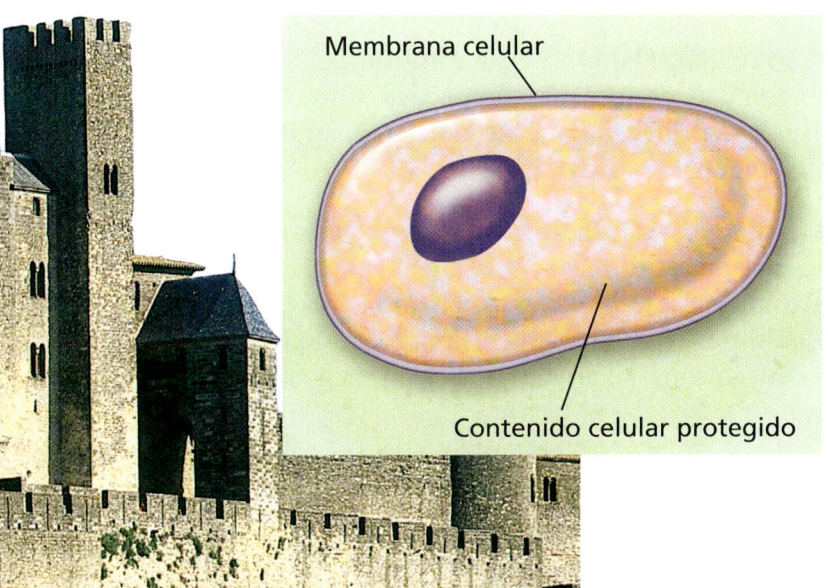

FIGURA 22
Una barrera selectiva
Las paredes de un castillo protegían a los habitantes del interior, y el portero del castillo permitía el paso de ciertas personas. Del mismo modo, la membrana celular protege el contenido del interior de la célula y ayuda a controlar las sustancias que entran y salen.

Capítulo 1 C ◆ 33

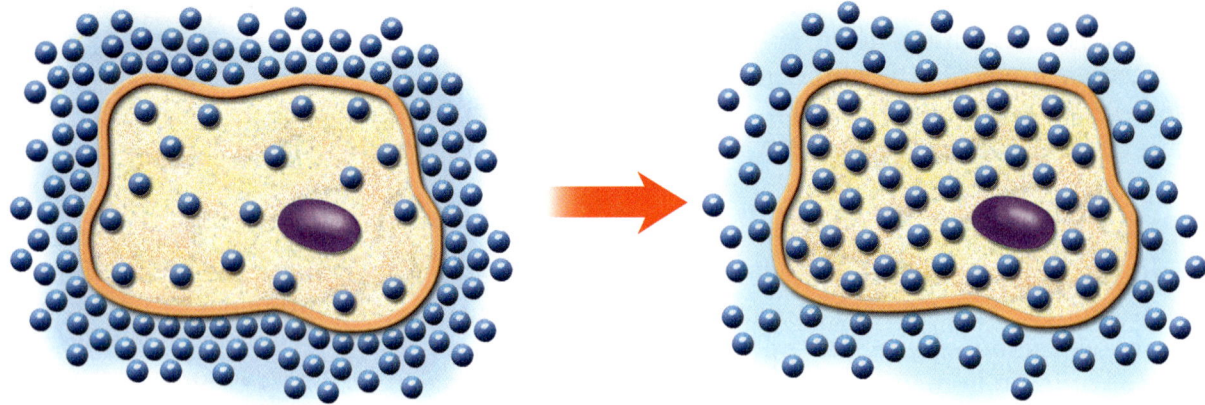

Antes de la difusión
Hay mayor concentración de moléculas de oxígeno fuera de la célula que dentro de ella.

Después de la difusión
La concentración de moléculas de oxígeno es igual fuera y dentro de la célula.

FIGURA 23
Difusión en acción
Las moléculas se desplazan por difusión de un área de mayor concentración a otra de menor concentración.
Predecir *¿Qué sucedería si la concentración de moléculas de oxígeno fuera menor en el exterior de la célula que en su interior?*

Difusión de oxígeno ¿Has usado un microscopio para observar organismos unicelulares en el agua de estanque? Estos organismos obtienen del agua que les rodea todo el oxígeno que necesitan para sobrevivir. Por fortuna para ellos, hay muchas más moléculas de oxígeno en el agua alrededor de la célula que en el interior de la célula. En otras palabras, hay una mayor concentración de moléculas de oxígeno en el agua que dentro de la célula. Recuerda que la membrana celular es permeable a las moléculas de oxígeno. Las moléculas de oxígeno se difunden a través de la membrana celular del área de mayor concentración (el agua del estanque) hacia el área de menor concentración (el interior de la célula).

 ¿Qué procesos permiten que las moléculas pequeñas entren en las células?

Ósmosis

Al igual que el oxígeno, el agua entra y sale con facilidad por la membrana celular. **Ósmosis** es la difusión del agua a través de una membrana con permeabilidad selectiva. **Como las células no pueden funcionar adecuadamente sin agua, muchos procesos celulares dependen de la ósmosis.**

Ósmosis y difusión Recuerda que las moléculas tienden a desplazarse del área de mayor concentración a otra de menor concentración. Durante la ósmosis, las moléculas de agua atraviesan la membrana celular por difusión, pasando del área donde están más concentradas al área donde están menos concentradas.

Para: Más información sobre transporte celular, disponible en inglés.
Visita: PHSchool.com
Código Web: ced-3014

Efectos de la ósmosis La ósmosis puede tener consecuencias importantes para la célula. Observa la Figura 24 para ver el efecto de la ósmosis en las células. En la Figura 24 hay un glóbulo bañado en una solución donde la concentración de agua es igual que en el interior de la célula. Ésa es la forma normal de un glóbulo rojo.

Compara la forma con la célula de la Figura 24B. El glóbulo rojo flota en agua que contiene mucha sal. La concentración de las moléculas de agua fuera de la célula es menor que la concentración de moléculas de agua dentro de la célula. Esta diferencia de concentración se debe a que la sal ocupa espacio en el agua salada. Por consiguiente, en el agua salada del exterior de la célula hay menos moléculas de agua de las que hay en el interior de la célula. Como resultado, el agua sale de la célula por ósmosis. Al salir el agua, la célula se encoge.

En la Figura 24C, el glóbulo rojo flota en agua que contiene muy poca sal. El agua del interior de la célula tiene más sal que la solución que rodea la célula. Por ello, la concentración de agua fuera de la célula es mayor que en su interior. El agua entra en la célula haciendo que se hinche.

 ¿Cuál es la relación entre ósmosis y difusión?

> **Lab zone Actividad Inténtalo**
>
> ### Difusión en acción
> Sigue estos pasos para observar los efectos de la difusión.
>
> 1. Llena un recipiente de plástico transparente con agua fría. Coloca el recipiente en la mesa y deja que se asiente, hasta que el agua deje de moverse.
> 2. Usa un gotero de plástico para añadir al agua una gran gota de colorante vegetal.
> 3. Observa el agua cada minuto. Anota cualquier cambio que veas. Continúa tu observación hasta que ya no percibas cambio alguno.
>
> **Inferir** ¿Cuál fue el papel de la difusión en los cambios que observaste?

FIGURA 24
Efectos de la ósmosis en las células
La ósmosis consiste en la difusión de agua a través de una membrana con permeabilidad selectiva.

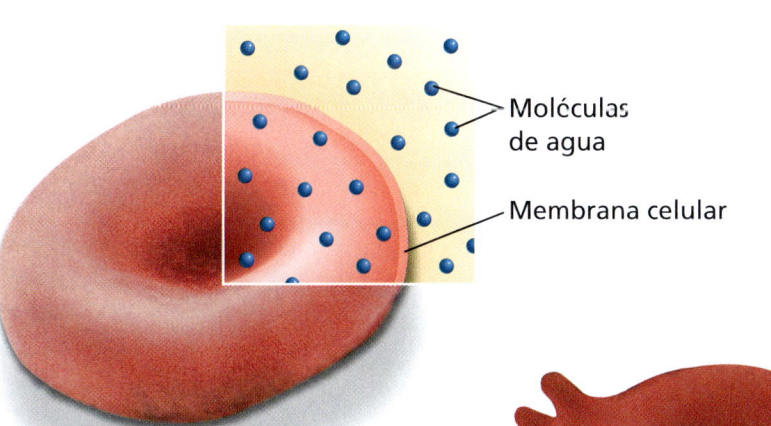

A Glóbulo rojo normal
La concentración de agua dentro de la célula es igual que en el exterior.

B Baja concentración de agua en el exterior de la célula
El agua sale de la célula durante la ósmosis.

C Alta concentración de agua en el exterior de la célula
El agua entra en la célula durante la ósmosis.

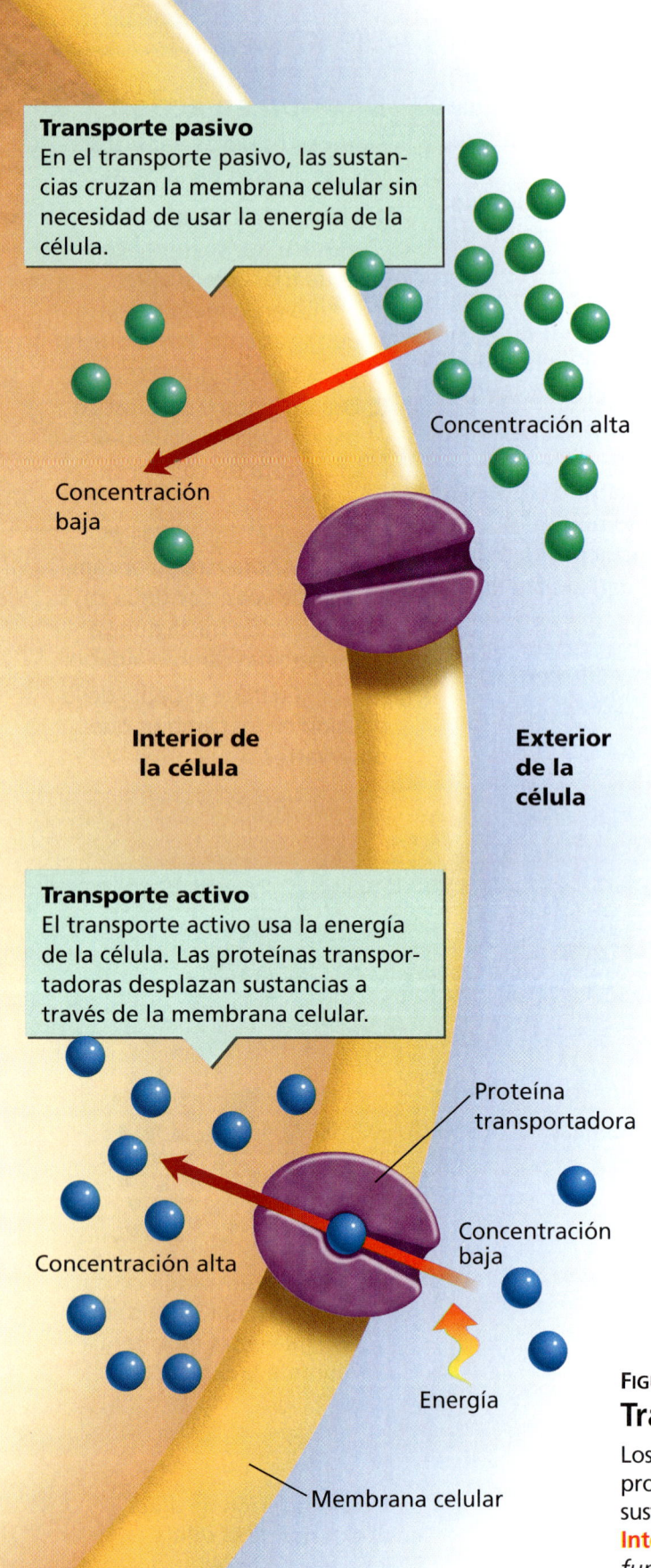

Transporte activo

Si alguna vez has bajado por una colina en bicicleta, sabrás que no necesitas energía para ir rápido. No obstante, necesitas algo de energía para pedalear cuesta arriba. En el caso de la célula, el movimiento de sustancias por difusión y ósmosis a través de la membrana celular es como montar en bicicleta cuesta abajo, pues los procesos no requieren que la célula use energía. El paso de materiales disueltos a través de la membrana celular, sin usar energía, se conoce como **transporte pasivo.**

¿Qué sucede si la célula necesita absorber una sustancia que está más concentrada dentro que fuera de ella? La célula tendría que movilizar las moléculas en sentido contrario a la dirección normal de la difusión. Para esto hace falta energía, como la que usas para pedalear cuesta arriba. El **transporte activo** consiste en desplazar sustancias a través de la membrana celular usando la energía de la célula. **A diferencia del transporte pasivo, el transporte activo requiere que la célula use su propia energía.**

Proteínas transportadoras Las células tienen varios métodos para mover sustancias por transporte activo. En uno de ellos, las proteínas transportadoras de la membrana celular "recogen" moléculas del exterior de la célula y las llevan al interior usando energía. La Figura 25 muestra este proceso. Las proteínas transportadoras también transportan moléculas al exterior de la célula mediante un proceso parecido. Entre las sustancias que entran y salen de la célula de esta manera se encuentran el calcio, potasio y sodio.

FIGURA 25
Transporte pasivo y activo
Los transportes pasivo y activo son dos procesos que permiten el paso de sustancias por la membrana celular.
Interpretar diagramas ¿Cuál es la función de la proteína transportadora?

Transporte por encapsulación La Figura 26 muestra otro método de transporte activo. Primero, la membrana celular rodea y encapsula, o envuelve, una partícula. Una vez encapsulada, la membrana celular encierra la partícula y forma una vacuola en el interior de la célula. La célula necesita energía para este proceso.

Por qué son pequeñas las células Como sabes, la mayoría de las células son tan pequeñas que no se ven sin microscopio. ¿Por qué son tan pequeñas? Una explicación es la forma como las sustancias entran y salen de las células.

Conforme el tamaño de la célula aumenta, mayor es la cantidad de citoplasma que se aleja de la membrana celular. Cuando una molécula entra en la célula, una corriente de citoplasma la transporta a su destino, como las corrientes del mar que arrastran una balsa. Pero si la célula es muy grande, la corriente del citoplasma debe cruzar un espacio mayor para llevar las sustancias a toda la célula. En una célula muy grande, la molécula se demoraría mucho más en llegar al centro de lo que tardaría en una célula pequeña; de igual manera tardaría mucho en eliminar los desechos. Si la célula se hiciera demasiado grande, no funcionaría adecuadamente para sobrevivir.

Figura 26
Ameba encapsulando alimento
Esta ameba, un organismo unicelular, está rodeando a un organismo más pequeño. La ameba encapsulará al organismo para usarlo de alimento. La encapsulación es otra forma de transporte activo.

 ¿Qué impide que las células crezcan demasiado?

Sección 4 Evaluación

 **Destreza clave de lectura** Desarrollar el vocabulario
Usa tus definiciones para responder a las siguientes preguntas.

Repasar los conceptos clave

1. a. **Definir** ¿Qué es difusión?
   b. **Relacionar causa y efecto** Usa la difusión para explicar lo que sucede cuando sueltas un cubo de azúcar en una taza de té caliente.
2. a. **Definir** ¿Qué es ósmosis?
   b. **Describir** Describe cómo se mueven las moléculas de agua por la membrana celular durante la ósmosis.
   c. **Aplicar conceptos** Una membrana con permeabilidad selectiva separa las soluciones A y B. La concentración de moléculas de agua en la Solución B es mayor que en la Solución A. Describe el movimiento de las moléculas de agua.
3. a. **Comparar y contrastar** ¿Qué son las proteínas transportadoras?
   b. **Repasar** ¿Cómo difiere el transporte activo del transporte pasivo?
   c. **Explicar** Explica por qué las proteínas transportadoras usan energía para funcionar en el transporte activo.

Matemáticas Práctica

Un científico disuelve 60 g de azúcar en 3 L de agua.

4. **Calcular una concentración** Calcula la concentración de la solución en gramos por litro.
5. **Razones** Expresa la concentración como una razón.

Capítulo 1 Guía de estudio

1 Descubrimiento de las células

Conceptos clave

- Las células son las unidades básicas de estructura y función en los seres vivos.
- La invención del microscopio hizo posible el descubrimiento y estudio de las células.
- La teoría celular afirma que: Todos los seres vivos están compuestos de células. Las células son las unidades básicas de estructura y función en los seres vivos. Todas las células se producen a partir de otras células.
- Las lentes de los microscopios ópticos amplifican objetos reflejando la luz que pasa a través de ellos.
- En vez de luz, los microscopios electrónicos usan un haz de electrones para producir una imagen amplificada.

Términos clave

célula   microscopio   teoría celular

2 Observar las células por dentro

Conceptos clave

- La pared celular protege y sostiene a una célula vegetal.
- La membrana celular controla las sustancias que entran y salen de la célula.
- El núcleo dirige todas las actividades de la célula.
- Las mitocondrias transforman la energía de los alimentos en energía que la célula puede usar.
- El retículo endoplasmático transporta sustancias a toda la célula.
- Los ribosomas producen proteínas.
- Los aparatos de Golgi reciben sustancias, las empaquetan y distribuyen.
- Los cloroplastos absorben energía de la luz solar y la usan para producir alimento para la célula.
- Las vacuolas son las áreas de almacenamiento de las células.
- Los lisosomas contienen sustancias químicas para descomponer ciertos materiales de la célula.
- Las células de muchos organismos multicelulares se han organizado en tejidos, órganos y sistemas de órganos.
- Aunque la célula bacteriana tiene pared y membrana celulares, no tiene núcleo. El material genético está en el citoplasma.

Términos clave

organelo
pared celular
membrana celular
núcleo
citoplasma
mitocondria
retículo endoplasmático
ribosoma
aparato de Golgi
cloroplasto
vacuola
lisosoma

3 Compuestos químicos en las células

Conceptos clave

- Un elemento es cualquier sustancia que no pueda descomponerse en sustancias más simples.
- Cuando dos o más elementos se combinan químicamente, forman un compuesto.
- Algunos grupos importantes de compuestos orgánicos en los seres vivos son carbohidratos, proteínas, lípidos y ácidos nucleicos.
- La mayoría de las reacciones químicas del interior de las células no pueden llevarse a cabo sin agua.

Términos clave

elemento
compuesto
carbohidrato
proteína
aminoácido
enzima
lípido
ácido nucleico
ADN
ARN

4 La célula en su ambiente

Conceptos clave

- Difusión es el método principal por el cual las moléculas pequeñas atraviesan la membrana celular.
- La ósmosis es importante para las células porque éstas no podrían funcionar adecuadamente sin suficiente agua.
- A diferencia del transporte pasivo, el transporte activo requiere que la célula use su propia energía.

Términos clave

permeabilidad selectiva
difusión
ósmosis
transporte pasivo
transporte activo

Repaso y evaluación

Para: Una autoevaluación, disponible en inglés.
Visita: PHSchool.com
Código Web: cea-3010

Organizar la información

Hacer un mapa de conceptos
Copia el mapa de conceptos. Luego, complétalo para mostrar los tipos de compuestos orgánicos. (Para más información sobre mapas de conceptos, consulta el Manual de destrezas).

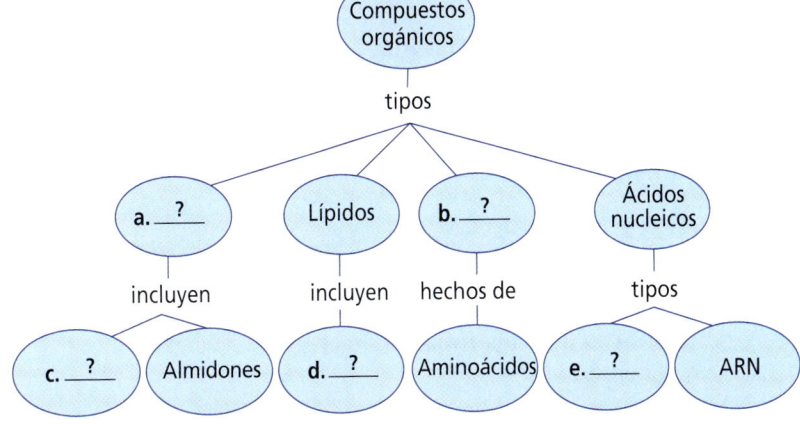

Repasar los términos clave

Elige la letra de la mejor respuesta.

1. Todos los seres vivos están compuestos de
   a. sangre.
   b. cloroplastos.
   c. vacuolas.
   d. células.

2. El centro de control de las células vegetales y animales es el
   a. cloroplasto.
   b. citoplasma.
   c. núcleo.
   d. aparato de Golgi.

3. Un área de almacenamiento de las células es
   a. la pared celular.
   b. el lisosoma.
   c. el retículo endoplasmático.
   d. la vacuola.

4. El almidón es un ejemplo de
   a. ácido nucleico.
   b. proteína.
   c. lípido.
   d. carbohidrato.

5. El proceso por el cual el agua cruza la membrana celular se llama
   a. ósmosis.
   b. transporte activo.
   c. organelo.
   d. resolución.

Si la oración es verdadera, escribe *verdadera*. Si es falsa, cambia la palabra o palabras subrayadas para hacer verdadera la oración.

6. Las células se descubrieron usando microscopios electrónicos.

7. Los ribosomas producen proteínas.

8. Las células de plantas y animales no tienen núcleo.

9. El ADN y ARN son proteínas.

10. La membrana celular posee permeabilidad selectiva.

Escribir en ciencias

Diálogo Un diálogo es una conversación. Escribe un diálogo que pudiera haber sucedido entre Schleiden y Schwann. Los científicos deben analizar sus observaciones y conclusiones.

Cell Structure and Function
Video Preview
Video Field Trip
▶ Video Assessment

Repaso y evaluación

Verificar los conceptos

11. ¿Qué papel desempeñó el microscopio en el desarrollo de la teoría celular?

12. Describe la función de la pared celular.

13. Explica la diferencia entre elementos y compuestos.

14. ¿Cuál es la importancia de las enzimas para los seres vivos?

15. ¿Cuáles son las funciones del ADN y ARN?

16. ¿Por qué el agua es importante para la célula?

17. ¿Qué es difusión? ¿Cuál es la función de la difusión en la célula?

18. Explica la relación entre tamaño de la célula y movimiento de sustancias al interior y exterior de la célula.

Pensamiento crítico

19. **Aplicar conceptos** ¿Estas células son vegetales o animales? Explica tu respuesta.

20. **Comparar y contrastar** ¿Qué semejanzas tienen las células vegetales y animales? ¿Qué diferencias? Para responder a las preguntas, nombra los distintos organelos en cada célula. Explica su importancia para la vida y función de una planta o un animal.

21. **Predecir** Imagina que una célula no tiene suficientes reservas de aminoácidos y no puede producirlos. ¿Cuál sería el efecto en la célula?

22. **Comparar y contrastar** Explica cómo difiere el transporte activo de la ósmosis.

Practicar matemáticas

23. **Razones** Una solución está compuesta de 24 g de sal de mesa disueltos en 2 L de agua. Expresa la concentración de sal como una proporción.

Aplicar destrezas

Usa los diagramas para responder a las preguntas 24 a 26.

Un científico regó la planta de la Figura A con agua salada. Después de 30 minutos, la planta tenía el aspecto de la Figura B.

24. **Observar** ¿Cómo cambiaron las células de la planta después del riego?

25. **Inferir** Describe el proceso que ocasionaría los cambios en las células de la planta.

26. **Desarrollar hipótesis** Imagina que el científico va a regar la planta B con agua dulce (sin sal). Desarrolla una hipótesis sobre lo que podría sucederle a la planta. Explica tu hipótesis.

Lab zone — Proyecto del capítulo

Evaluación del desempeño Trae a la clase el huevo, la gráfica y cualquier diagrama que hayas hecho. Analicen todos juntos sus resultados y conclusiones. Luego, en grupo, traten de responder a las siguientes preguntas: ¿Qué le sucedió al cascarón del huevo? ¿Qué proceso se dio en cada etapa del experimento?

Preparación para la prueba estandarizada

Sugerencia para hacer la prueba
Medir
En algunas preguntas de opción múltiple, resulta útil seleccionar las unidades de medición adecuadas para hallar la respuesta correcta o bien, eliminar una o más opciones incorrectas. A menudo puedes eliminar respuestas debido a que las mediciones son excesivamente grandes o pequeñas. En la pregunta de ejemplo a continuación, hay tres opciones de respuesta demasiado grandes. Sólo una opción es una medición razonable para la longitud total de 100 células. Lee la pregunta y determina la opción correcta.

Pregunta de ejemplo
Las células son muy pequeñas. Si hicieras una fila con 100 células de la piel, la longitud total probablemente sería
- **A** 1 cm
- **B** 100 cm
- **C** 1 mm
- **D** 100 mm

Respuesta
La opción correcta es **C**. Las opciones **A**, **B** y **C** son demasiado grandes.

Elige la letra de la mejor respuesta.

1. Un cálculo razonable del tamaño del núcleo de una célula es
   - **A** 0.003 mm.
   - **B** 3 mm.
   - **C** 0.003 m.
   - **D** 3 m.

2. Un microscopio compuesto tiene dos lentes. Una lente tiene una amplificación de 15 y la amplificación de la otra lente es de 40. ¿Cuál es la amplificación total del microscopio?
   - **F** 55
   - **G** 150
   - **H** 25
   - **J** 600

3. Un tejido produce y libera sustancias químicas que usan las células de todo el cuerpo de un animal. Es probable que las células del tejido tengan una mayor cantidad de
   - **A** lisosomas.
   - **B** mitocondrias.
   - **C** aparatos de Golgi.
   - **D** núcleos.

Usa el siguiente diagrama y tus conocimientos de ciencias para a responder a las preguntas 4 y 5.

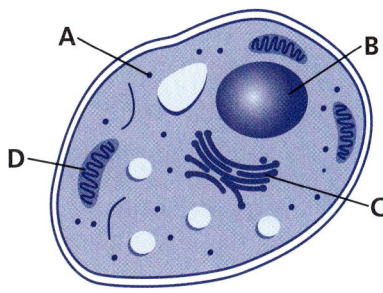

4. ¿Qué organelo contiene instrucciones para dirigir las funciones de la célula?
   - **F** A
   - **G** B
   - **H** C
   - **J** D

5. ¿En qué organelo se convierte la energía del alimento en energía que la célula puede usar?
   - **A** A
   - **B** B
   - **C** C
   - **D** D

Respuesta estructurada

6. Describe la estructura de las proteínas y explica por qué desempeñan un papel importante en la célula.

Capítulo 2
Procesos celulares y energía

Avance del capítulo

❶ Fotosíntesis
Descubre *¿De dónde procede la energía?*
Arte activo *El proceso de la fotosíntesis*
Inténtalo *Observar pigmentos*

❷ Respiración
Descubre *¿Cuál es un producto de la respiración?*
Actividad de destrezas *Predecir*
Actividad en casa *Hacer pan*
Diseña tu laboratorio *Exhalar dióxido de carbono*

❸ División celular
Descubre *¿Qué hacen las células de levadura?*
Inténtalo *Modelar la mitosis*
Arte activo *El ciclo celular*
Analizar datos *Duración del ciclo celular*
Laboratorio de destrezas *Multiplicación por división*

❹ Cáncer
Descubre *¿Qué sucede cuando hay demasiadas células?*
Actividad en casa *Una dieta para prevenir el cáncer*

▶ La luz solar sobre estas hojas de arce da energía para el proceso de la fotosíntesis.

Cell Processes and Energy
▶ Video Preview
Video Field Trip
Video Assessment

Lab zone™ Proyecto del capítulo

¡A brillar!

Cada mañana, al amanecer, diminutas fábricas vivientes inician un proceso de producción llamado fotosíntesis. La energía que utilizan es la luz solar. En este proyecto investigarás cómo afecta la luz solar a un conocido grupo de fotosintetizadores: las plantas.

Tu objetivo Determinar cómo las diferentes condiciones de iluminación afectan la salud y el crecimiento de las plantas

Para completar este proyecto debes

- diseñar un plan para cultivar plantas bajo diferentes condiciones de iluminación
- cuidar las plantas todos los días y llevar un cuidadoso registro de su salud y crecimiento durante tres semanas
- hacer una gráfica con los datos y sacar conclusiones acerca del efecto de la luz en el crecimiento de las plantas
- seguir las reglas de seguridad del Apéndice A

Haz un plan Intercambia ideas con tus compañeros para responder a las siguientes preguntas: ¿Cuáles son las diferentes condiciones de iluminación que podrías probar? ¿Qué plantas usarás? ¿Cómo medirás su salud y crecimiento? ¿Cómo puedes estar seguro de que tus resultados son consecuencia de las condiciones de iluminación? Escribe un plan y preséntalo a tu maestro.

Capítulo 2 C ◆ 43

Sección 1
Fotosíntesis

Avance de la lectura

Conceptos clave
- ¿Cómo proporciona el sol la energía que necesitan los seres vivos?
- ¿Qué ocurre durante el proceso de fotosíntesis?

Términos clave
- fotosíntesis
- autótrofo
- heterótrofo
- pigmento
- clorofila
- estomas

Destreza clave de lectura

Ordenar en serie Ordenar en serie es disponer los acontecimientos en el orden en que ocurren. Mientras lees, haz un diagrama de flujo que muestre las etapas de la fotosíntesis. Anota cada etapa en un cuadro del diagrama, siguiendo el orden en que ocurren.

Etapas de la fotosíntesis

| La luz del sol llega a la hoja. |
| ↓ |
| La clorofila atrapa la energía luminosa. |
| ↓ |

Actividad Descubre

¿De dónde procede la energía?

1. Consigue una calculadora solar que no use baterías. Coloca la calculadora bajo la luz directa.
2. Cubre las celdas solares con un dedo. Observa el efecto en la pantalla.
3. Descubre las celdas solares. ¿Qué ocurre en la pantalla?
4. Ahora cubre todas las celdas solares, excepto una. ¿Cuál es el efecto en la pantalla?

Reflexiona

Inferir Basándote en tus observaciones, ¿qué puedes inferir acerca de la energía que hace funcionar la calculadora?

Una manada de cebras pace tranquilamente en una llanura africana. Pero, cuidado, el festín de las cebras pronto será interrumpido brutalmente. Un grupo de leones se dispone a atacar a la manada. Los leones matarán una cebra y la devorarán.

Cebras y leones utilizan el alimento que consumen para obtener energía. Todos los seres vivos necesitan energía. Todas las células necesitan energía para llevar a cabo sus funciones, como producir proteínas e introducir o sacar sustancias de la célula. La carne de la cebra proporciona la energía que necesitan las células del león, del mismo modo que la hierba proporciona energía a las células de la cebra. Sin embargo, las plantas y otros organismos, como las algas y algunas bacterias, obtienen energía de otra manera. Estos organismos utilizan la luz solar para producir su propio alimento.

FIGURA 1
Energía del sol
El sol proporciona energía a la mayoría de los seres vivos, de manera directa o indirecta. **Relacionar causa y efecto** *¿De qué manera proporciona el sol alimento a la cebra?*

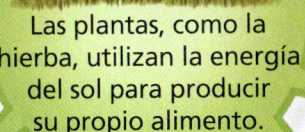

Fuentes de energía

El proceso por el cual una célula atrapa la energía de la luz solar y la utiliza para producir alimento se llama **fotosíntesis.** El término *fotosíntesis* se deriva de los vocablos griegos *foto*, que significa "luz" y *síntesis*, que significa "armar, preparar".

Casi todos los seres vivos obtienen energía directa o indirectamente de la energía de la luz solar atrapada durante la fotosíntesis. La hierba obtiene energía directamente de la luz solar, porque produce su propio alimento durante la fotosíntesis. Cuando pace, la cebra obtiene la energía almacenada en la hierba, así como el león obtiene la energía almacenada en la cebra. Ambos animales obtienen energía solar de manera indirecta procedente de la energía que recibió la hierba mediante la fotosíntesis.

Las plantas fabrican su propio alimento mediante el proceso de la fotosíntesis. Un organismo que produce su propio alimento se denomina **autótrofo.** Un organismo que no puede producir su propio alimento, incluidos los animales, como la cebra y el león, reciben el nombre de **heterótrofos.** Muchos heterótrofos obtienen alimento consumiendo otros organismos. Algunos heterótrofos, como los hongos, absorben alimento de otros organismos.

 ¿Qué son los autótrofos?

FIGURA 2
Autótrofos y heterótrofos
La hierba, que produce su propio alimento durante la fotosíntesis, es un autótrofo. Las cebras y los leones son heterótrofos porque no pueden producir su propio alimento.

Go Online active art

Para: El proceso de la fotosíntesis, disponible en inglés.
Visita: PHSchool.com
Código Web: cep-1042

Las dos etapas de la fotosíntesis

La fotosíntesis es un proceso complejo. **Durante la fotosíntesis, las plantas y algunos otros organismos utilizan la energía del sol para transformar dióxido de carbono y agua en oxígeno y azúcares.** La Figura 3 muestra el proceso de la fotosíntesis. Imagina que la fotosíntesis tiene dos etapas: atrapar la energía del sol y producir azúcares. Quizá conozcas muchos procesos de dos etapas. Por ejemplo, para preparar un pastel primero tienes que combinar los ingredientes para hacer la masa. La segunda etapa consiste en hornear la masa. Para obtener el resultado deseado, el pastel, las dos etapas deben ocurrir en el orden correcto.

Etapa 1: Atrapar la energía del sol La primera etapa de la fotosíntesis consiste en atrapar la energía de la luz solar. En las plantas, este proceso de captura de energía ocurre principalmente en las hojas. Recuerda que los cloroplastos son organelos verdes que están en el interior de las células vegetales. El color verde se debe a los **pigmentos,** compuestos químicos coloreados que absorben luz. El principal pigmento fotosintético de los cloroplastos se llama **clorofila.**

La clorofila es algo semejante a las "celdas" solares de una calculadora solar. Las celdas solares atrapan la energía luminosa y la utilizan para hacer que funcione la calculadora. Del mismo modo, la clorofila atrapa la energía luminosa y la usa para dar energía a la segunda etapa de la fotosíntesis.

FIGURA 3
Las dos etapas de la fotosíntesis
La fotosíntesis tiene dos etapas, como muestra el diagrama.
Interpretar diagramas ¿Qué etapa requiere de luz?

Etapa 1
Los cloroplastos de las células vegetales atrapan la energía de la luz solar.

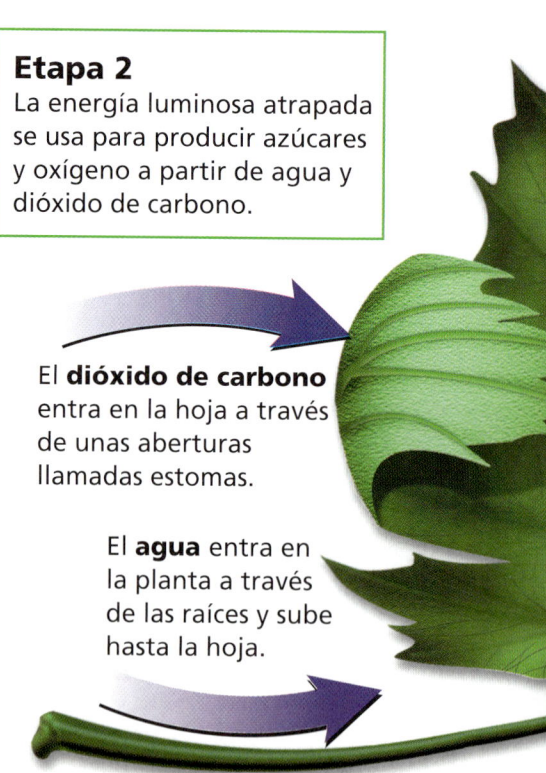

Etapa 2
La energía luminosa atrapada se usa para producir azúcares y oxígeno a partir de agua y dióxido de carbono.

El **dióxido de carbono** entra en la hoja a través de unas aberturas llamadas estomas.

El **agua** entra en la planta a través de las raíces y sube hasta la hoja.

Etapa 2: Usar energía para producir alimento En la etapa siguiente de la fotosíntesis, la célula utiliza la energía atrapada para producir azúcares. La célula necesita dos materiales simples para esta etapa: agua (H_2O) y dióxido de carbono (CO_2). Las raíces absorben agua del suelo. El agua sube por el tallo hasta las hojas. El dióxido de carbono es uno de los gases que componen el aire. El dióxido de carbono entra en la planta a través de minúsculas aberturas llamadas **estomas,** ubicadas en el envés de las hojas. Una vez dentro de las hojas, el agua y el dióxido de carbono se desplazan hacia los cloroplastos.

En el interior de los cloroplastos, el agua y el dióxido de carbono sufren una serie de complejas reacciones químicas. Las reacciones usan la energía atrapada durante la primera etapa. Esas reacciones producen sustancias químicas. Una de ellas es un azúcar que tiene seis átomos de carbono. La fórmula química de los azúcares de seis carbonos es $C_6H_{12}O_6$. Recuerda que los azúcares son un tipo de carbohidrato. Las células aprovechan la energía del azúcar para llevar a cabo importantes funciones.

Otro producto de la fotosíntesis es el oxígeno (O_2), que sale de la hoja a través de las estomas. De hecho, casi todo el oxígeno de la atmósfera terrestre fue producido por seres vivos mediante el proceso de la fotosíntesis.

 ¿Qué da el color verde a las plantas?

Lab zone Actividad Inténtalo

Observar pigmentos
Observa los pigmentos de una hoja.

1. Corta una tira de filtro de papel para cafetera de 5 cm por 20 cm.
2. Coloca una hoja sobre la tira de papel, como a 2 cm del extremo inferior.
3. Frota el borde de una moneda sobre una sección de la hoja, dejando una angosta franja de color en la tira de papel.
4. Vierte 1 cm de alcohol medicinal en un vaso de plástico. Introduce la tira de papel en el vaso de modo que la franja de color quede 1 cm por arriba del alcohol. Dobla el otro extremo de la tira, sujetándola en el borde del vaso.
5. Luego de 10 minutos, saca la tira de papel y déjala secar. Observa la tira.
6. Lávate las manos.

Inferir ¿Qué revela el aspecto de la tira de papel acerca de los pigmentos de la hoja?

Las células vegetales usan los **azúcares** producidos como energía.

El **oxígeno** sale por las estomas en el envés de la hoja.

Estoma

Capítulo 2 C ◆ 47

Ecuación de la fotosíntesis Lo que ocurre durante la fotosíntesis puede resumirse en la siguiente ecuación química:

$$6\ CO_2 + 6\ H_2O \xrightarrow{\text{energía luminosa}} C_6H_{12}O_6 + 6\ O_2$$

dióxido de carbono   agua   un azúcar   oxígeno

Observa que los materiales simples, es decir, las seis moléculas de dióxido de carbono y seis moléculas de agua, se encuentran en el lado izquierdo de la ecuación. Los productos, es decir, una molécula de un azúcar y seis moléculas de oxígeno, están a la derecha de la ecuación. La flecha, que representa el término "produce", conecta los materiales simples con los productos. La energía luminosa, necesaria para que ocurra la reacción química, está anotada sobre la flecha.

¿Qué sucede con el azúcar producido durante la fotosíntesis? Las células vegetales usan parte del azúcar como alimento. Las células descomponen moléculas de azúcar para liberar la energía que contienen. De ese modo, la energía puede aprovecharse para llevar a cabo las funciones de la planta. Algunas moléculas de azúcar se transforman en otros compuestos, como celulosa. Otras pueden almacenarse en las células vegetales para ser usadas en otro momento. Cuando consumes alimentos producidos por las plantas, como papas o zanahorias, estás comiendo la energía almacenada de la planta.

Figura 4
Energía almacenada
Cuando comes zanahoria, obtienes energía almacenada durante la fotosíntesis.

✓ **Verifica tu lectura** ¿Qué significa la flecha en la ecuación de la fotosíntesis?

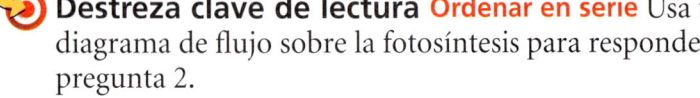

Sección 1 Evaluación

Destreza clave de lectura **Ordenar en serie** Usa tu diagrama de flujo sobre la fotosíntesis para responder a la pregunta 2.

Repasar los conceptos clave

1. a. **Repasar** ¿Por qué necesitan energía los seres vivos?
   b. **Explicar** ¿Cómo obtienen energía las plantas?
   c. **Aplicar conceptos** Un insecto come una hoja. Explica por qué el insecto depende del sol para obtener energía.
2. a. **Repasar** ¿Qué ecuación química resume lo que sucede durante la fotosíntesis?
   b. **Comparar y contrastar** ¿Qué sustancias son necesarias para la fotosíntesis? ¿Qué sustancias se producen durante la fotosíntesis?
   c. **Hacer generalizaciones** ¿Cuándo produciría más oxígeno una planta, en un día nublado o en un día soleado? Explica tu respuesta.

Escribir en ciencias

Requisitos de empleo Cuando las personas buscan empleo, a menudo rellenan una solicitud en la que describen sus aptitudes para ese puesto. Imagina que eres una hoja y solicitas trabajo en una fábrica de fotosíntesis. Escribe un párrafo resumiendo tus aptitudes para el trabajo de la fotosíntesis. El párrafo debe incluir los siguientes términos: *cloroplastos, clorofila, luz, energía, agua, dióxido de carbono* y *estomas*.

Sección 2
Respiración

Avance de la lectura

Conceptos clave
- ¿Qué acontecimientos ocurren durante la respiración?
- ¿Qué es fermentación?

Términos clave
- respiración • fermentación

Destreza clave de lectura
Usar el conocimiento previo El conocimiento previo es lo que ya sabes antes de leer sobre un tema. Antes de leer, escribe una definición de respiración en un organizador gráfico como el que sigue. Mientras lees, revisa tu definición basándote en lo que vayas aprendiendo.

Lo que sabes
1. Definición de respiración:

Lo que aprendiste
1.

Actividad Descubre

¿Cuál es un producto de la respiración?

1. Ponte las gafas protectoras. Llena dos tubos de ensayo hasta la mitad con agua tibia. Añade 5 mL de azúcar a uno de los tubos. Coloca los tubos de ensayo en el soporte.
2. Agrega a cada tubo 0.5 mL de levadura seca (un organismo unicelular). Revuelve el contenido de cada tubo con una pajilla. Coloca un tapón bien ajustado en la boca de cada tubo.
3. Observa los cambios que ocurran en los dos tubos de ensayo durante 10 a 15 minutos.

Reflexiona
Observar ¿Qué cambios hubo en cada tubo de ensayo? ¿Cómo puedes explicar las diferencias que observaste?

Un amigo y tú han hecho una excursión a pie toda la mañana. Buscan una roca plana donde sentarse a comer el almuerzo que prepararon. Están por llegar a la parte más inclinada del camino. Necesitarán mucha energía para alcanzar la cima de la montaña. Esa energía proviene del alimento.

Antes de que la comida proporcione energía a tu cuerpo, debe pasar por el aparato digestivo, donde se descompone en pequeñas moléculas. Esas moléculas pequeñas salen del aparato digestivo y entran en el torrente sanguíneo. Luego, las moléculas viajan por la sangre hacia las células de todo tu cuerpo. Una vez dentro de las células, la energía de las moléculas es liberada. En esta sección descubrirás cómo las células de tu cuerpo obtienen energía del alimento que consumes.

FIGURA 5
Energía
El ejercicio intenso, como una excursión a pie, requiere de mucha energía.

FIGURA 6
Energía de la respiración
Todos los organismos necesitan energía para vivir. La rana leopardo usa energía para saltar grandes distancias. Aunque no se mueven, los hongos necesitan energía para crecer y reproducirse.

¿Qué es la respiración?

Después de comer, tu cuerpo convierte parte del alimento en glucosa, un tipo de azúcar. La **respiración** es el proceso por el cual las células obtienen energía de la glucosa. **Durante la respiración, las células descomponen moléculas simples de alimento, como el azúcar, y liberan la energía que contienen.** Como los seres vivos necesitan una fuente continua de energía, las células de todos los seres vivos llevan a cabo la respiración de manera ininterrumpida. Las células vegetales, así como las animales, respiran.

Almacenar y liberar energía La energía almacenada en las células es como dinero que pones en una cuenta de ahorros bancaria. Cuando quieres comprar algo, retiras parte del dinero. Las células almacenan y usan energía de la misma manera. Durante la fotosíntesis, las plantas atrapan energía de la luz solar y la "ahorran" en forma de carbohidratos, que incluyen azúcares y almidones. De igual forma, cuando consumes alimento aumentas la cuenta de ahorros de energía de tu cuerpo. Cuando las células necesitan energía, la "retiran" descomponiendo carbohidratos mediante el proceso de respiración.

Respirar y respiración El término *respiración* tiene dos significados. Tal vez lo has usado para referirte a la entrada y salida de aire de tus pulmones. Para evitar confusiones, el proceso de respiración que ocurre dentro de las células suele recibir el nombre de respiración celular. Sin embargo, los dos significados del término *respiración* sugieren un punto en común. La respiración introduce oxígeno en tus pulmones, y el oxígeno es necesario para la respiración celular.

 ¿Qué es la respiración?

Predecir
En los meses invernales, algunos animales caen en un estado llamado hibernación. Durante la hibernación, el animal no come y las actividades de su cuerpo se reducen mucho. Predice lo que ocurrirá con la velocidad de la respiración celular del animal cuando empiece la hibernación. Explica tu predicción.

Las dos etapas de la respiración Al igual que la fotosíntesis, la respiración es un proceso de dos etapas. La primera ocurre en el citoplasma de las células, donde las moléculas de glucosa se descomponen en moléculas más pequeñas. El oxígeno no participa en esta etapa y sólo se libera una pequeña cantidad de energía.

La segunda etapa de la respiración ocurre en las mitocondrias. Allí, las moléculas pequeñas se descomponen en moléculas aún más diminutas. Estas reacciones químicas requieren de oxígeno y producen gran cantidad de energía. Es por eso que a las mitocondrias también se les conoce como las "plantas de energía" de la célula.

Sigue las etapas de la descomposición de glucosa en la Figura 7. Observa que se libera energía en ambas etapas. El dióxido de carbono y el agua, otros dos productos de la respiración, se difunden hacia el exterior de la célula. En la mayoría de los animales, el dióxido de carbono y algo de agua salen del cuerpo al exhalar o expulsar aire de los pulmones. Por ello, cuando inhalas, aspiras oxígeno, la materia prima de la respiración. Cuando exhalas, expulsas dióxido de carbono y agua, los productos de la respiración.

Ecuación de la respiración Aunque la respiración ocurre en una serie de etapas complejas, es posible resumir el proceso en la siguiente ecuación:

$$C_6H_{12}O_6 + 6\,O_2 \longrightarrow 6\,CO_2 + 6\,H_2O + \text{energía}$$
azúcar   oxígeno   dióxido de   agua
                           carbono

Observa que los materiales simples para la respiración son azúcar y oxígeno. Las plantas y otros organismos que llevan a cabo la fotosíntesis producen su propio azúcar. La glucosa de las células animales y de otros organismos se obtiene del alimento que consumen. El oxígeno utilizado en la respiración proviene del aire o el agua que rodea al organismo.

Figura 7
Las dos etapas de la respiración
Al igual que la fotosíntesis, la respiración ocurre en dos etapas.
Interpretar diagramas ¿Qué etapa de la respiración utiliza oxígeno?

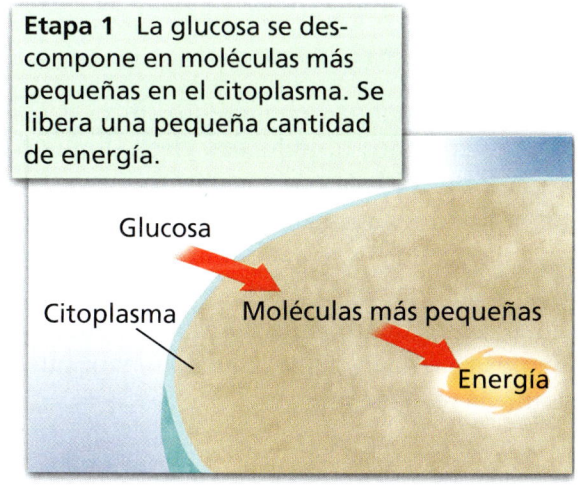

Etapa 1 La glucosa se descompone en moléculas más pequeñas en el citoplasma. Se libera una pequeña cantidad de energía.

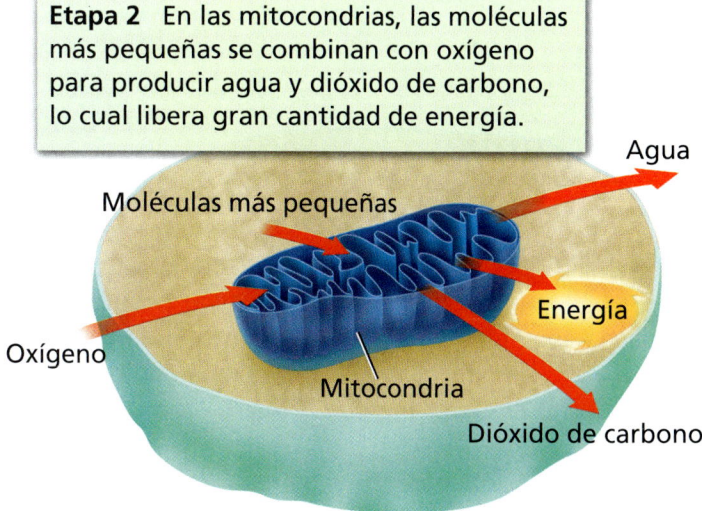

Etapa 2 En las mitocondrias, las moléculas más pequeñas se combinan con oxígeno para producir agua y dióxido de carbono, lo cual libera gran cantidad de energía.

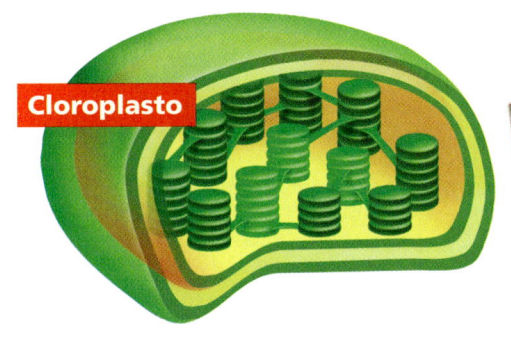

Fotosíntesis
Durante la fotosíntesis, las plantas usan dióxido de carbono y producen oxígeno.

$6\ CO_2 + 6\ H_2O \longrightarrow C_6H_{12}O_6 + 6\ O_2$

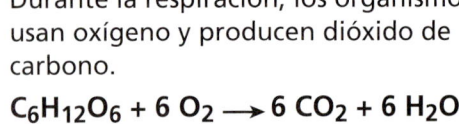

Respiración
Durante la respiración, los organismos usan oxígeno y producen dióxido de carbono.

$C_6H_{12}O_6 + 6\ O_2 \longrightarrow 6\ CO_2 + 6\ H_2O$

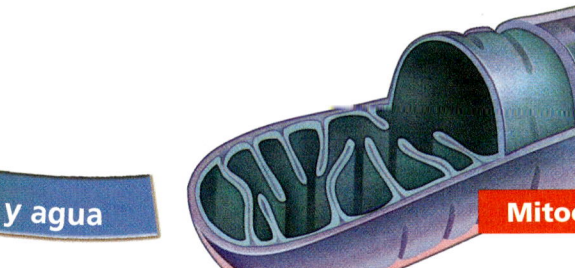

FIGURA 8
Fotosíntesis y respiración
Puedes considerar que la fotosíntesis y la respiración son procesos opuestos.
Comparar y contrastar ¿Qué proceso usa oxígeno? ¿Cuál usa dióxido de carbono?

Comparar la fotosíntesis y la respiración ¿Ves algo conocido en la ecuación de la respiración? Tienes mucha razón si dijiste que es lo opuesto a la ecuación de la fotosíntesis. Esta observación es muy importante. Durante la fotosíntesis se usa dióxido de carbono y agua para producir azúcares y oxígeno. Durante la respiración, el azúcar glucosa y el oxígeno se usan para producir dióxido de carbono y agua. Podría decirse que la fotosíntesis y la respiración son procesos opuestos.

En conjunto, los dos procesos forman un ciclo que mantiene más o menos constantes los niveles de oxígeno y dióxido de carbono en la atmósfera terrestre. Como puedes ver en la Figura 8, los seres vivos usan ambos gases una y otra vez.

 **Verifica tu lectura** ¿Qué proceso produce agua: la fotosíntesis o la respiración?

Fermentación

Algunas células pueden obtener energía del alimento sin usar oxígeno. Por ejemplo, ciertos organismos unicelulares viven donde no hay oxígeno, como en las profundidades del océano o el fango de lagos y pantanos. Estos organismos obtienen energía mediante la **fermentación,** proceso que produce energía y no requiere de oxígeno. **La fermentación proporciona energía a las células sin usar oxígeno.** No obstante, la cantidad de energía que produce una molécula de azúcar durante la fermentación es mucho menor que la cantidad producida durante la respiración.

Para: Vínculos sobre la respiración celular, disponible en inglés.
Visita: www.SciLinks.org
Código Web: scn-0322

Fermentación alcohólica Hay un tipo de fermentación que ocurre cuando las levaduras y otros organismos unicelulares descomponen azúcares. Este proceso a veces se denomina fermentación alcohólica, debido a que uno de los productos es el alcohol. Los otros productos son dióxido de carbono y una pequeña cantidad de energía.

Los productos de la fermentación alcohólica son importantes para panaderos y fabricantes de cerveza. El dióxido de carbono que producen las levaduras crea bolsas de aire en la masa del pan, haciendo que suba. El dióxido de carbono también provoca burbujas en las bebidas alcohólicas, como en la cerveza y en el vino espumoso.

Fermentación del ácido láctico A veces, en tu cuerpo ocurre otro tipo de fermentación. Es probable que hayas experimentado sus efectos. Recuerda alguna ocasión en que hayas corrido con todas tus fuerzas durante el máximo tiempo posible. Los músculos de tus piernas presionaban con fuerza contra el suelo y tu respiración se agitaba considerablemente.

A pesar de lo mucho que hubieses respirado, las células de tus músculos agotaban el oxígeno antes de que pudieras reponerlo. Al faltarle oxígeno a las células, comenzó a producirse la fermentación para proveerlas de la energía necesaria. Un producto de este tipo de fermentación es un ácido conocido como ácido láctico. Cuando se acumula el ácido láctico, experimentas una sensación dolorosa en los músculos. Los sientes inflamados y débiles.

FIGURA 9
Fermentación del ácido láctico
Cuando los músculos de un atleta se quedan sin oxígeno, la fermentación del ácido láctico proporciona energía a las células.

Verifica tu lectura ¿Qué tipo de fermentación es importante para los panaderos?

Sección 2 Evaluación

Destreza clave de lectura

Usar el conocimiento previo Repasa tu organizador gráfico sobre la respiración. Enumera dos cosas que hayas aprendido sobre la respiración.

Repasar los conceptos clave

1. a. **Repasar** ¿Qué ocurre durante la respiración?
   b. **Repasar** ¿Cuál es la ecuación de la respiración?
   c. **Comparar y contrastar** Compara las ecuaciones de la respiración y de la fotosíntesis.
   d. **Relacionar causa y efecto** Explica por qué la respiración celular añade dióxido de carbono a la atmósfera y la fotosíntesis no.

2. a. **Identificar** ¿Por qué proceso obtienen las células energía sin usar oxígeno?
   b. **Inferir** ¿Cómo se verían afectados los atletas si no ocurriera este proceso?
   c. **Predecir** ¿Consideras que este proceso tiene más probabilidad de ocurrir durante una carrera corta o una larga? Explica tu respuesta.

Lab zone Actividad En casa

Hacer pan Con un adulto de tu familia, sigue la receta de un libro de cocina para preparar pan utilizando levadura. Explica a tu familia por qué sube la masa. Después de hornearlo, observa una rebanada y busca pruebas de la fermentación.

Diseña tu laboratorio

Exhalar dióxido de carbono

Problema
¿Hay relación entre el ejercicio y la cantidad de dióxido de carbono que exhalas?

Destrezas aplicadas
predecir, controlar variables

Materiales
- 2 matraces de 250 mL
- 30 mL de solución de azul de bromotimol al 0.1%
- 2 pajillas
- cronómetro o reloj con segundero
- cilindro graduado de 25 mL
- toallas de papel

Procedimiento

PARTE 1 Probar la presencia de dióxido de carbono

1. Rotula un matraz como "Matraz 1" y el otro como "Matraz 2". El Matraz 1 será tu control durante el experimento.

2. El azul de bromotimol sirve para probar la presencia de dióxido de carbono. Para ver cómo lo hace, llena cada matraz con 15 mL de solución de bromotimol. **PRECAUCIÓN:** *El azul de bromotimol puede manchar tu piel y ropa. Evita derramarlo o salpicarte.*

3. Observa y anota el color de la solución en ambos matraces.

4. Coloca una pajilla en el Matraz 2. Sopla suavemente por la pajilla hasta que la solución cambie de color. **PRECAUCIÓN:** *Usa la pajilla solamente para soplar. No succiones la solución.* Tu compañero deberá medir el tiempo desde que empiezas a soplar por la pajilla y parar el cronómetro tan pronto como la solución cambie de color. Anota el tiempo transcurrido.

PARTE 2 Ejercicio y dióxido de carbono

5. En la parte 1 mediste el tiempo del cambio de color sin hacer ejercicio. Ahora, predice cuánto tardará la solución en cambiar de color si realizas la prueba después de hacer ejercicio. Diseña un experimento para probar tu predicción. Planifica la manera en la que harás el registro de los resultados y los pasos a seguir para comprobarlos.

6. Anota los pasos de tu experimento y pide autorización a tu maestro. Luego, realízalo. **PRECAUCIÓN:** *No te esfuerces demasiado. Si tienes un padecimiento que limite tu capacidad física, no participes en la parte de ejercicio del experimento.*

Analiza y concluye

1. **Medir** ¿Cuánto tardó la solución en cambiar de color la primera vez que hiciste la prueba (sin ejercicio)?

2. **Sacar conclusiones** ¿Cómo afectó el ejercicio al tiempo que tardó la solución en cambiar de color?

3. **Predecir** ¿En qué fundamentaste tu predicción del paso 5? ¿Fue correcta tu predicción?

4. **Controlar variables** ¿Qué variables tuviste que controlar en la parte 2? Explica cómo las controlaste.

5. **Comunicar** Escribe un párrafo en el que relaciones los resultados de tu experimento con el proceso de respiración celular. Explica cómo se afectó la producción de dióxido de carbono con la actividad.

Explora más

Algunas plantas crecen en el agua. ¿Cómo diseñarías un experimento para determinar si estas plantas produjeron dióxido de carbono durante la fotosíntesis? *Pide autorización a tu maestro antes de iniciar el experimento.*

Sección 3
División celular

Avance de la lectura

Conceptos clave
- ¿Qué ocurre durante las tres etapas del ciclo celular?
- Según su estructura, ¿cómo se explica que el ADN se copie por sí solo?

Términos clave
- ciclo celular
- interfase
- replicación
- mitosis
- cromosoma
- citocinesis

Destreza clave de lectura
Ordenar en serie Mientras lees, haz un diagrama de ciclos que muestre los sucesos del ciclo celular, incluyendo las fases de la mitosis. Escribe cada acontecimiento en un ciclo individual.

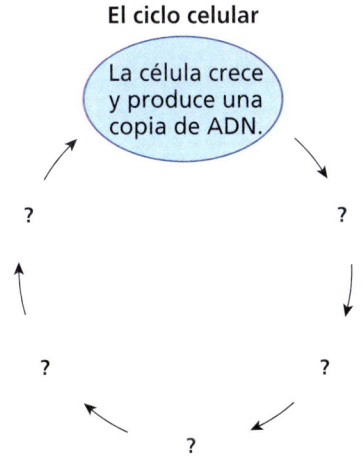

El ciclo celular

La célula crece y produce una copia de ADN.

Lab zone — Actividad Descubre

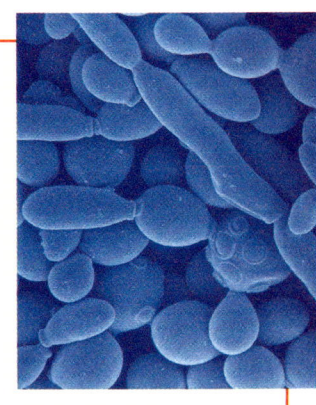

¿Qué hacen las células de levadura?

1. Usa un gotero de plástico para tomar algunas células del cultivo de levadura y depositarlas en un portaobjetos. Tu maestro ha preparado el portaobjetos dejando secar unas gotas de azul de metileno. Pon el cubreobjetos y coloca el espécimen en el microscopio.

2. Examina las células del portaobjetos, primero con baja potencia y luego con alta potencia. Observa lo que parecen dos células pegadas. Una célula puede ser mayor que la otra. Dibuja lo que ves.

Reflexiona
Desarrollar hipótesis ¿Qué proceso crees que experimentan las "células dobles"? Desarrolla una hipótesis que explique tus observaciones.

A principios del otoño, muchas ferias locales organizan competencias de calabaza. Los orgullosos cultivadores inscriben sus ejemplares más grandes con la esperanza de obtener un premio. ¡La calabaza de la foto pesa más de 600 kilogramos! Esta descomunal calabaza surgió de una diminuta flor. ¿Cómo pudo crecer tanto?

La calabaza crece incrementando tanto la cantidad como el tamaño de sus células. Una célula crece, luego se divide y forma dos células. Éstas crecen y se dividen, dando origen a cuatro células y así sucesivamente. Pero este proceso de crecimiento y división celular no ocurre sólo en las calabazas. De hecho, muchas células de tu cuerpo están dividiéndose en este preciso momento.

Calabaza premiada ▲

Capítulo 2 C ◆ 55

Etapa 1: Interfase

¿Cómo es que los cerditos se hacen grandes? Sus células crecen y se dividen una y otra vez en una secuencia repetida de crecimiento y división llamada **ciclo celular.** Durante el ciclo celular, la célula crece, se prepara para la división y se divide en dos nuevas células conocidas como "células hijas". Cada una de ellas empieza entonces un nuevo ciclo celular. Puedes ver los detalles del ciclo celular en los diagramas de las páginas 58 y 59. Observa que cada ciclo celular se divide en tres etapas principales: interfase, mitosis y citocinesis.

La primera etapa del ciclo celular es la **interfase,** período que precede a la división celular. **Durante la interfase, la célula crece, copia su ADN y se prepara para dividirse en dos células.**

Crecimiento Durante la primera parte de la interfase, la célula alcanza su máximo tamaño y forma las estructuras que necesita. Por ejemplo, crea nuevos ribosomas y produce enzimas. También copia sus mitocondrias y cloroplastos.

Copia del ADN En la siguiente etapa de la interfase, la célula hace una copia exacta del ADN que tiene en el núcleo mediante un proceso llamado **replicación.** Recuerda que el ADN se encuentra en la cromatina del núcleo y contiene toda la información que necesita la célula para realizar sus funciones. La replicación del ADN es fundamental porque, para sobrevivir, cada célula hija necesita un juego completo de ADN. Cuando termina la replicación, la célula tiene dos juegos idénticos de ADN. Conocerás los detalles de la replicación del ADN en esta sección.

Preparación para la división Una vez se ha replicado el ADN, la célula empieza a prepararse para la división. Para ello, produce las estructuras que necesitará al dividirse en dos nuevas células. Al terminar la interfase, la célula está lista para dividirse.

 ¿Qué es la replicación?

Lab zone Actividad Inténtalo

Modelar la mitosis
Consulta la Figura 12 mientras realizas esta actividad.

1. Haz el modelo de una célula con cuatro cromosomas. Usa un trozo de cartulina para representar la célula. Utiliza limpiapipas de distintos colores para representar los cromosomas. Asegúrate de que todos los cromosomas parezcan filamentos dobles.

2. Coloca los cromosomas en la parte de la célula donde estarían durante la profase.

3. Repite el paso 2 para los modelos de metafase, anafase y telofase.

Hacer modelos ¿Cómo te ayudó el modelo a comprender lo que ocurre en la mitosis?

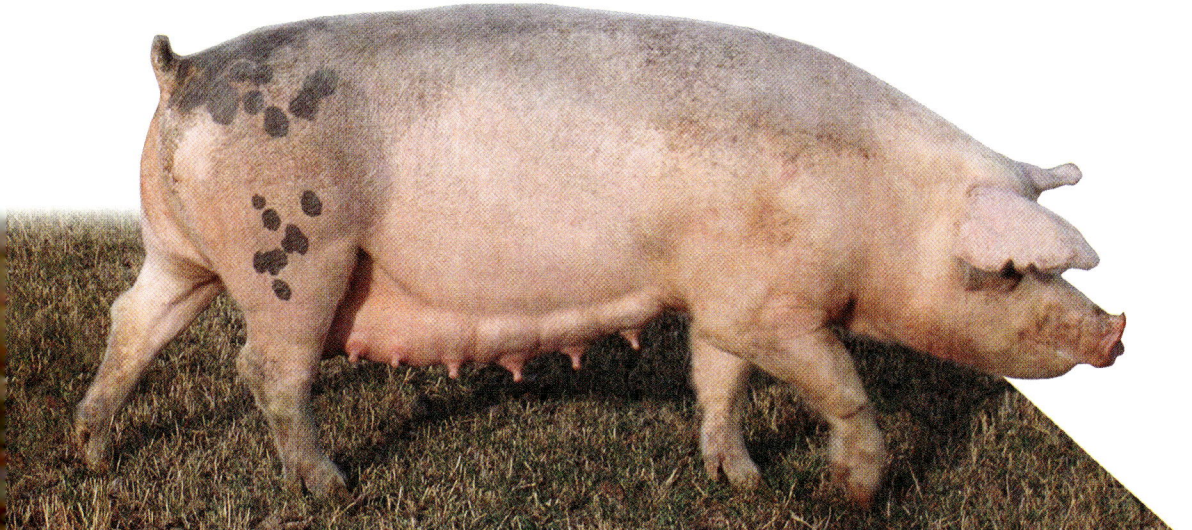

Etapa 2: Mitosis

Una vez termina la interfase, comienza la segunda etapa del ciclo celular. La **mitosis** es la etapa en la que el núcleo de la célula se divide formando dos nuevos núcleos. **Durante la mitosis, cada una de las células hija recibe una copia del ADN.**

Los científicos han dividido la mitosis en cuatro partes o fases: profase, metafase, anafase y telofase. Durante la profase, la cromatina filiforme se condensa en el núcleo para formar estructuras de dos filamentos llamadas **cromosomas.** Cada cromosoma tiene un par de filamentos porque el ADN de la célula se replicó y cada filamento del cromosoma es una copia exacta del otro. Cada filamento del cromosoma recibe el nombre de cromátida. En la Figura 11 puedes ver que las dos cromátidas están unidas por una estructura llamada centrómero.

Conforme la célula pasa por las etapas de metafase, anafase y telofase, las cromátidas se separan y van hacia los extremos opuestos de la célula. Luego se forman dos núcleos alrededor de las cromátidas que están en los dos extremos de la célula.

Figura 10
Si el cerdo es más grande, más células tiene
La mamá tiene más células en el cuerpo que sus cerditos.

Figura 11
Cromosomas
Durante la mitosis, la cromatina se condensa formando cromosomas. Cada cromosoma consta de dos filamentos idénticos o cromátidas.
Aplicar conceptos ¿En qué fase de la mitosis se forman los cromosomas?

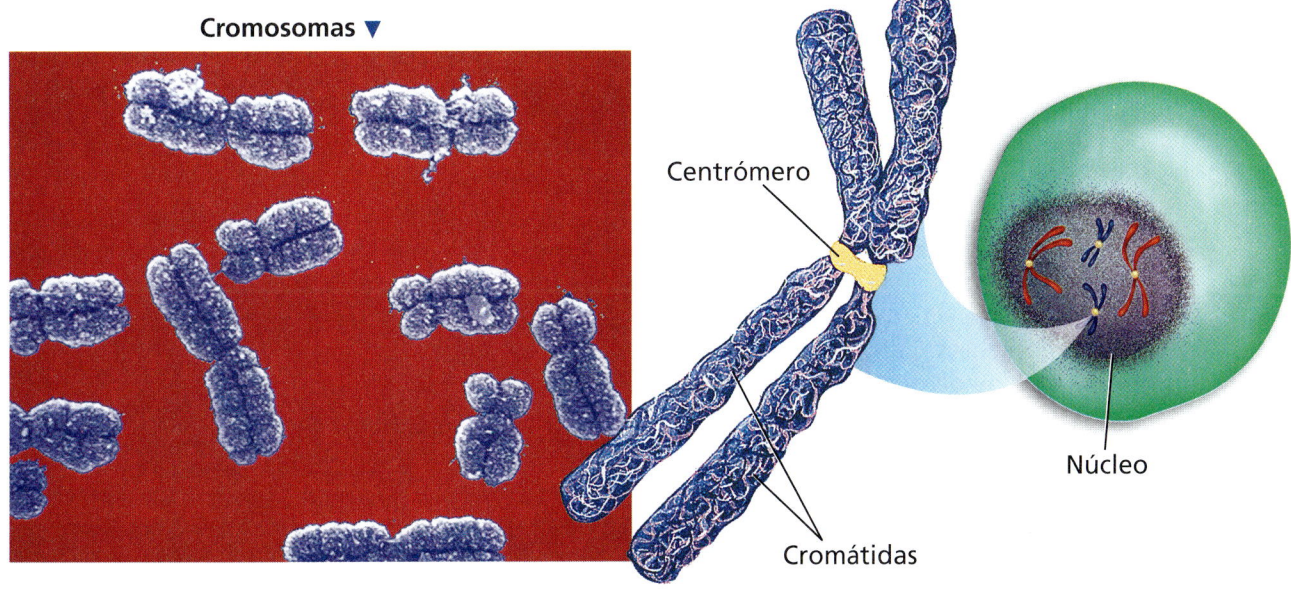

Cromosomas ▼

Centrómero

Cromátidas

Núcleo

FIGURA 12
El ciclo celular
Mientras crecen y se dividen, las células pasan por una secuencia ordenada de acontecimientos. La secuencia que muestra esta figura es el típico ciclo celular de una célula animal.
Comparar y contrastar *Compara la ubicación de los cromosomas durante la metafase y la anafase.*

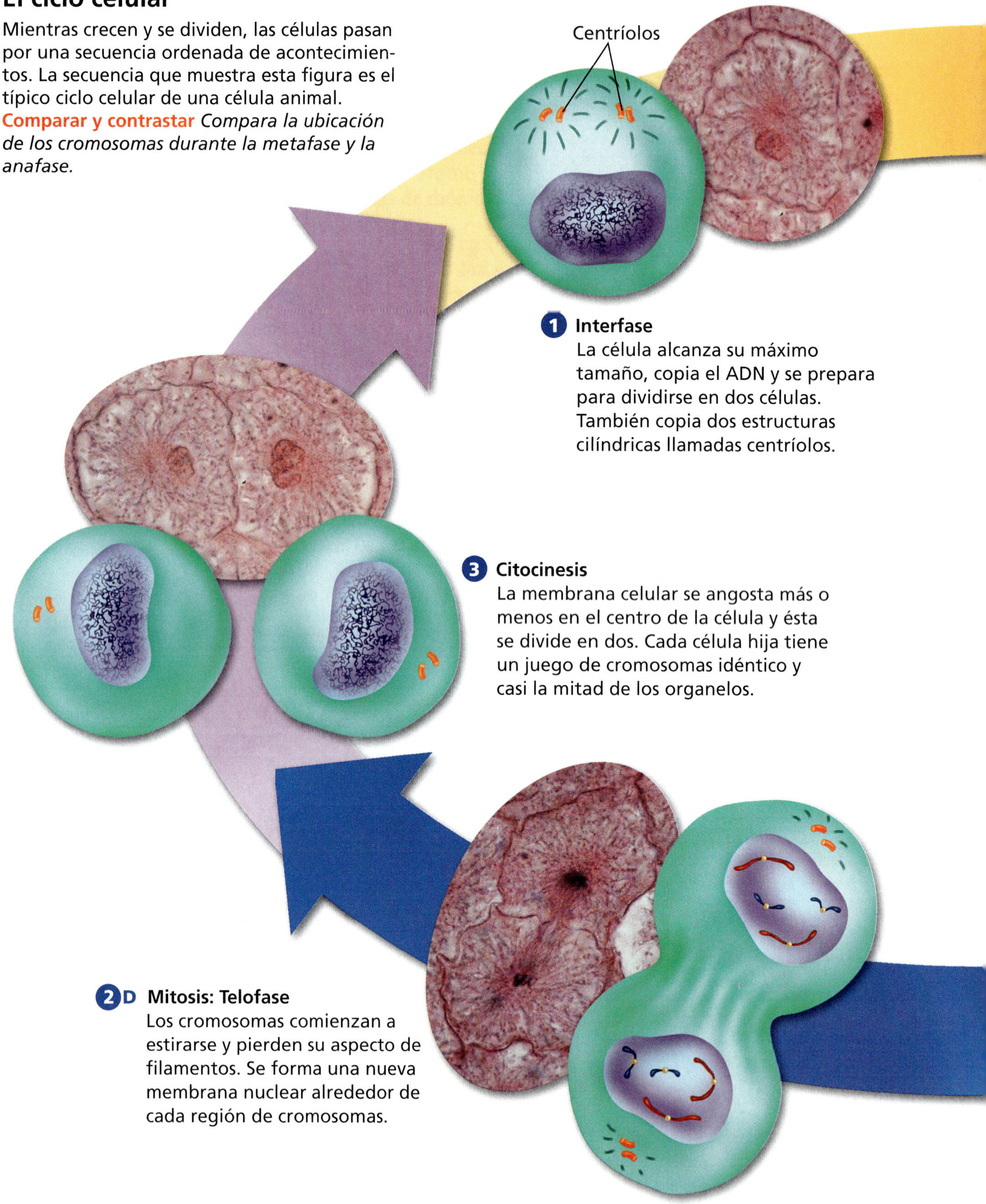

Centríolos

① Interfase
La célula alcanza su máximo tamaño, copia el ADN y se prepara para dividirse en dos células. También copia dos estructuras cilíndricas llamadas centríolos.

③ Citocinesis
La membrana celular se angosta más o menos en el centro de la célula y ésta se divide en dos. Cada célula hija tiene un juego de cromosomas idéntico y casi la mitad de los organelos.

②D Mitosis: Telofase
Los cromosomas comienzan a estirarse y pierden su aspecto de filamentos. Se forma una nueva membrana nuclear alrededor de cada región de cromosomas.

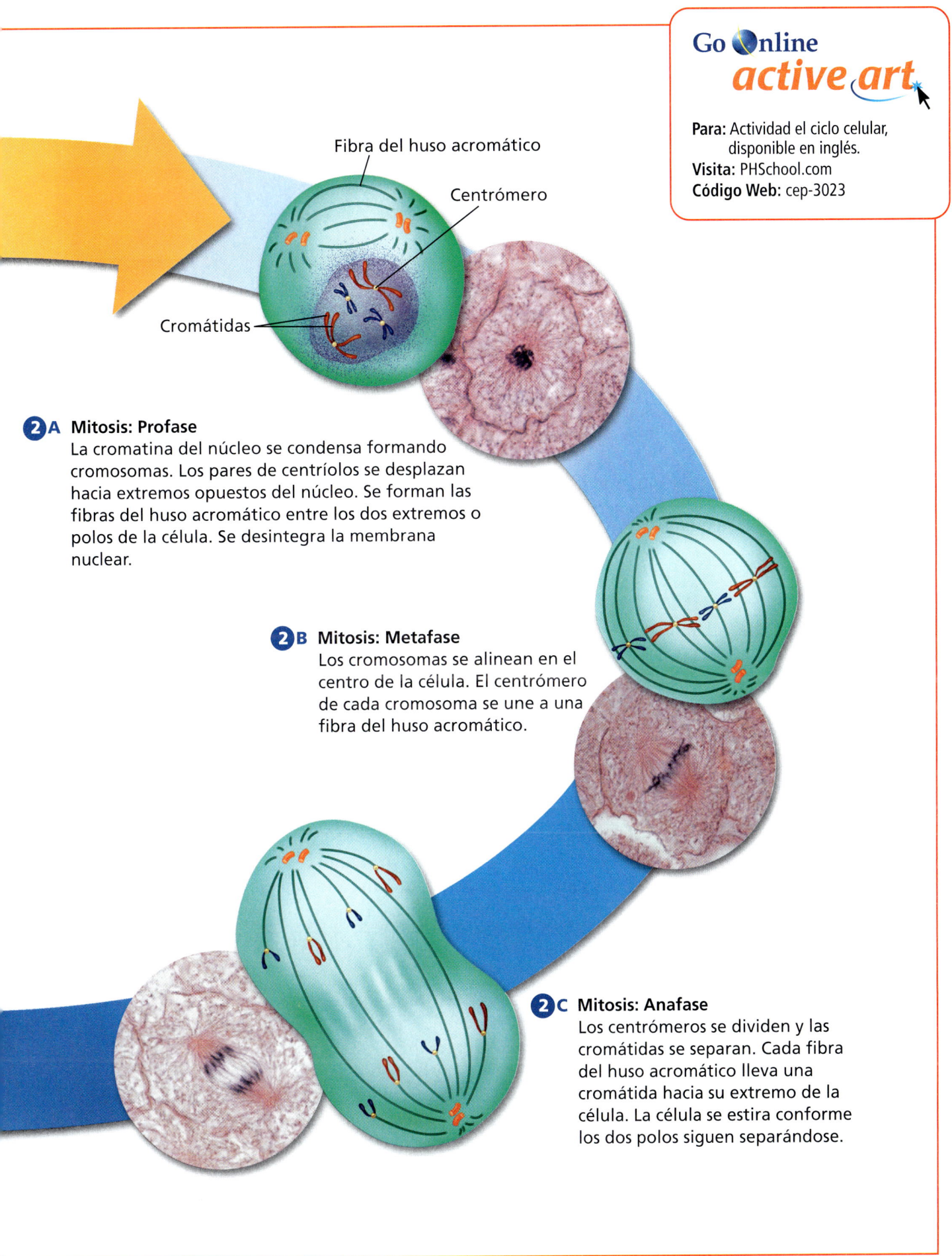

2A Mitosis: Profase
La cromatina del núcleo se condensa formando cromosomas. Los pares de centríolos se desplazan hacia extremos opuestos del núcleo. Se forman las fibras del huso acromático entre los dos extremos o polos de la célula. Se desintegra la membrana nuclear.

2B Mitosis: Metafase
Los cromosomas se alinean en el centro de la célula. El centrómero de cada cromosoma se une a una fibra del huso acromático.

2C Mitosis: Anafase
Los centrómeros se dividen y las cromátidas se separan. Cada fibra del huso acromático lleva una cromátida hacia su extremo de la célula. La célula se estira conforme los dos polos siguen separándose.

Matemáticas — Analizar datos

Duración del ciclo celular

¿Cuánto tarda una célula en realizar un ciclo celular? Todo depende de la célula. Por ejemplo, una célula del hígado humano termina el ciclo celular en 22 horas, como puedes ver en la gráfica. Estudia la gráfica y luego responde a las preguntas.

1. **Leer gráficas** ¿Qué representan las tres flechas curvadas que rodean el exterior del círculo?
2. **Leer gráficas** ¿En qué etapa del ciclo celular se encuentra el segmento que representa el crecimiento?
3. **Interpretar datos** ¿Cuánto tiempo tarda la replicación del ADN en las células de hígado humano?
4. **Sacar conclusiones** ¿Cuál es la etapa más prolongada del ciclo celular de la célula de hígado humano?

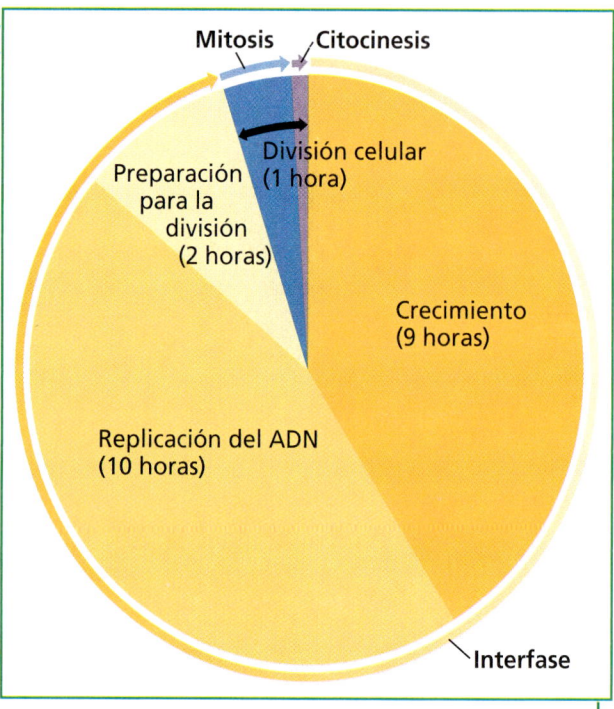

Etapa 3: Citocinesis

La última etapa del ciclo celular, llamada **citocinesis,** termina el proceso de división celular. **El citoplasma se divide durante la citocinesis. Los organelos se distribuyen entre las dos nuevas células.** La citocinesis comienza más o menos al mismo tiempo que la telofase. Una vez terminada la citocinesis, se han formado dos células nuevas o células hijas. Cada una tiene la misma cantidad de cromosomas que la célula madre. Al terminar la citocinesis, cada célula entra en interfase y vuelve a iniciarse el ciclo.

Citocinesis en células animales Durante la citocinesis de las células animales, la membrana celular se angosta hacia el centro de la célula, pellizcando el citoplasma para formar dos células. Cada célula hija tiene más o menos la mitad de los organelos.

Citocinesis en células vegetales La citocinesis es algo diferente en las células vegetales. La rígida pared celular no puede pellizcarse como hace la membrana celular. En cambio, se forma una estructura llamada placa celular que cruza la célula por el centro. La placa celular desarrolla nuevas membranas celulares que separan a las células hijas. Luego se forman nuevas paredes celulares alrededor de las membranas celulares.

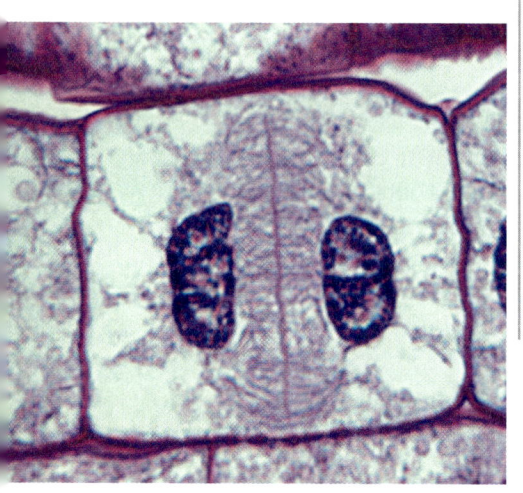

FIGURA 13
Citocinesis en las células vegetales
Durante la citocinesis de las células vegetales se forma una placa celular entre los dos nuevos núcleos.

 **Verifica tu lectura** ¿En qué fase de la mitosis comienza la citocinesis?

Estructura y replicación del ADN

La replicación del ADN asegura que cada célula hija tenga la información genética que necesita para realizar sus actividades. Antes de que los científicos pudieran comprender cómo ocurría la replicación del ADN, debían conocer su estructura. En 1952, Rosalind Franklin utilizó un método radiográfico para fotografiar moléculas de ADN. Sus imágenes permitieron que James Watson y Francis Crick descubrieran la estructura del ADN en 1953.

La estructura del ADN Como puedes ver en la Figura 14, la molécula de ADN parece una escalera retorcida o en espiral. Los dos lados de la escalera de ADN se componen de un azúcar llamada desoxirribosa alternada con moléculas denominadas fosfatos.

Cada peldaño tiene un par de moléculas conocidas como bases nitrogenadas, las cuales contienen nitrógeno y otros elementos. El ADN tiene cuatro tipos de bases nitrogenadas: adenina, timina, guanina y citosina. Cada base se representa con su inicial en mayúsculas: A, T, G y C.

Las bases de un lado de la escalera hacen pareja con las bases del otro lado. La adenina (A) sólo se une con la timina (T), mientras que la guanina (G) sólo forma pareja con la citosina (C). Este patrón de emparejamiento es fundamental para comprender cómo se lleva a cabo la replicación del ADN.

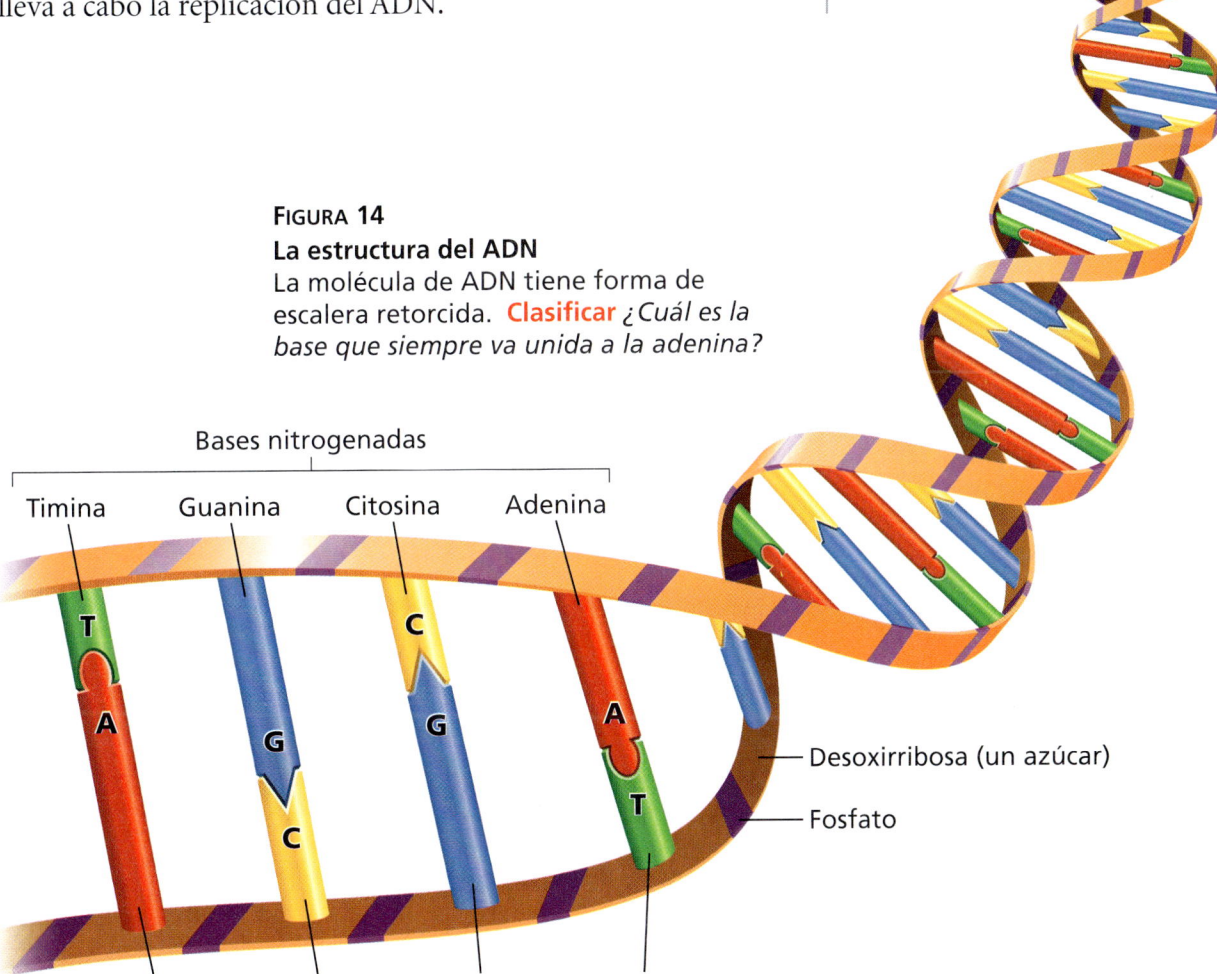

FIGURA 14
La estructura del ADN
La molécula de ADN tiene forma de escalera retorcida. **Clasificar** *¿Cuál es la base que siempre va unida a la adenina?*

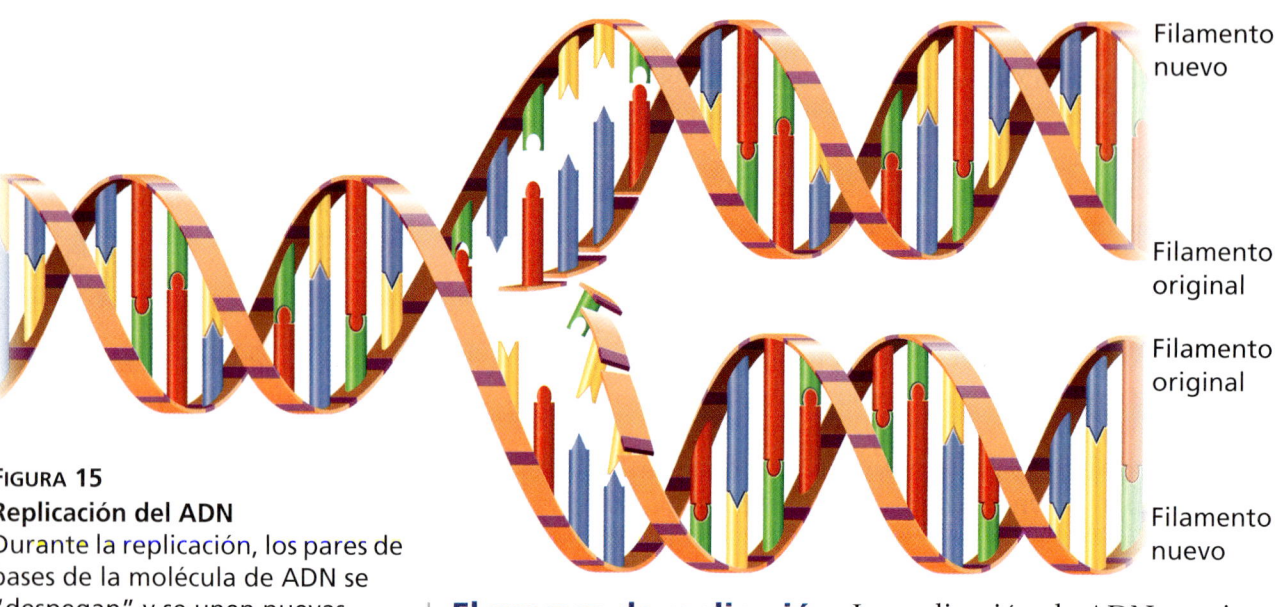

Figura 15
Replicación del ADN
Durante la replicación, los pares de bases de la molécula de ADN se "despegan" y se unen nuevas bases a las que quedan en los filamentos originales. De esta manera, se forman dos nuevos filamentos idénticos de ADN.

El proceso de replicación La replicación de ADN comienza cuando los dos lados de la molécula de ADN se desenroscan y separan, como si fuera un cierre. La Figura 15 muestra cómo se separa la molécula entre los pares de bases nitrogenadas.

Luego, las bases nitrogenadas que flotan en el núcleo se unen a las bases que quedaron en cada mitad de la molécula de ADN. **Debido a la forma como se unen las bases nitrogenadas, el orden de las bases de cada nueva molécula de ADN es exactamente el mismo que el de la molécula de ADN original.** La anina siempre se une a la timina, y la guanina a la citosina. Al adherirse las nuevas bases, se forman dos nuevas moléculas de ADN.

 **Verifica tu lectura** ¿Qué base se une a la guanina durante la replicación del ADN?

Sección 3 Evaluación

Destreza clave de lectura **Ordenar en serie**
El diagrama de ciclos te servirá para responder a la pregunta 1.

Repasar los conceptos clave

1. a. **Repasar** ¿Cuáles son las tres etapas del ciclo celular?
   b. **Resumir** Resume lo que les ocurre a los cromosomas durante la etapa del ciclo celular en que se divide el núcleo. Utiliza los términos *profase, metafase, anafase* y *telofase*.
   c. **Interpretar diagramas** Observa la Figura 12. ¿Cuál es la función de las fibras del huso acromático durante la división celular?

2. a. **Hacer una lista** Enumera las bases nitrogenadas del ADN.
   b. **Describir** Describe cómo se unen las bases nitrogenadas en una molécula de ADN.
   c. **Inferir** Una sección de un filamento de ADN tiene esta secuencia de bases: AGATTC. ¿Cuál será la secuencia de bases del otro filamento?

Escribir en ciencias

Escribir instrucciones Imagina que trabajas en una fábrica que produce células. Escribe instrucciones para que las células recién formadas realicen la citocinesis. Haz instrucciones para células vegetales y animales.

Laboratorio de destrezas

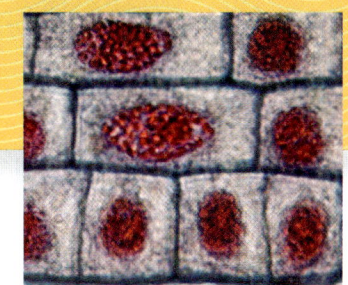

Multiplicación por división

Problema
¿Cuánto duran las etapas del ciclo celular?

Destrezas aplicadas
observar, calcular

Materiales
- microscopio
- lápices de color
- calculadora (opcional)
- portaobjetos preparados con células de la punta de una raíz de cebolla durante la división celular

Procedimiento

1. Coloca el portaobjetos en la platina del microscopio. Usa la lente de baja potencia para localizar una célula en interfase. Luego cambia a alta potencia y haz un dibujo de la célula, rotulando sus partes. **PRECAUCIÓN:** *Los porta y cubreobjetos se rompen con facilidad. No toques el portaobjetos con el objetivo. Si éste se rompe, avisa a tu maestro. No toques el vidrio roto.*
2. Repite el paso 1 para identificar células en profase, metafase, anafase y telofase. Copia la tabla de datos en tu cuaderno.
3. Vuelve al objetivo de baja potencia. Busca un área del portaobjetos donde haya muchas células en proceso de división. Cambia a una amplificación que te permita ver unas 50 células al mismo tiempo (por ejemplo, 100 ×).
4. Examina cada fila de células y cuenta las que están en interfase. Anota la cifra en la tabla de datos bajo el título *Primera muestra*.
5. Repite cuatro veces el paso anterior para contar las células en profase, metafase, anafase y telofase. Anota los resultados.
6. Ve a otra zona del portaobjetos. Repite los pasos del 3 al 5 y anota las cantidades en la columna titulada *Segunda muestra*.
7. Suma las cifras de cada hilera de la tabla de datos y anota el resultado en la columna rotulada *Cantidad total.*
8. Suma los totales de las cinco etapas para averiguar la cantidad total de células contadas.

Analiza y concluye
1. **Observar** ¿Qué etapa del ciclo celular observaste con mayor frecuencia?
2. **Calcular** El ciclo celular de las células de la punta de una raíz de cebolla tarda unos 720 minutos (12 horas). Utiliza tus datos y la siguiente fórmula para calcular los minutos que tarda cada etapa.

$$\text{Tiempo de cada etapa} = \frac{\text{Cantidad de células en cada etapa}}{\text{Total de células contadas}} \times 720 \text{ min}$$

3. **Comunicar** Usa los datos para comparar el tiempo que dura la mitosis con el tiempo que dura todo el ciclo celular. Escribe tu respuesta en forma de párrafo.

Explora más
Examina portaobjetos preparados con células animales durante la división celular. Utiliza dibujos y descripciones para comparar la mitosis vegetal y animal.

Tabla de datos			
Etapa del ciclo celular	Primera muestra	Segunda muestra	Cantidad total
Interfase:			
Mitosis:			
Profase			
Metafase			
Anafase			
Telofase			
Total de células contadas			

Sección 4

Integración con la salud

Cáncer

Avance de la lectura

Conceptos clave
- ¿Cuál es la relación entre el cáncer y el ciclo celular?
- ¿Cuáles son algunas formas de tratamiento para el cáncer?

Términos clave
- cáncer • mutación • tumor
- quimioterapia

Destreza clave de lectura
Examinar ayudas visuales
Examinar significa dar un vistazo a los materiales antes de leer. Examina la Figura 17. Luego escribe dos preguntas que tengas en un organizador gráfico como el que sigue. Mientras lees, responde a tus preguntas.

Cómo se disemina el cáncer

P.	¿Qué es un tumor?
R.	
P.	

Actividad Descubre

¿Qué sucede cuando hay demasiadas células?

1. Usa cinta adhesiva para marcar en el suelo un cuadrado de 1 m X 1 m. El cuadrado representa un área del cuerpo humano. Pide a dos compañeros que se coloquen dentro del cuadrado para representar las células.
2. Imagina que cada célula se divide en 30 segundos y luego, una de ellas muere. Modela esta situación con un grupo de estudiantes. Después de 30 segundos, dos nuevos estudiantes deben ingresar en el cuadrado y uno de los anteriores debe salir.
3. Modela otra secuencia de división celular pidiendo a tres compañeros que entren en el cuadrado mientras otro sale. Repite el proceso hasta que ya no quepan estudiantes en el cuadrado.

Reflexiona
Predecir Usa esta actividad para predecir lo que ocurriría si las células del cuerpo se dividieran más rápido de lo debido.

Si sales de casa una noche despejada de primavera, tal vez puedas ver la constelación o grupo de estrellas llamada Cáncer. El término *cáncer* significa "cangrejo" en latín, la lengua de los antiguos romanos. Según un viejo mito romano, la diosa Juno envió un cangrejo gigante a matar al héroe Hércules, pero en vez de ello, Hércules aplastó al cangrejo con un pie. Juno decidió entonces poner al cangrejo en el cielo en forma de constelación.

En la actualidad, el término *cáncer* sigue haciendo referencia a la constelación, pero también designa una enfermedad. Así como el cangrejo mitológico amenazó a Hércules, la enfermedad que conocemos como cáncer amenaza la salud humana. No obstante, médicos y científicos han avanzado en el tratamiento y la prevención del cáncer. Del mismo modo que Hércules conquistó al monstruo llamado Cáncer, tal vez un día los científicos logren derrotar a la enfermedad del mismo nombre.

La constelación de Cáncer ▶

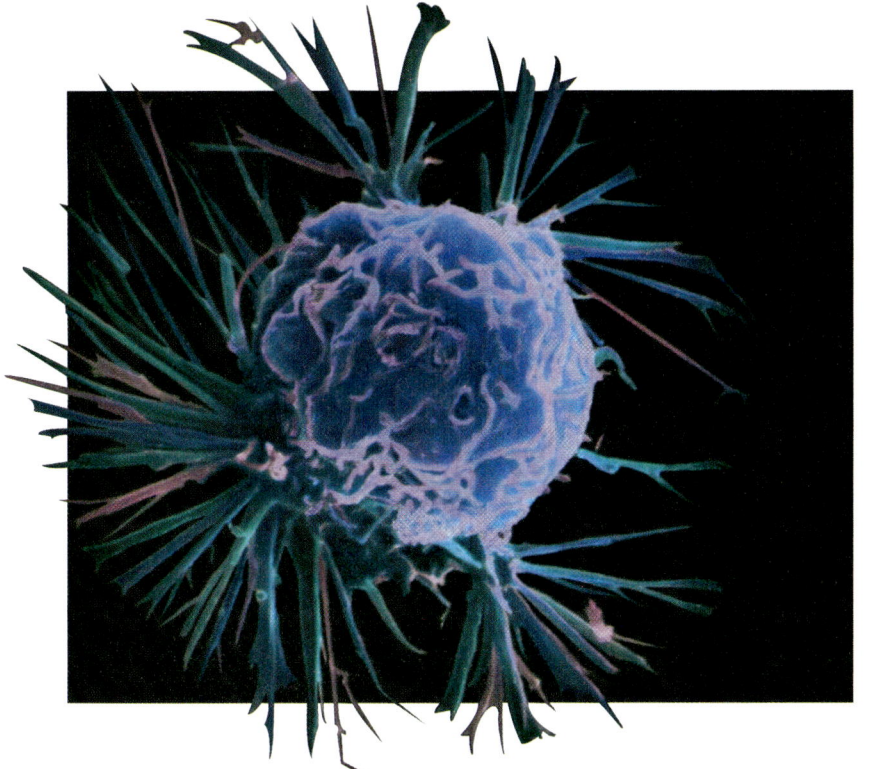

Figura 16
Una célula de cáncer de mama
Un tumor canceroso empieza con una sola célula. La mutación del ADN altera el ciclo celular normal. **Relacionar causa y efecto** *¿Cómo se comporta la célula como resultado de la mutación?*

¿Qué es el cáncer?

El **cáncer** es una enfermedad en la que las células crecen y se dividen sin control, dañando las partes del cuerpo que las rodean. Es como la mala hierba en el jardín, que puede acabar con las otras plantas robándoles el espacio, la luz y el agua que necesitan. Del mismo modo, las células cancerosas acaban con las normales.

Ahora bien, no hay un solo tipo de cáncer. De hecho, se conocen más de 100 variedades y pueden ocurrir casi en cualquier parte del cuerpo. El cáncer recibe el nombre de la parte del cuerpo donde se origina. Por ejemplo, el cáncer pulmonar comienza en el tejido de los pulmones. Hoy en día, el cáncer pulmonar es la principal causa de muerte en hombres y mujeres de Estados Unidos.

Cómo empieza el cáncer Los científicos creen que el cáncer empieza cuando algo daña un segmento de ADN de algún cromosoma. El daño modifica el ADN y ese cambio se llama **mutación.** El ADN contiene toda la información necesaria para la vida, de modo que una mutación del ADN hace que se altere el funcionamiento de las células.

En condiciones normales, las células de una parte del cuerpo viven en armonía con las células que les rodean. Las células que pasan por el ciclo celular se dividen de manera controlada. **El cáncer comienza cuando las mutaciones alteran el ciclo celular normal, haciendo que las células se dividan de manera descontrolada.** Sin los controles normales del ciclo celular, las células crecen y se dividen excesivamente.

Al principio, una célula se desarrolla anormalmente. Conforme se divide una y otra vez, las divisiones producen más y más células anormales que, con el tiempo, forman un tumor. Un **tumor** es una masa de células anormales que se desarrolla debido al excesivo crecimiento y la división descontrolada de las células cancerosas.

Cell Processes and Energy

Video Preview
▶ Video Field Trip
Video Assessment

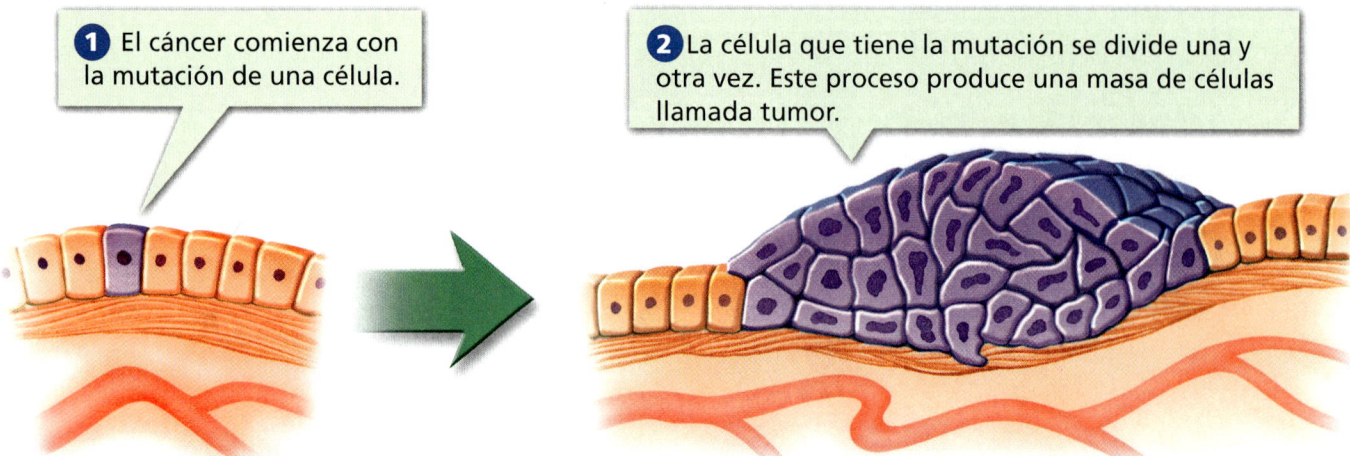

Figura 17
Cómo se disemina el cáncer
Un tumor canceroso es una masa de células que se divide sin control.
Interpretar diagramas *¿Cómo se disemina el cáncer de una parte del cuerpo a otra?*

Cómo se disemina el cáncer La Figura 17 muestra cómo se forma un tumor. Los tumores suelen tardar años en alcanzar un tamaño notable. En ese tiempo, las células se vuelven cada vez más anormales con cada división. Algunas células cancerosas pueden separarse del tumor y entrar en el torrente sanguíneo. Es así como el cáncer se disemina a otras partes del cuerpo.

 ¿Cuál es el primer paso que da inicio a la formación de un tumor?

Tratamiento y prevención del cáncer

Los científicos han avanzado en la lucha contra el cáncer. Los tratamientos ofrecen esperanzas de curación a los enfermos. Además, hay medidas que podemos adoptar para prevenir la enfermedad.

Tratamiento del cáncer Si una persona tiene cáncer, puede recibir diversos tratamientos. **Hay tres métodos comunes para tratar el cáncer: cirugía, radiación y medicamentos que destruyen las células cancerosas.**

Cuando se detecta un cáncer antes de que haya pasado a otras partes del cuerpo, el mejor tratamiento suele ser la cirugía. Si los médicos pueden retirar todo el tumor, la persona puede curarse. Sin embargo, si el cáncer se ha diseminado o no se ha podido extraer el tumor, los médicos recurren a la radiación, que consiste en aplicar rayos de ondas de alta energía. Este método tiene más probabilidad de acabar con las células cancerosas que con las normales.

La quimioterapia es otra variedad de tratamiento del cáncer. La **quimioterapia** es el uso de medicamentos para tratar una enfermedad. Los medicamentos anticancerosos se diseminan por la sangre hacia todo el cuerpo y matan las células cancerosas o frenan su crecimiento.

Los científicos siguen buscando nuevas alternativas para el tratamiento del cáncer. Si logran descubrir la forma de controlar el ciclo celular, podrán hallar la manera de impedir la multiplicación de las células cancerosas.

Para: Vínculos sobre el cáncer, disponible en inglés.
Visita: www.SciLinks.org
Código Web: scn-0324

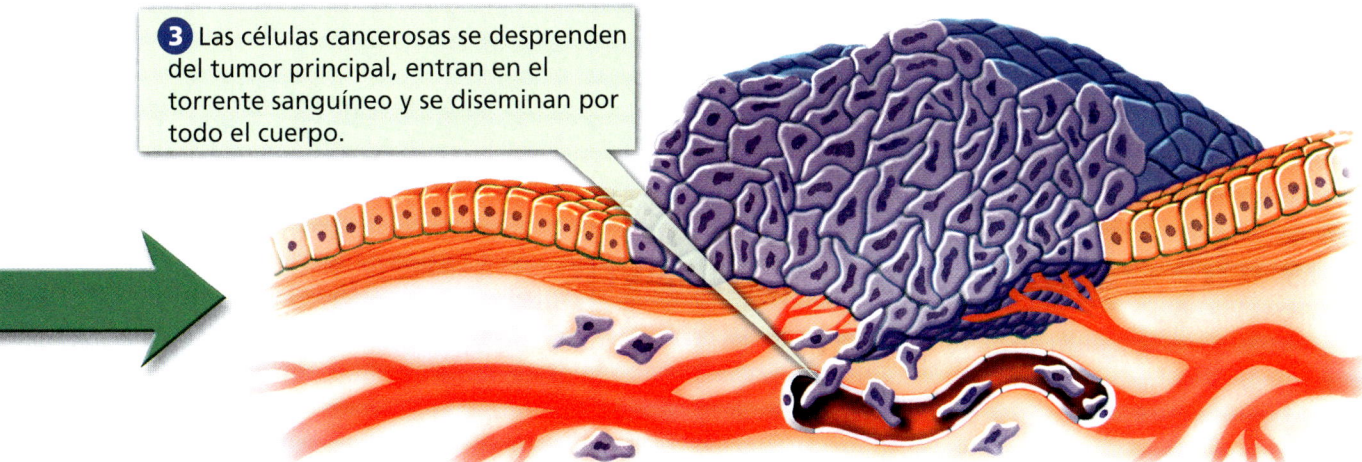

3 Las células cancerosas se desprenden del tumor principal, entran en el torrente sanguíneo y se diseminan por todo el cuerpo.

Prevenir el cáncer Podemos reducir el riesgo de desarrollar cáncer si evitamos fumar, consumimos una dieta sana y protegemos nuestra piel de la luz solar intensa. Si inhalamos continuamente el humo del tabaco, podemos desarrollar cáncer de pulmón y otros tipos de cáncer. Una dieta malsana puede producir casi tantas muertes por cáncer como el tabaco. La dieta rica en alimentos grasos, como carnes grasientas y frituras, es particularmente dañina. Si consumes abundantes frutas y verduras puedes reducir el riesgo de desarrollar ciertos tipos de cáncer.

La mayor parte de los cánceres de piel se deben a la radiación ultravioleta de la luz solar. Si limitamos la exposición a la luz solar intensa, podemos reducir el riesgo de desarrollar cáncer de piel.

 **Verifica tu lectura** ¿A qué se debe que la luz solar intensa pueda producir cáncer?

Sección 4 Evaluación

Repasar los conceptos clave **Examinar ayudas visuales** Revisa tus preguntas y respuestas sobre la Figura 17 para responder a la pregunta 1.

Repasar los conceptos clave

1. a. **Definir** ¿Qué es el cáncer?
   b. **Comparar y contrastar** ¿Cómo difieren las células cancerosas de las células normales?
   c. **Relacionar causa y efecto** ¿Cuál es la relación entre cáncer y ADN?
2. a. **Identificar** Identifica los tres métodos de tratamiento del cáncer.
   b. **Explicar** ¿Cuál es el método más común para tratar tumores muy pequeños que no se han diseminado a otras partes del cuerpo? Explica por qué se elige este método.
   c. **Inferir** ¿Por qué suele usarse una combinación de métodos para tratar un cáncer que se ha extendido fuera del tumor original?

Lab zone **Actividad En casa**

Una dieta para prevenir el cáncer Analiza con tu familia qué es el cáncer y cómo se disemina. Luego explica que una dieta baja en grasas ayuda a prevenir algunas formas de cáncer. Planifica con tu familia algunas comidas de bajo contenido graso. Podrían buscar nuevas recetas bajas en grasa y prepararlas juntos.

Ciencias y sociedad

¿Cuándo deben lanzarse nuevos medicamentos al mercado?

Una mujer está gravemente enferma de cáncer. Leyó un artículo sobre un nuevo medicamento que tiene el potencial de tratar el tipo de cáncer que padece. La mujer pide la medicina a su médico, pero éste le dice que no puede dársela. El nuevo medicamento todavía está en etapa de prueba y su uso aún no ha sido aprobado. Cuando la enferma escucha esto, se siente furiosa e impotente.

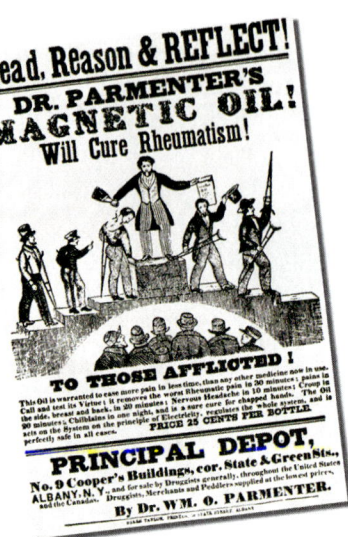

Los temas

¿Por qué tardan tanto en aprobar medicamentos?

Antes de poder disponer de nuevas medicinas, es necesario realizar muchas pruebas con ellas, y éstas deben ser supervisadas por la Administración de Alimentos y Medicamentos o FDA. La FDA trata de encontrar un equilibrio entre dos consideraciones importantes. La primera es que los enfermos necesitan recibir el mejor tratamiento disponible, incluidas las sustancias potencialmente beneficiosas. En segundo lugar, los pacientes necesitan protección contra medicamentos que no den resultado o sean dañinos.

Hacen falta varios años de pruebas para aprobar un medicamento nuevo. El prolongado proceso pretende asegurar que la medicina funcione y sea segura. Los científicos empiezan realizando pruebas químicas y ejecutando programas de computadora para determinar las características de la sustancia. Luego la administran a animales para averiguar si es segura y eficaz. Después, realizan extensas pruebas con voluntarios humanos y si los resultados son buenos, el medicamento se ofrece a personas que podrían beneficiarse con él.

Pruebas de seguridad y eficacia
A fin de asegurar que los medicamentos nuevos sean seguros y eficaces, primero se administran a animales antes de probarlos con humanos.

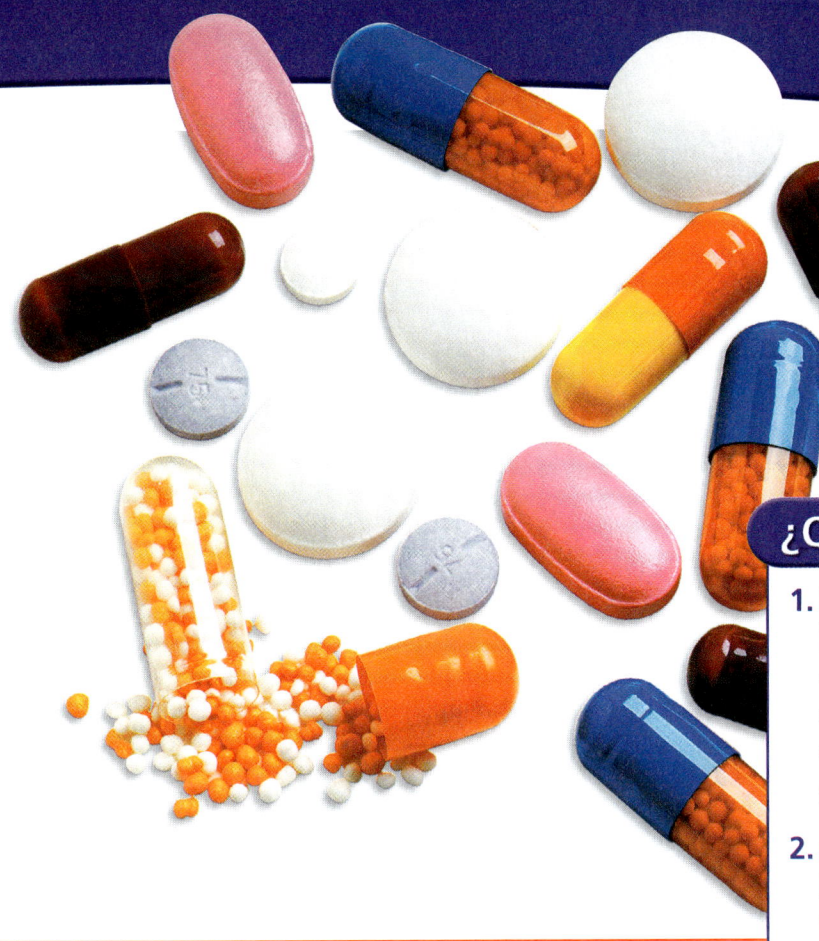

¿Deben ofrecerse antes los medicamentos?

Durante el proceso de pruebas, los únicos pacientes que toman el medicamento son los voluntarios humanos. Otros enfermos, incluso los más graves, no suelen tener acceso a él. Sin embargo, en contados casos y si la nueva medicina tiene buenas posibilidades de combatir una enfermedad mortal, como SIDA o cáncer, la FDA puede adelantar su disponibilidad en el mercado.

Riesgos de ofrecer medicamentos con premura

Algunos critican los esfuerzos de la FDA para acelerar la introducción de nuevas sustancias en el mercado. Los medicamentos aprobados en menos tiempo no se someten a las pruebas requeridas para otros fármacos, por lo que su eficacia no ha sido completamente comprobada.

Además, su uso a largo plazo puede tener efectos dañinos. Por ejemplo, ciertas medicinas pueden elevar el riesgo de desarrollar afecciones o enfermedades graves, como ciertos tipos de cáncer. Los efectos colaterales a largo plazo sólo se detectan después de años de pruebas.

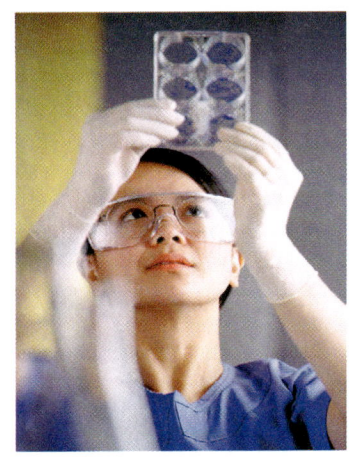

¿Qué harías?

1. Identifica el problema
Explica el problema de determinar cuándo deben administrarse sustancias experimentales a personas gravemente enfermas.

2. Analiza las opciones
Examina las ventajas y desventajas de permitir que los fármacos experimentales salgan al mercado antes de concluir el proceso de pruebas. Enumera los posibles beneficios y riesgos que corren los pacientes cuando usan estas medicinas.

3. Halla una solución
Imagina que un paciente se ha enterado de que un nuevo fármaco fue aprobado sin cumplir todo el proceso de pruebas. A fin de tomar el medicamento, debe abandonar el tratamiento común, que es más seguro aunque menos eficaz. Escribe una conversación entre el médico y el paciente analizando las ventajas y desventajas de la nueva sustancia.

Para: Más información sobre nuevas medicinas, disponibles en inglés.
Visita: PHSchool.com
Código Web: ceh-3020

Capítulo 2 — Guía de estudio

❶ Fotosíntesis

Conceptos clave
- Casi todos los seres vivos obtienen energía directa o indirectamente de la energía de la luz solar atrapada durante la fotosíntesis.
- Durante la fotosíntesis, las plantas y algunos otros organismos utilizan la energía del sol para transformar dióxido de carbono y agua en oxígeno y azúcares.
- La ecuación de la fotosíntesis es

$$6\,CO_2 + 6\,H_2O \longrightarrow C_6H_{12}O_6 + 6\,O_2$$

Términos clave
fotosíntesis
autótrofo
heterótrofo
pigmento
clorofila
estomas

❷ Respiración

Conceptos clave
- Durante la respiración, las células descomponen moléculas simples de alimento, como azúcar, y liberan la energía que contienen.
- La ecuación de la respiración es

$$C_6H_{12}O_6 + 6\,O_2 \longrightarrow 6\,CO_2 + 6\,H_2O + \text{energía}.$$

- La fermentación proporciona energía a las células sin usar oxígeno.

Términos clave
respiración
fermentación

❸ División celular

Conceptos clave
- Durante la interfase, la célula crece, copia su ADN y se prepara para dividirse en dos células.
- Durante la mitosis, cada una de las dos células hija recibe una copia del ADN.
- El citoplasma se divide durante la citocinesis. Los organelos se distribuyen entre las dos nuevas células.
- Debido a la forma como se unen las bases nitrogenadas, el orden de las bases de cada nueva molécula de ADN es exactamente el mismo que el de la molécula de ADN original.

Términos clave
ciclo celular
interfase
replicación
mitosis
cromosoma
citocinesis

❹ Cáncer

Conceptos clave
- El cáncer comienza cuando las mutaciones alteran el ciclo celular normal, haciendo que las células se dividan de manera descontrolada.
- Hay tres métodos comunes para tratar el cáncer: cirugía, radiación y medicamentos que destruyen las células cancerosas.

Términos clave
cáncer
mutación
tumor
quimioterapia

Repaso y evaluación

Para: Una autoevaluación, disponible en inglés.
Visita: PHSchool.com
Código Web: cea-3020

Organizar la información

Comparar y contrastar Copia la tabla de comparar y contrastar sobre la fotosíntesis y la respiración. Completa la tabla comparando estos procesos. (Para más información sobre las tablas de comparar y contrastar, consulta el Manual de destrezas).

Comparar la fotosíntesis y la respiración

Característica	Fotosíntesis	Respiración
Materiales simples	Agua y dióxido de carbono	a. ?
Productos	b. ?	c. ?
¿Se libera energía?	d. ?	Sí

Repasar los términos clave

Elige la letra de la mejor respuesta.

1. El organelo donde ocurre la fotosíntesis se llama
   a. mitocondria.
   b. cloroplasto.
   c. clorofila.
   d. núcleo.

2. ¿Qué proceso produce dióxido de carbono?
   a. fotosíntesis
   b. replicación
   c. mutación
   d. respiración

3. El proceso por el cual la célula hace una copia exacta de su ADN se denomina
   a. fermentación.
   b. respiración.
   c. replicación.
   d. reproducción.

4. ¿Qué ocurre durante la citocinesis?
   a. Se forma un huso acromático.
   b. Los cloroplastos liberan energía.
   c. El citoplasma se divide.
   d. Los cromosomas se dividen.

5. Una masa de células cancerosas recibe el nombre de
   a. tumor.
   b. cromosoma.
   c. mutación.
   d. mitocondria.

Si la oración es verdadera, escribe *verdadera*. Si es falsa, cambia la palabra o palabras subrayadas para hacer verdadera la oración.

6. Un organismo que produce su propio alimento es un autótrofo.

7. Durante la respiración, la mayor parte de la energía se libera en las mitocondrias.

8. El proceso que produce energía sin necesidad de oxígeno se conoce como replicación.

9. La etapa del ciclo celular en que se replica el ADN se llama telofase.

10. La división celular sin control es una característica del cáncer.

Escribir en ciencias

Folleto Imagina que eres un voluntario que trabaja con enfermos de cáncer. Escribe un folleto que puedas repartir a los pacientes y sus familias. El folleto debe explicar qué es el cáncer y cuál es su tratamiento.

Cell Processes and Energy
Video Preview
Video Field Trip
▶ Video Assessment

Repaso y evaluación

Verificar los conceptos

11. Explica lo que ocurre con la energía del sol durante la fotosíntesis.

12. ¿Cuáles son los materiales simples necesarios para la fotosíntesis? ¿Cuáles son los productos?

13. ¿Por qué necesitan los organismos llevar a cabo el proceso de respiración?

14. Describe lo que ocurre durante la interfase.

15. ¿De qué manera los procesos del ciclo celular aseguran que las células hijas tengan exactamente el mismo material genético de la célula madre?

16. Describe cómo suele empezar a desarrollarse el cáncer en el cuerpo.

17. Explica la importancia de usar ropa de protección o filtro solar cuando nos exponemos a la luz solar intensa.

Pensamiento crítico

18. **Predecir** Imagina que un volcán despidió tanta ceniza al aire que bloqueó casi toda la luz solar que suele llegar a la Tierra. ¿Cómo se afectaría la capacidad de los animales para obtener la energía que necesitan para vivir?

19. **Comparar y contrastar** Explica la relación entre el proceso de respiración y la respiración celular.

20. **Relacionar causa y efecto** ¿Acaso las células necesitan llevar a cabo la respiración? Explica.

21. **Inferir** El diagrama muestra parte de un filamento de una molécula de ADN. ¿Qué bases debe haber en el otro filamento?

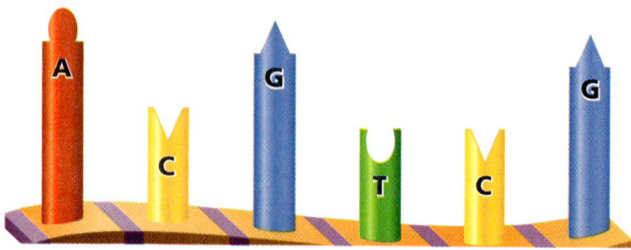

22. **Emitir un juicio** ¿Cómo convencerías a alguien para que no empezara a fumar?

Aplicar destrezas

Usa la tabla para responder a las preguntas 23 a 26.

Porcentaje de bases nitrogenadas en el ADN de diversos organismos

Base nitrogenada	Humano	Trigo	Bacteria *E. coli*
Adenina	30%	27%	24%
Guanina	20%	23%	26%
Timina	30%	27%	24%
Citosina	20%	23%	26%

23. **Hacer gráficas** Haz una gráfica de barras para cada organismo, mostrando los porcentajes de cada base nitrogenada en su ADN.

24. **Interpretar datos** ¿Cuál es la relación entre las cantidades de adenina y timina en el ADN de cada organismo? ¿Cuál es la relación entre las cantidades de guanina y citosina?

25. **Inferir** Basándote en la respuesta a la pregunta 24, ¿qué puedes inferir acerca de la estructura del ADN de estos tres organismos?

26. **Aplicar conceptos** Supón que la citosina compone el 28 por ciento de las bases nitrogenadas de un organismo. ¿Qué porcentaje de las bases nitrogenadas sería de timina? Explica.

Lab zone — Proyecto del capítulo

Evaluación del desempeño Lleva a clase tus plantas, anotaciones y gráficas para compartirlas con tus compañeros. Deberás describir tu plan experimental y explicar los resultados. ¿Te desviaste mucho del plan experimental inicial? ¿Qué aprendiste de la fotosíntesis y de la luz en el experimento que realizaste?

Preparación para la prueba estandarizada

Sugerencia para hacer la prueba

Interpretar datos

Antes de responder una pregunta sobre una tabla de datos, lee el título de la tabla para averiguar el tipo de datos que contiene. Por ejemplo, el título de la tabla que sigue a la pregunta 2 informa que los datos muestran los efectos de la temperatura en la duración del ciclo celular. Luego, lee los títulos de columnas y filas. No pierdas tiempo analizando todos los datos, porque tal vez no sean necesarios para responder a la pregunta.

Pregunta de ejemplo

Los datos de la tabla muestran que
- **A** las células se dividen más rápido cuando disminuye la temperatura.
- **B** las células se dividen más rápido cuando aumenta la temperatura.
- **C** la duración del ciclo celular no se ve afectada por la temperatura.
- **D** la duración del ciclo celular es hereditaria.

Respuesta

La tendencia general de la tabla muestra que la duración del ciclo celular disminuye al aumentar la temperatura, de modo que **B** es la respuesta correcta y **A** es incorrecta. La respuesta **C** es incorrecta porque la tabla muestra que la temperatura afecta la duración del ciclo celular. Los datos de la tabla no proporcionan información sobre la herencia, de modo que la respuesta **D** es incorrecta.

Elige la letra de la mejor respuesta.

1. Una investigadora ha puesto parte de una planta en un matraz con agua. Observa que las hojas de la planta producen burbujas de gas cuando proyecta una luz en el matraz. Las hojas no emiten gas cuando el matraz se encuentra en un lugar oscuro. Basándose en sus observaciones, ¿cuál de las siguientes es la inferencia más lógica?
   - **A** La planta realiza la respiración celular.
   - **B** La planta respira.
   - **C** La luz descompone moléculas del aire.
   - **D** La planta realiza la fotosíntesis.

2. Un científico realizó un experimento para determinar el efecto de la temperatura en la duración del ciclo celular. Según los resultados de la siguiente tabla, ¿cuánto esperas que dure el ciclo celular a 5 °C?
   - **F** menos de 13.3 horas
   - **G** más de 54.6 horas
   - **H** entre 29.8 y 54.6 horas
   - **J** alrededor de 20 horas

Efectos de la temperatura en la duración del ciclo celular de la cebolla	
Temperatura (°C)	Duración del ciclo celular (horas)
10	54.6
15	29.8
20	18.8
25	13.3

3. ¿Cuál de las siguientes afirmaciones es verdadera?
   - **A** Las plantas no respiran porque no tienen mitocondrias.
   - **B** La fotosíntesis produce energía.
   - **C** Los animales no pueden fotosintetizar.
   - **D** Sólo las plantas fotosintetizan y sólo los animales respiran.

4. ¿Cuál de los siguientes pares de bases nitrogenadas forma parte del ADN?
   - **F** A-G
   - **G** T-C
   - **H** G-T
   - **J** A-T

Respuesta estructurada

5. Explica la relación entre división celular y cáncer. ¿Cómo creen los científicos que se origina el cáncer? ¿Qué causa la formación de un tumor?

Capítulo 3

Genética: La ciencia de la herencia

Avance del capítulo

❶ El trabajo de Mendel
Descubre ¿Qué aspecto tiene el padre?
Actividad de destrezas Predecir
Actividad en casa Jardines y herencia
Laboratorio de destrezas Hacer un estudio de la clase

❷ Probabilidad y herencia
Descubre ¿Cuál es la probabilidad?
Destrezas de matemáticas Porcentaje
Inténtalo Cruza de monedas
Analizar datos ¿Qué son los genotipos?
Laboratorio de destrezas ¡Apostar a lo seguro!

❸ La célula y la herencia
Descubre Identificar cromosomas

❹ La conexión con el ADN
Descubre ¿Puedes descifrar el código?
Actividad de destrezas Sacar conclusiones
Arte activo Síntesis de proteínas

Esta madre Spaniel y sus cachorros se parecen en muchas cosas.

Discovery CHANNEL SCHOOL

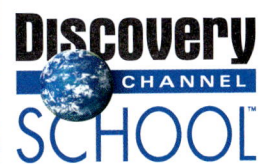

Genetics: The Science of Heredity

▶ Video Preview
Video Field Trip
Video Assessment

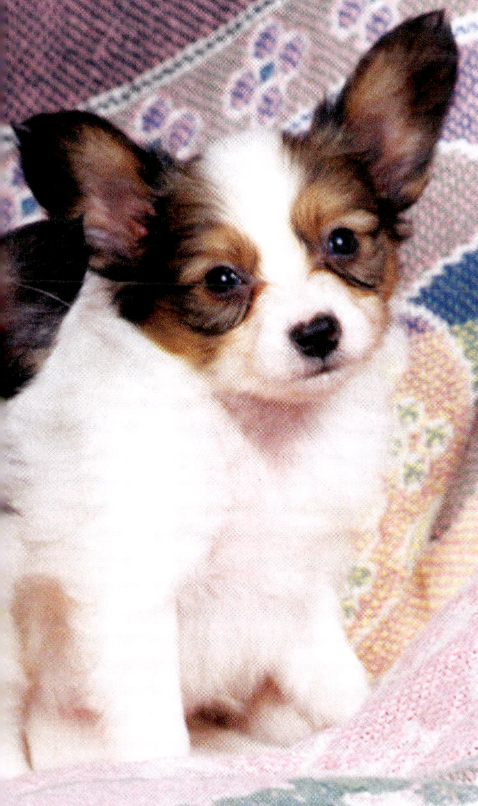

Lab zone™ Proyecto del capítulo

Cosas de familia

¿Te has preguntado por qué algunos hijos se parecen a sus padres y otros no? En este capítulo descubrirás por qué los hijos tienen rasgos parecidos a los de sus padres. Harás una familia de "mascotas de papel" para explorar cómo pasan los rasgos de los padres a los hijos.

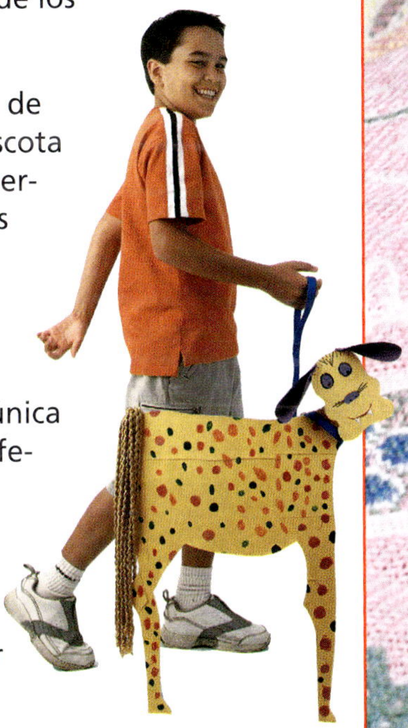

Tu objetivo Hacer una "mascota de papel" que se cruzará con la mascota de uno de tus compañeros y determinar los rasgos que tendrán sus crías

Para completar este proyecto debes

- hacer una mascota de papel única en su tipo con cinco rasgos diferentes
- cruzar tu mascota con otra para producir seis crías
- determinar los rasgos que tendrán las crías y explicar por qué los tienen
- seguir las reglas de seguridad del Apéndice A

Haz un plan Recorta tu mascota en cartulina azul o amarilla. Elige sus rasgos de la siguiente lista: ojos cuadrados o redondos; nariz ovalada o triangular; dientes afilados o cuadrados. Luego haz tu mascota con los materiales que prefieras.

Sección 1
El trabajo de Mendel

Avance de la lectura

Conceptos clave
- ¿Cuáles fueron los resultados de los experimentos o cruzas de Mendel?
- ¿Qué controla la herencia de rasgos en los organismos?

Términos clave
- herencia • rasgo • genética
- fecundación • raza pura • gen
- alelos • alelo dominante
- alelo recesivo • híbrido

Destreza clave de lectura
Hacer un esquema Mientras lees, haz un esquema del trabajo de Mendel. Usa los encabezados en rojo para las ideas principales y los encabezados en azul para las ideas de apoyo.

El trabajo de Mendel
I. Los experimentos de Mendel
A. Cruza de plantas de guisante
B.
C.

Actividad Descubre

¿Qué aspecto tiene el padre?

1. Observa los colores del gatito de la foto. Anota los colores y el patrón de su pelaje. Incluye todos los detalles posibles.
2. Observa a la mamá gata. Anota el color y patrón de su pelaje.

Reflexiona
Inferir Basándote en tus observaciones, describe cuál crees que sea el aspecto del padre del gatito. Identifica los elementos en los que fundamentaste tu inferencia.

A mediados del siglo XIX, un sacerdote llamado Gregor Mendel cuidaba el jardín de un monasterio de Europa central. Los experimentos de Mendel en aquel apacible jardín terminaron por revolucionar el estudio de la herencia. La **herencia** es la transmisión de características físicas de los padres a los hijos.

Mendel se preguntaba por qué las diversas plantas de guisantes tenían características diferentes. Por ejemplo, algunas eran altas y otras pequeñas. Cada característica distinta, como la altura del tallo o el color de la semilla, recibe el nombre de **rasgo.** Mendel observó que los rasgos de las plantas hijas a menudo se parecían a los rasgos de las plantas originarias. Sin embargo, a veces las plantas manifestaban rasgos diferentes de los de sus padres.

Mendel experimentó con miles de plantas de guisantes para comprender el proceso de la herencia. Hoy día, los descubrimientos de Mendel son el fundamento de la **genética,** la ciencia que estudia la herencia.

◀ Gregor Mendel

Los experimentos de Mendel

La Figura 1 muestra la flor de una planta de guisantes. Los pétalos rodean el pistilo y los estambres. El pistilo produce la célula sexual femenina u óvulo. Los estambres producen polen, que contiene la célula sexual masculina o espermatozoide. Un nuevo organismo empieza a formarse cuando óvulo y espermatozoide se unen en un proceso llamado **fecundación.** Antes de que ocurra la fecundación en las plantas de guisante, es necesario que el polen llegue al pistilo de la flor. Este proceso se conoce como polinización.

Las plantas de guisantes se autopolinizan. Durante la autopolinización, el polen de la flor cae en el pistilo de la misma flor. Mendel desarrolló un método por el cual realizó una polinización cruzada, o "cruza", con plantas de guisante. A fin de cruzar dos plantas, tomó el polen de la flor de una planta y luego lo depositó en la flor de otra.

Cruza de plantas de guisante Imagina que quieres estudiar la herencia de rasgos en plantas de guisante. ¿Qué harías? Mendel decidió cruzar plantas con rasgos contrastantes; por ejemplo, plantas altas y bajas. Empezó el experimento con plantas de raza pura. Un organismo de **raza pura** desciende de muchas generaciones que han tenido un mismo rasgo. Por ejemplo, los guisantes cortos de raza pura siempre se desarrollan a partir de plantas cortas.

FIGURA 1
Cruza de plantas de guisante
Gregor Mendel cruzó plantas de guisantes con diferentes rasgos. Las ilustraciones muestran cómo lo hizo. **Interpretar diagramas** ¿Cómo evitó Mendel la autopolinización?

1. Para evitar la autopolinización, Mendel quitó a una flor rosada las estructuras productoras de polen.

2. Usó un pincel para transferir algo del polen de una flor blanca de otra planta. Depositó el polen en la flor rosada.

3. Los óvulos de la flor rosada se fecundaron con espermatozoides de la flor blanca. Con el tiempo, se formaron guisantes en una vaina.

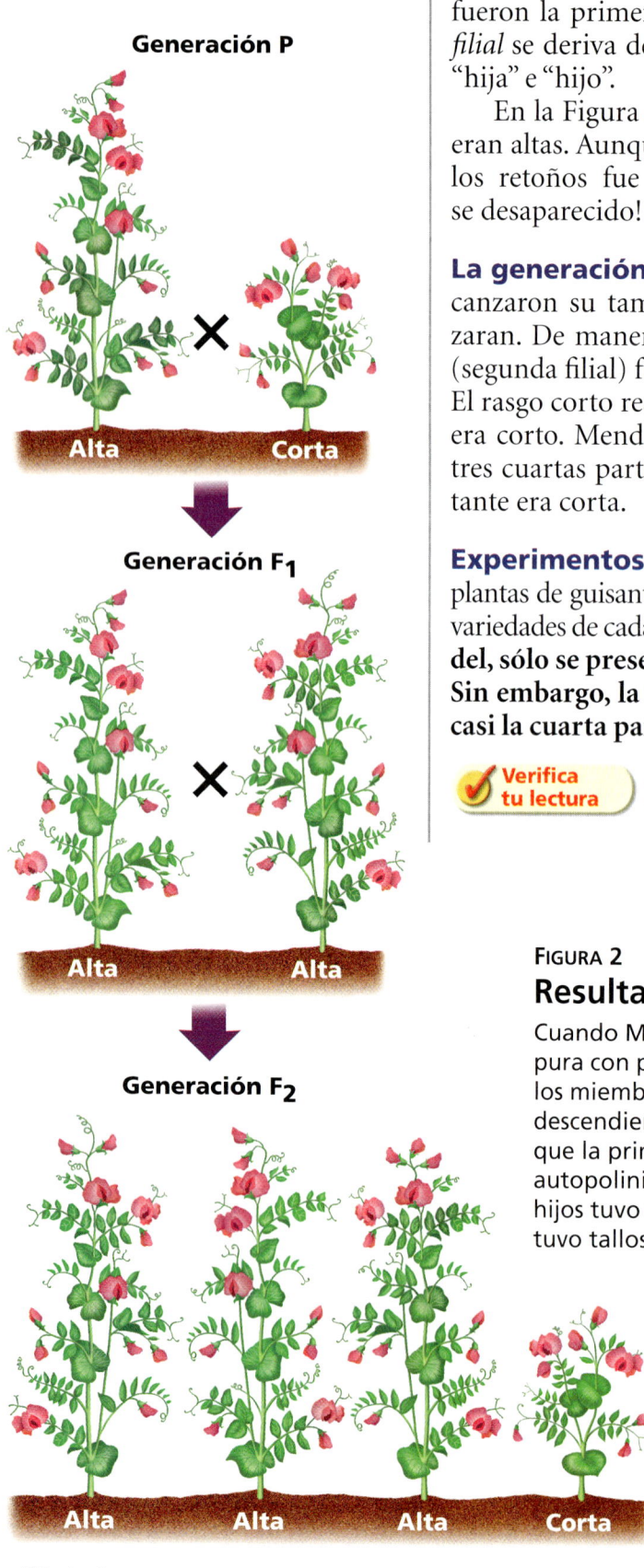

La generación F_1 En un experimento, Mendel cruzó plantas altas de raza pura con plantas cortas de raza pura. Los científicos modernos han dado a las plantas originales el nombre de generación progenitora o generación P. Los hijos de esta cruza fueron la primera generación filial o generación F_1. El término *filial* se deriva de los vocablos latinos *filia* y *filius*, que significan "hija" e "hijo".

En la Figura 2 puedes ver que las plantas de la generación F_1 eran altas. Aunque uno de los progenitores era corto, ninguno de los retoños fue corto. ¡Parece como si el rasgo corto hubiese desaparecido!

La generación F_2 Cuando las plantas de la generación F_1 alcanzaron su tamaño final, Mendel permitió que se autopolinizaran. De manera sorprendente, las plantas de la generación F_2 (segunda filial) fueron una combinación de plantas altas y cortas. El rasgo corto reapareció, aunque ninguno de los progenitores F_1 era corto. Mendel contó las plantas altas y cortas. Alrededor de tres cuartas partes de las plantas eran altas y la cuarta parte restante era corta.

Experimentos con otros rasgos Mendel también cruzó plantas de guisantes con otros rasgos contrastantes. Compara las dos variedades de cada rasgo en la Figura 3. **En todas las cruzas de Mendel, sólo se presentaba una forma del rasgo en la generación F_1. Sin embargo, la forma "perdida" del rasgo volvía a aparecer en casi la cuarta parte de las plantas de la generación F_2.**

✓ **Verifica tu lectura** ¿Qué observó Mendel en las plantas de la generación F_2?

FIGURA 2
Resultados de una cruza
Cuando Mendel cruzó plantas de tallo alto de raza pura con plantas de tallo corto de raza pura, todos los miembros de la primera generación de descendientes tenían tallos altos. Luego permitió que la primera generación de plantas se autopolinizara. Alrededor del 75 por ciento de los hijos tuvo tallos largos y cerca del 25 por ciento tuvo tallos cortos.

Genética de las plantas de guisantes							
Rasgos	Forma de la semilla	Color de la semilla	Color de la cáscara de la semilla	Forma de la vaina	Color de la vaina	Posición de la flor	Altura del tallo
Controlado por alelo dominante	Redonda	Amarillo	Gris	Lisa	Verde	Lateral	Alta
Controlado por alelo recesivo	Rugosa	Verde	Blanco	Irregular	Amarillo	Terminal	Corta

Alelos dominantes y recesivos

Mendel sacó varias conclusiones de sus resultados experimentales. Supuso que los factores individuales, o juegos de "información" genética, debían controlar la herencia en los guisantes. Los factores que controlan cada rasgo ocurren en pares. La madre aporta un factor mientras que el padre contribuye con el otro. Por último, un factor de la pareja puede enmascarar u ocultar el otro factor. Por ejemplo, el factor de tallo alto ocultó el factor de tallo corto.

Genes y alelos Los científicos modernos usan el término **gen** para designar los factores que controlan un rasgo. Los **alelos** son las diferentes formas de un gen. Por ejemplo, el gen que controla la longitud del tallo en los guisantes tiene un alelo para tallo alto y otro alelo para tallo corto. Cada planta hereda dos alelos de sus progenitores: uno del óvulo y otro del espermatozoide. Una planta de guisantes puede heredar dos alelos de tallo largo, dos de tallo corto o uno de cada tipo de tallo.

Los rasgos de un organismo están controlados por los alelos que hereda de sus progenitores. Algunos alelos son dominantes y otros recesivos. Un **alelo dominante** es aquél cuyo rasgo siempre ocurre en el organismo cuando el alelo está presente. En contraste, el **alelo recesivo** se oculta siempre que el alelo dominante está presente. Un rasgo controlado por un alelo recesivo sólo se manifiesta cuando el organismo no tiene el alelo dominante. La Figura 3 muestra los alelos dominantes y recesivos de las cruzas de Mendel.

FIGURA 3
Mendel estudió varios rasgos en plantas de guisantes.
Interpretar diagramas *¿Crees que el color de la semilla amarilla está controlado por un alelo dominante o recesivo?*

Lab zone Actividad Destrezas

Predecir
En las moscas de la fruta, las alas largas son dominantes sobre las cortas. Un científico cruzó un macho de alas largas y raza pura con una hembra de alas cortas y raza pura. Predice la longitud de las alas de la generación F_1. Si el científico cruza un macho híbrido de la generación F_1 con una hembra híbrida de la generación F_1, ¿cómo podrían ser sus crías?

En las plantas de guisantes, el alelo de tallo largo es dominante sobre el alelo de tallo corto. Si todos los guisantes tienen un alelo para tallo largo y un alelo para tallo corto, todas las plantas tendrán tallo largo porque el alelo de tallo largo enmascara el alelo de tallo corto. Sólo las plantas que hereden dos alelos recesivos de tallo corto serán plantas cortas.

Alelos en las cruzas de Mendel En la cruza de Mendel para altura de tallo, las plantas altas de raza pura de la generación P tenían dos alelos para tallos altos, mientras que las plantas cortas de raza pura tenían dos alelos de tallo corto. Las plantas F_1 heredaron un alelo de tallo alto de un progenitor y un alelo de tallo corto del otro progenitor. Por consiguiente, todas las plantas F_1 recibieron un alelo para tallo alto y otro para tallo corto. Las plantas F_1 eran híbridos. Un **híbrido** es un organismo que tiene dos alelos distintos de un mismo rasgo. Todas las plantas F_1 eran altas porque el alelo dominante de tallo alto enmascaró el alelo recesivo de tallo corto.

Cuando Mendel cruzó plantas de la generación F_1, algunas hijas de la generación F_2 heredaron dos alelos dominantes de tallo alto y fueron altas. Otras plantas F_2 heredaron un alelo de tallo alto y otro para tallo corto. También fueron altas. Las plantas F_2 restantes heredaron dos alelos recesivos para tallo corto y, por esa razón, fueron cortas.

Símbolos de los alelos Los genetistas utilizan letras para representar los alelos. Un alelo dominante se representa con una letra mayúscula. Por ejemplo, el alelo de tallo alto se representa como *T*. El alelo recesivo se representa con la misma letra del rasgo, pero en minúscula. De modo que el alelo de tallo corto se representa como *t*. Cuando una planta hereda dos alelos dominantes para tallo alto, sus alelos se representan como *TT*. Si la planta hereda dos alelos recesivos de tallo corto, los alelos se escriben *tt*. Cuando la planta hereda un alelo de tallo alto y otro de tallo corto, sus alelos se presentan como *Tt*.

FIGURA 4
Pelaje negro, pelaje blanco
El alelo de pelaje negro en los conejos es dominante sobre el alelo recesivo de pelaje blanco. **Inferir** *¿Qué combinación de alelos debe tener el conejo blanco?*

Importancia de la contribución de Mendel El descubrimiento de los genes y alelos transformó la percepción científica de la herencia. Antes de Mendel, la gente pensaba que los rasgos de un organismo eran simplemente resultado de la combinación de las características de sus padres. Según esta lógica, la cruza de una planta alta con una planta baja produciría plantas de tamaño intermedio.

Sin embargo, cuando Mendel cruzó plantas altas de raza pura con plantas cortas de raza pura, todas las hijas fueron altas. Así demostró que los rasgos de los padres no son una simple mezcla en los hijos. Por el contrario, los rasgos están determinados por alelos individuales y diferentes que heredan de cada uno de los progenitores. Algunos alelos, como el de tallo corto en las plantas de guisantes, son recesivos. Si el rasgo está determinado por un alelo recesivo, puede dar la impresión de que desaparece en la descendencia.

Por desgracia, nadie reconoció la importancia del descubrimiento de Mendel durante la vida del monje. Pero en 1900, tres científicos redescubrieron el trabajo del monje y de inmediato reconocieron la importancia de las ideas de Mendel. Gracias a su trabajo, Mendel suele ser considerado el Padre de la Genética.

Figura 5
La medalla Mendel
Cada año, un científico destacado recibe la medalla Mendel que honra la memoria de Gregor Mendel.

 **Verifica tu lectura** ¿Qué significa que un alelo esté escrito con letra mayúscula?

Sección 1 Evaluación

Destreza clave de lectura **Hacer un esquema** Usa la información de tu esquema sobre el trabajo de Mendel para responder a las preguntas siguientes.

Repasar los conceptos clave

1. a. **Identificar** En la cruza de altura de tallo de Mendel, ¿cuáles fueron los rasgos contrastantes que mostraban las plantas de la generación P?
   b. **Explicar** ¿Qué rasgo o rasgos tenían las plantas de la generación F_1? ¿Por qué sorprende este resultado si tomas en cuenta los rasgos de las plantas progenitoras?
   c. **Comparar y contrastar** Contrasta las hijas de la generación F_1 con las plantas de la generación F_2. ¿Qué descubrió Mendel al observar las diferencias entre las generaciones F_1 y F_2?
2. a. **Definir** ¿Qué es un alelo dominante? ¿Qué es un alelo recesivo?

   b. **Relacionar causa y efecto** Explica cómo los alelos dominantes y recesivos para el rasgo de altura del tallo determinan si una planta de guisantes es corta o alta.
   c. **Aplicar conceptos** ¿Es posible que una planta de tallo corto sea híbrida para el rasgo de la altura del tallo? Al escribir tu explicación, incluye las letras que representan los alelos de altura de tallo de una planta de guisantes corta.

Actividad En casa

Jardines y herencia Algunos jardineros guardan semillas para sembrarlas en primavera. Si hay algún aficionado a la jardinería en tu familia, pregúntale cuánto se parecen las nuevas plantas a las progenitoras que proporcionaron la semilla. ¿Difieren alguna vez los rasgos de las hijas de los rasgos de sus progenitores?

Laboratorio de destrezas

Hacer un estudio de la clase

Go Online PHSchool.com
Para: Compartir datos, disponible en inglés.
Visita: PHSchool.com
Código Web: ced-3031

Problema
¿Son los rasgos controlados por alelos dominantes más comunes que los rasgos controlados por alelos recesivos?

Destrezas aplicadas
desarrollar hipótesis, interpretar datos

Materiales
• espejo (opcional)

Procedimiento

PARTE 1 — Alelos dominantes y recesivos

1. Escribe una hipótesis acerca del problema. Luego copia la tabla de datos.
2. La tabla de datos presenta unos rasgos. Con un compañero determina cada uno de tus rasgos según la lista. Encierra en un círculo tu rasgo en la tabla.
3. Cuenta los estudiantes de tu clase que tienen el mismo rasgo. Anota la cifra en tu tabla, así como el total de estudiantes.

PARTE 2 — ¿Son únicos tus rasgos?

4. Observa el círculo de rasgos de la siguiente página. Todos los rasgos de tu tabla de datos están ahí incluidos. Coloca el borrador de tu lápiz en el rasgo de la parte central del círculo que corresponda al tuyo: lóbulos sueltos o adheridos.
5. Observa los dos rasgos que tocan el espacio en que se encuentra tu borrador. Mueve el borrador hacia la siguiente descripción que se aplique en tu caso. Repite la operación siguiendo el rastro de tus rasgos hasta llegar al número que está en el borde exterior del círculo. Comparte la cifra con tus amigos.

Analiza y concluye

1. **Observar** Los rasgos que aparecen bajo Rasgo 1 en tu tabla de datos están controlados por alelos dominantes. Los rasgos bajo Rasgo 2 dependen de alelos recesivos. ¿Qué rasgos de alelos dominantes aparecen en la mayoría de los estudiantes? ¿Y de alelos recesivos?

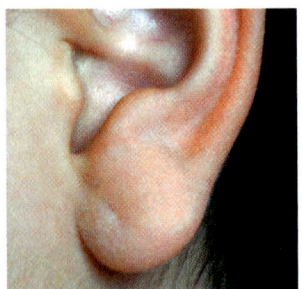 Lóbulo suelto
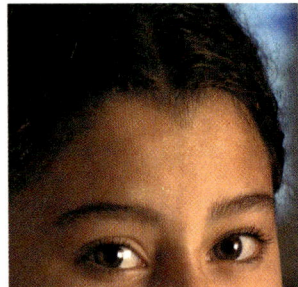 Pico de viuda
 Barbilla partida
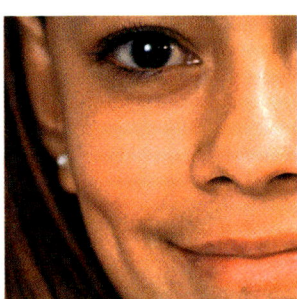 Hoyuelo
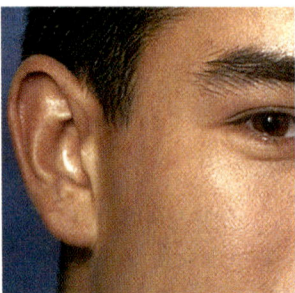 Lóbulo adherido
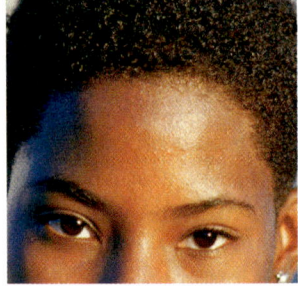 Sin pico de viuda
 Sin barbilla partida
 Sin hoyuelo

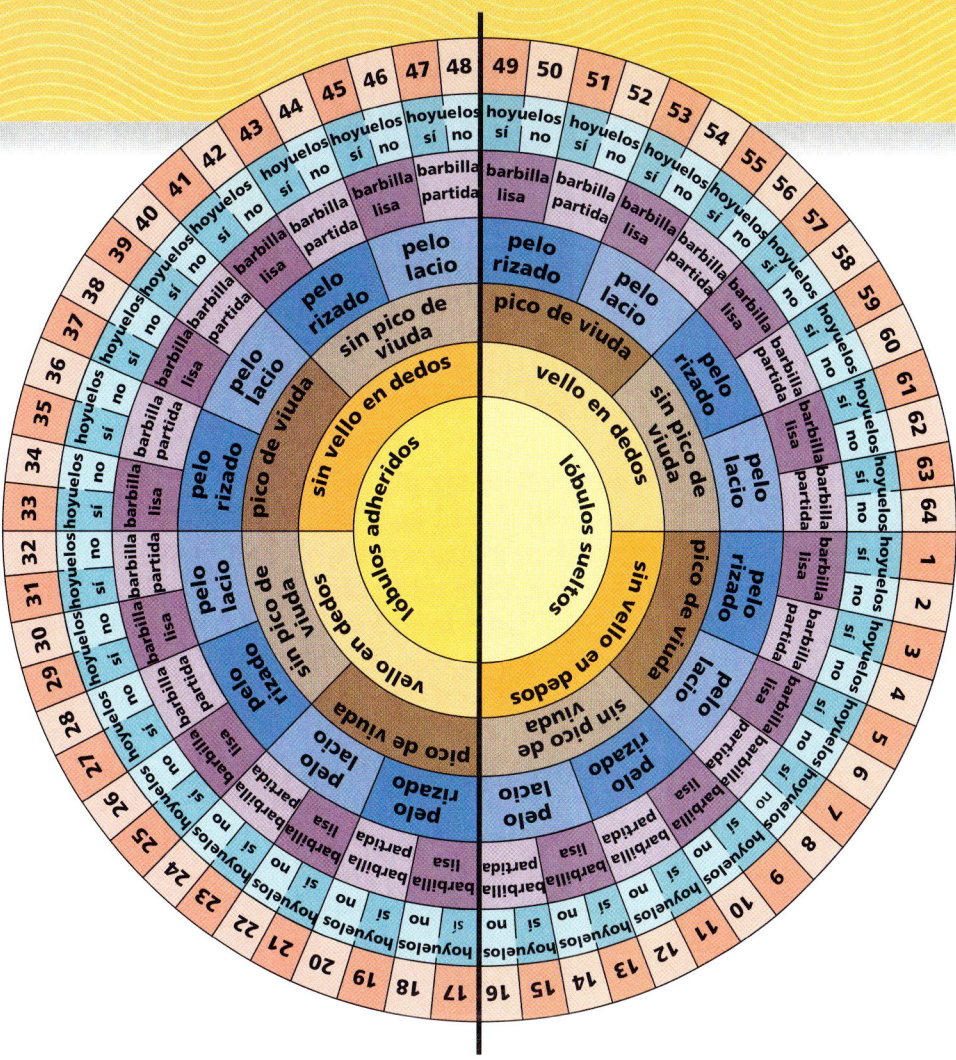

2. **Interpretar datos** ¿Cuántos estudiantes compartieron el mismo número del círculo de rasgos? ¿Cuántos fueron los únicos en su número? ¿Qué sugieren los resultados acerca de las combinaciones de rasgos de cada persona?

3. **Desarrollar hipótesis** ¿Confirman tus datos la hipótesis que desarrollaste en el paso 1? Escribe una respuesta con ejemplos.

Diseña un experimento

¿Es posible que las personas emparentadas tengan más semejanza genética que las personas no emparentadas? Escribe una hipótesis. Luego diseña un experimento para comprobar tu hipótesis. *Pide permiso a tu maestro antes de realizar la investigación.*

Tabla de datos				
Cantidad total de estudiantes _____				
	Rasgo 1	Cantidad	Rasgo 2	Cantidad
A	Lóbulos sueltos		Lóbulos adheridos	
B	Vello en los dedos		Sin vello en los dedos	
C	Pico de viuda		Sin pico de viuda	
D	Pelo rizado		Pelo lacio	
E	Barbilla partida		Barbilla lisa	
F	Hoyuelos		Sin hoyuelos	

Capítulo 3 C ◆ 83

Sección 2

Integración con las matemáticas

Probabilidad y herencia

Avance de la lectura

Conceptos clave
- ¿Qué es probabilidad y cómo se utiliza para explicar los resultados de las cruzas genéticas?
- ¿Qué significan los términos genotipo y fenotipo?
- ¿Qué es codominancia?

Términos clave
- probabilidad
- cuadrado de Punnett
- fenotipo
- genotipo
- homocigoto
- heterocigoto
- codominancia

🎯 Destreza clave de lectura
Desarrollar el vocabulario Después de leer la sección, repasa los párrafos que contienen las definiciones de los términos clave. Usa toda la información que has aprendido para escribir la definición de cada término clave con tus propias palabras.

Para: Vínculos sobre probabilidad y genética, disponible en inglés.
Visita: www.SciLinks.org
Código Web: scn-0332

Lab zone · Actividad Descubre

¿Cuál es la probabilidad?

1. Supón que vas a lanzar 20 veces una moneda. Predice cuántas veces caerá la moneda de cara y cuántas veces caerá de cruz.
2. Ahora, prueba tu predicción lanzando 20 veces la moneda. Anota cuántas veces cae de cara y cuántas veces de cruz.
3. Combina los resultados de toda la clase. Anota el total de lanzamientos, la cantidad de caras y la cantidad de cruces.

Reflexiona
Predecir ¿Qué diferencia hay entre los resultados del paso 2 y tu predicción? ¿Cómo puedes explicar las diferencias entre tus resultados y los resultados del resto de la clase?

Una fría tarde de otoño, la tribuna está llena de aficionados al fútbol americano. Es el gran juego entre las secundarias Norte y Sur de Riverton y están a punto de iniciar el encuentro. De pronto, los espectadores guardan silencio mientras el árbitro se dispone a lanzar una moneda para decidir qué equipo pateará la pelota y cuál la recibirá. El capitán del equipo invitado, la Secundaria Norte, dice "cara". Si la moneda cae con la cara hacia arriba, la Secundaria Norte ganará el lanzamiento y el derecho de elegir entre patear o recibir la pelota.

¿Cuál es la probabilidad de que la Secundaria Norte gane el lanzamiento de la moneda? Para responder la interrogante, debes comprender los principios de la probabilidad.

Principios de la probabilidad

Si realizaste la Actividad Descubre, utilizaste los principios de **probabilidad** para predecir los resultados de un acontecimiento particular. En ese caso, el acontecimiento fue el lanzamiento de una moneda. **La probabilidad es un número que describe cuán posible es que ocurra algo en particular.**

Matemáticas de la probabilidad Cada vez que lanzas una moneda, ésta puede caer de dos formas: cara arriba o cruz arriba. Cada uno de estos acontecimientos tiene la misma posibilidad de ocurrir. En términos matemáticos, dirías que la probabilidad de que una moneda caiga cara arriba es de 1 a 2 y la probabilidad de que caiga cruz arriba también es de 1 a 2. Una probabilidad de 1 a 2 puede expresarse como la fracción o como porcentaje, 50 por ciento.

Las leyes de la probabilidad predicen lo que puede ocurrir, pero no lo que ocurrirá. Si lanzaras una moneda 20 veces, podrías esperar que cayera 10 veces cara arriba y 10 veces cruz arriba. Sin embargo, es posible que no obtengas ese resultado. Tal vez caiga 11 veces de cara y 9 veces de cruz, o bien 8 de cara y 12 de cruz. A mayor cantidad de lanzamientos, más se aproximarán los resultados a los predichos por la probabilidad.

 ¿Qué es la probabilidad?

Independencia de acontecimientos Cuando lanzas una moneda más de una vez, el resultado de un lanzamiento no afecta el resultado del siguiente. Cada acontecimiento ocurre de manera independiente. Por ejemplo, supón que lanzaste una moneda cinco veces y siempre cayó cara arriba. ¿Cuál es la probabilidad de que caiga cruz arriba en el siguiente lanzamiento? Como la moneda cayó cara arriba en los cinco anteriores, tal vez pienses que caerá cara abajo en el siguiente lanzamiento. Pero no es así. La probabilidad de que la moneda caiga cara arriba en el siguiente lanzamiento sigue siendo 1 a 2 ó 50 por ciento. Los resultados de los cinco lanzamientos anteriores no afectan el resultado del sexto.

Porcentaje

Una manera de expresar probabilidades es en forma de porcentajes. Porcentaje (%) es cualquier cantidad con respecto de 100. Por ejemplo, 50% significa 50 de 100.

Imagina que en 3 de 5 lanzamientos la moneda cayó cara arriba. Puedes calcular el porcentaje de estos resultados de la siguiente manera:

1. Escribe la comparación en forma de fracción.
$$3 \text{ de } 5 = \frac{3}{5}$$

2. Multiplica la fracción por 100% para expresarla como porcentaje.
$$\frac{3}{5} \times \frac{100\%}{1} = 60\%$$

Problema de práctica Supón que 3 de 12 monedas cayeron cruz arriba. ¿Cómo expresarías esa cantidad en forma de porcentaje?

FIGURA 6
Lanzar una moneda
El resultado de lanzar una moneda al aire puede explicarse mediante la probabilidad.

Figura 7
Cómo hacer un cuadrado de Punnett

Los diagramas muestran cómo hacer un cuadrado de Punnett. En esta cruza, los dos progenitores eran heterocigotos del rasgo de forma de semilla. *R* representa el alelo dominante redondo y *r* el alelo recesivo rugoso.

1 Dibuja un cuadrado dividido en cuatro cuadrantes.

2 Escribe los alelos del padre sobre la parte superior del cuadrado y los de la madre en el lado izquierdo.

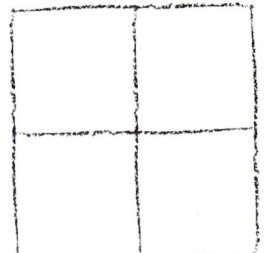
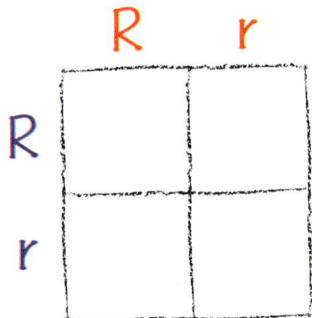

Probabilidad y genética

¿Cuál es la relación entre probabilidad y genética? Para responder la pregunta, recuerda los experimentos de Mendel con plantas de guisante. Mendel contó cuidadosamente la descendencia de cada cruza que realizó. Cuando cruzó dos plantas híbridas para longitud del tallo (*Tt*), tres cuartas partes de las plantas F_1 tuvieron tallos largos y la cuarta parte tuvo tallos cortos.

Cada vez que Mendel repitió la cruza, obtuvo resultados parecidos. Se dio cuenta entonces de que había principios matemáticos que se aplicaban a su trabajo. Podía decir que la probabilidad de que una cruza como ésa produjera plantas altas era de 3 a 4. La probabilidad de obtener plantas cortas era de 1 a 4. Mendel fue el primer científico en reconocer que los principios de probabilidad podían usarse para predecir los resultados de cruzas genéticas.

Cuadrados de Punnett Hay una herramienta que te ayuda a comprender cómo se aplica la probabilidad a la genética. Un **cuadrado de Punnett** es una tabla que muestra todas las combinaciones de alelos posibles en una cruza genética. Los genetistas utilizan cuadrados de Punnett para presentar todos los resultados posibles de una cruza genética y determinar la probabilidad de un resultado en particular.

La Figura 7 muestra cómo hacer un cuadrado de Punnett. En este caso, el cuadrado muestra una cruza entre dos plantas híbridas de semilla redonda (*Rr*). El alelo de la semilla redonda (*R*) es dominante sobre el alelo de semilla rugosa (*r*). Cada progenitor puede pasar cualquiera de sus alelos, *R* o *r*, a sus descendientes. Los cuadrantes del cuadrado de Punnett representan las posibles combinaciones de alelos que pueden heredar los hijos.

 **Verifica tu lectura** ¿Qué es un cuadrado de Punnett?

Actividad Inténtalo

Cruza de monedas

Usa monedas para modelar la cruza de Mendel con dos plantas de guisante *Tt*.

1. Pega cinta adhesiva en ambos lados de las dos monedas.
2. Escribe una *T* (tallo alto) en un lado de cada moneda y una *t* (corto) en el otro.
3. Lanza 20 veces las dos monedas. Anota las combinaciones de letras de cada lanzamiento.

Interpretar datos ¿Cuántas hijas serían plantas altas? (*Pista*: ¿Cuáles serían las combinaciones de letras de una planta alta?) ¿Y cortas? Convierte tus resultados en porcentajes posibles y compara tus resultados con los de Mendel.

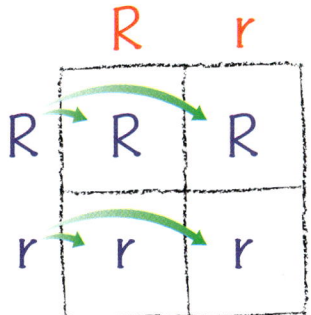
❸ Copia los alelos de la madre en los cuadros de la derecha.

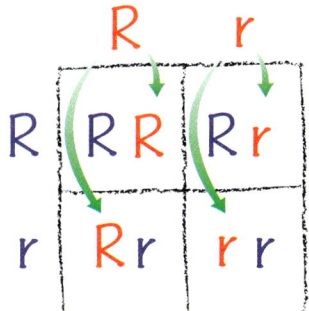
❹ Copia los alelos del padre en los cuadros inferiores.

❺ Una vez terminado, el cuadrado de Punnett muestra todas las combinaciones de alelos posibles en los hijos.

Cómo usar un cuadrado de Punnett Puedes usar un cuadrado de Punnett para calcular la probabilidad de que cierta combinación de alelos produzca un hijo particular. **En una cruza genética, la probabilidad determina qué alelo de cada progenitor pasará a cada hijo.** El cuadro de Punnett terminado de la Figura 7 muestra cuatro combinaciones de alelos posibles. La probabilidad de que un hijo sea *RR* es de 1 a 4 ó 25 por ciento. La probabilidad de que un hijo sea *rr* es también de 1 a 4 ó 25 por ciento. Sin embargo, observa que la combinación de alelos *Rr* aparece en dos cuadrantes del cuadro de Punnett. Esto se debe a que la combinación puede ocurrir dos veces, de modo que la probabilidad de que un hijo sea *Rr* es de 2 a 4 ó 50 por ciento.

Cuando Mendel cruzó plantas híbridas de semilla redonda, descubrió que tres cuartas partes de la descendencia (75 por ciento) tenían semillas redondas, y el resto (25 por ciento) produjo semillas rugosas. Las plantas con la combinación de alelos *RR* produjeron semillas redondas, igual que las plantas con la combinación *Rr*. Recuerda que el alelo dominante enmascara el alelo recesivo. Sólo las plantas con la combinación de alelos *rr* produjeron semillas rugosas.

Predecir probabilidades Puedes usar un cuadrado de Punnett para predecir probabilidades. Por ejemplo, la Figura 8 muestra una cruza entre un cobayo negro de raza pura y un cobayo blanco de raza pura. El alelo de pelaje negro es dominante sobre el alelo de pelaje blanco. Observa que sólo hay una combinación de alelos posible en todas las crías: *Bb*. Es decir, todas las crías heredarán el alelo dominante de pelaje negro y, por consiguiente, todas las crías serán negras. La probabilidad de que las crías tengan pelaje negro es del 100 por ciento.

FIGURA 8
Cuadrado de Punnett para cobayos
Este cuadrado de Punnett muestra la cruza entre un cobayo negro (*BB*) y un cobayo blanco (*bb*).
Calcular *¿Cuál es la probabilidad de que las crías tengan pelaje blanco?*

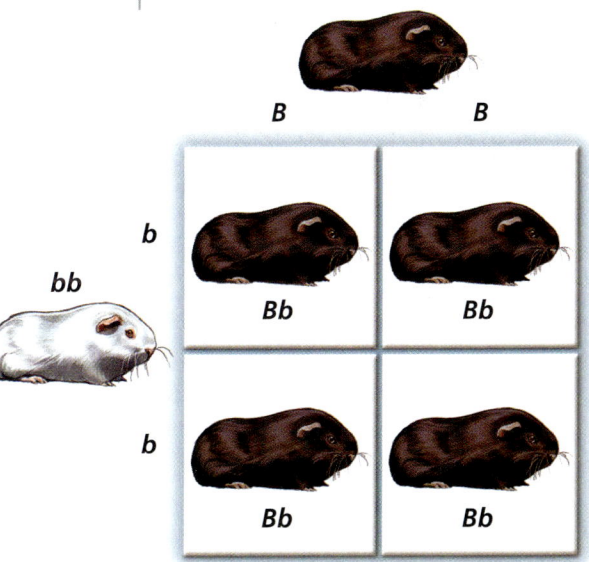

Matemáticas — Analizar datos

¿Qué son los genotipos?

Mendel permitió que se autopolinizaran varias plantas de guisantes F₁ con semillas amarillas. La gráfica muestra la cantidad aproximada de plantas F₂ con semillas amarillas y semillas verdes.

1. **Leer gráficas** ¿Cuántas descendientes F₂ tuvieron semillas amarillas? ¿Cuántas tuvieron semillas verdes?

2. **Calcular** Utiliza la información de la gráfica para calcular la cantidad total de retoños que produjo esta cruza. Luego calcula el porcentaje de retoños con guisantes amarillos y el porcentaje con guisantes verdes.

3. **Inferir** Usa las respuestas de la pregunta 2 para inferir los genotipos probables de las plantas progenitoras. (*Pista*: Construye cuadrados de Punnett con los genotipos posibles de los progenitores).

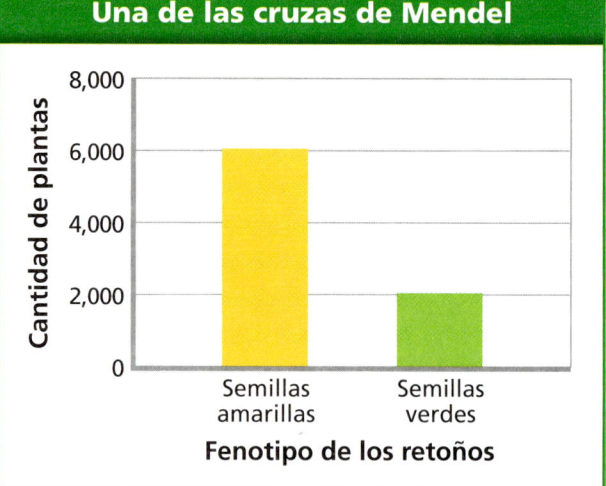

Una de las cruzas de Mendel

Fenotipos y genotipos

Los genetistas utilizan dos términos muy útiles: **fenotipo** y **genotipo**. El fenotipo de un organismo es su aspecto físico o los rasgos visibles. El genotipo del organismo es su composición genética o la combinación de alelos.

Para entender la diferencia entre fenotipo y genotipo, observa la Figura 9. El alelo de vaina lisa (*S*) es dominante sobre el alelo de vaina irregular (*s*). Todas las plantas que poseen por lo menos un alelo dominante tienen el mismo fenotipo, es decir, todas producen vainas lisas. Sin embargo, sus genotipos pueden ser diferentes: *SS* o *Ss*. Si observas las plantas con vainas lisas, no podrías diferenciar entre las que tienen genotipo *SS* y las de genotipo *Ss*. Por otra parte, todas las plantas de vainas irregulares tienen el mismo fenotipo, vainas irregulares, y el mismo genotipo, *ss*.

Los genetistas usan otros dos términos para describir el genotipo de un organismo. El organismo que tiene dos alelos idénticos para un rasgo se dice que es **homocigoto** para ese rasgo. La planta de vaina lisa con alelos *SS* y la planta de vaina irregular con alelos *ss* son homocigotas. Un organismo que tiene dos alelos distintos para un rasgo se dice que es **heterocigoto** para ese rasgo. Una planta de vaina lisa con alelos *Ss* es heterocigota. Mendel utilizó el término *híbrido* para describir a los guisantes heterocigotos.

 **Verifica tu lectura** Si el genotipo de una planta es *Ss*, ¿cuál es su fenotipo?

Fenotipos y genotipos

Fenotipo	Genotipo
Vainas lisas	SS
Vainas lisas	Ss
Vainas irregulares	ss

FIGURA 9
El fenotipo de un organismo es su aspecto físico. El genotipo es su composición genética. **Interpretar tablas** ¿Cuántos genotipos hay para el fenotipo de vainas lisas?

Codominancia

En todas las características que estudió Mendel había un alelo dominante y otro recesivo. Sin embargo, no siempre es así. En ciertos alelos se presenta un patrón de herencia llamado **codominancia**. **En la codominancia, los alelos no son dominantes ni recesivos. Por consiguiente, en los hijos se expresan los dos alelos.**

Observa la Figura 10. Notarás que el principio de alelos dominantes y recesivos descrito por Mendel no explica que los pollos tengan plumas blancas y negras. Los alelos para el color del plumaje son codominantes, es decir, ni dominantes ni recesivos. Como puedes ver, ninguno está enmascarado en los pollos heterocigotos. Observa que los alelos codominantes están escritos en mayúscula con superíndices: F^B para las plumas negras y F^W para las blancas. Como muestra el cuadrado de Punnett, los pollos heterocigotos tienen la combinación de alelos $F^B F^W$.

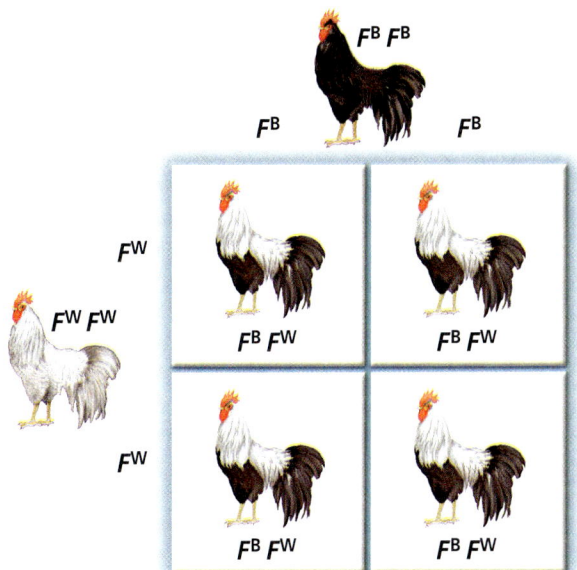

FIGURA 10
Codominancia
Las crías de la cruza de este cuadrado de Punnett tendrán plumas blancas y negras.
Clasificar *¿Las crías serán heterocigotas u homocigotas? Explica tu respuesta.*

 **Verifica tu lectura** ¿Cómo se escriben los símbolos de los alelos codominantes?

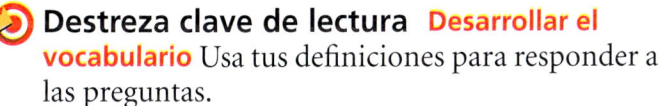

Sección 2 Evaluación

Destreza clave de lectura **Desarrollar el vocabulario** Usa tus definiciones para responder a las preguntas.

Repasar los conceptos clave

1. a. **Repasar** ¿Qué es probabilidad?
   b. **Explicar** Si conoces los alelos de los padres para un rasgo, ¿cómo usarías el cuadrado de Punnett para predecir los probables genotipos de las crías?
   c. **Predecir** Una planta con semillas redondas tiene el genotipo *Rr*. Si la cruzas con otra *rr*, ¿cuál es la probabilidad de que los retoños tengan semillas rugosas? (Usa un cuadrado de Punnett para ayudarte a predecir).
2. a. **Definir** Define *genotipo* y *fenotipo*.
   b. **Relacionar causa y efecto** ¿Por qué dos organismos pueden tener el mismo fenotipo, pero distinto genotipo? Da un ejemplo.
   c. **Aplicar conceptos** Una planta de guisantes tiene el tallo largo. ¿Cuáles son sus genotipos posibles?
3. a. **Explicar** ¿Qué es codominancia? Da un ejemplo de alelos codominantes y explica por qué son codominantes.
   b. **Aplicar conceptos** ¿Cuál es el fenotipo de un pollo con genotipo $F^B F^W$?

Matemáticas Práctica

4. **Proporciones** Un científico cruzó una planta de guisantes alta con una corta. De los retoños, 13 fueron altos y 12 cortos. Escribe la proporción de cada fenotipo con respecto de la cantidad total de retoños. Expresa las proporciones como fracciones.

5. **Porcentaje** Utiliza las fracciones para calcular el porcentaje de retoños altos y el porcentaje de retoños cortos.

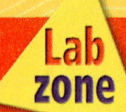

Laboratorio de destrezas

¡Apostar a lo seguro!

Problema
¿Cómo puedes predecir los resultados posibles de una cruza genética?

Destrezas aplicadas
hacer modelos, interpretar datos

Materiales
- dos bolsas de papel pequeñas
- marcador
- 3 canicas azules
- 3 canicas blancas

Procedimiento

1. Rotula una bolsa como "Bolsa 1, Madre". Rotula la otra como "Bolsa 2, Padre". Luego lee detenidamente las partes 1, 2 y 3 de este laboratorio. Escribe una predicción sobre los tipos de descendientes que esperas obtener de cada cruza.

PARTE 1 Cruza de dos progenitores homocigotos

2. Copia la tabla de datos y ponle el título *Tabla de datos 1*. Luego coloca dos canicas azules en la Bolsa 1. El par de canicas representa los alelos de la madre. Usa la letra *B* para representar el alelo dominante del color azul.

3. Coloca dos canicas blancas en la Bolsa 2. Usa la letra *b* para representar el alelo recesivo del color blanco.

4. Para la Prueba 1, saca una canica de la Bolsa 1 sin mirar. Anota el resultado en tu tabla de datos. Devuelve la canica a la bolsa y nuevamente, sin mirar, saca una canica de la Bolsa 2. Anota el resultado en la tabla de datos y devuelve la canica a la bolsa.

5. En la columna rotulada Alelos de los hijos escribe *BB* si sacaste dos canicas azules, *bb* si sacaste dos canicas blancas o *Bb* si sacaste una azul y una blanca.

6. Repite los pasos 4 y 5 nueve veces más.

PARTE 2 Cruza de progenitores homocigoto y heterocigoto

7. Coloca dos canicas azules en la Bolsa 1. Coloca una canica blanca y otra azul en la Bolsa 2. Vuelve a copiar la tabla de datos y ponle el título *Tabla de datos*.

8. Repite los pasos 4 y 5 diez veces.

Tabla de datos			
Número _____			
Prueba	Alelo de la Bolsa 1 (Madre)	Alelo de la Bolsa 2 (Padre)	Alelos de los hijos
1			
2			
3			
4			
5			
6			

PARTE 3 Cruza de dos padres heterocigotos

9. Coloca una canica azul y una blanca en la Bolsa 1. Coloca una canica azul y otra blanca en la Bolsa 2. Vuelve a copiar la tabla de datos con el título *Tabla de datos 3*.
10. Repite los pasos 4 y 5 diez veces.

Analiza y concluye

1. **Hacer modelos** Haz un cuadrado de Punnett para cada una de las cruzas que modelaste en las partes 1, 2 y 3.
2. **Interpretar datos** Según los resultados que obtuviste en la parte 1, ¿cuántos tipos de crías pueden obtenerse con la cruza de padres homocigotos (*BB* y *bb*)? ¿Consideras que tus resultados del modelo de canicas concuerdan con los resultados del cuadrado de Punnett?
3. **Predecir** Según tus resultados de la parte 2, ¿qué porcentaje de los hijos tiene probabilidades de ser homocigoto cuando cruzas un progenitor homocigoto (*BB*) con un progenitor heterocigoto (*Bb*)? ¿Qué porcentaje de los hijos tiene probabilidades de ser heterocigoto? ¿Consideras que el modelo concuerda con los resultados que muestra un cuadrado de Punnett?
4. **Comunicar** Según tus resultados de la parte 3, ¿cuáles son los diferentes tipos de hijos posibles en la cruza de dos padres heterocigotos (*Bb* × *Bb*)? ¿Qué porcentaje de cada tipo de cría puede producirse? ¿Consideras que el modelo concuerda con los resultados de un cuadrado de Punnett?
5. **Inferir** Si en la parte 3 hubieras realizado 100 pruebas en vez de 10, ¿crees que tus resultados se acercarían más a los resultados de un cuadrado de Punnett? Explica.
6. **Comunicar** Explica en un párrafo la diferencia entre el modelo de canicas y un cuadrado de Punnett. ¿En qué se parecen ambos métodos? ¿Cómo difieren?

Explora más

En el caso de los guisantes, el alelo de semillas amarillas (*Y*) es dominante sobre el alelo de semillas verdes (*y*). ¿Qué cruzas podría producir una planta heterocigota con semillas amarillas (*Yy*)? Utiliza el modelo de canicas y cuadrados de Punnett para probar tus predicciones.

Sección 3
La célula y la herencia

Avance de la lectura

Conceptos clave
- ¿Cuál es el papel de los cromosomas en la herencia?
- ¿Qué ocurre durante la meiosis?
- ¿Cuál es la relación entre cromosomas y genes?

Término clave
- meiosis

Destreza clave de lectura
Identificar evidencia de apoyo Mientras lees, identifica las evidencias que apoyen la hipótesis de que los genes se encuentran en los cromosomas. Escribe la evidencia en un organizador gráfico.

Actividad Descubre

Identificar cromosomas

Mendel no tuvo conocimiento sobre los cromosomas ni su papel en la genética. Hoy sabemos que los genes se encuentran albergados en los cromosomas.

1. Rotula dos palitos de madera con la letra *A*. Los palitos representan un par de cromosomas de la madre. Colócalos boca abajo sobre un trozo de papel.
2. Rotula otros dos palitos con la letra *a*. Estos representan los cromosomas del padre. Colócalos boca abajo sobre otro papel.
3. Da vuelta a un palito o "cromosoma" de cada papel. Colócalos en una tercera hoja de papel. Estos representan un par de cromosomas de un hijo. Observa la combinación de alelos que recibe el hijo.

Reflexiona
Hacer modelos Utiliza el modelo para explicar cómo participan los cromosomas en la herencia de alelos.

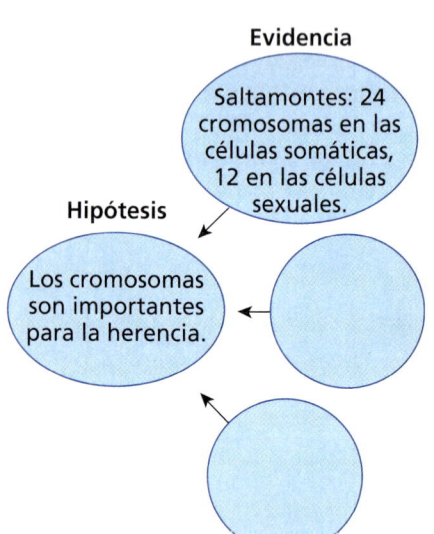

El trabajo de Mendel demostró la existencia de los genes, pero los científicos de principios del siglo XX no sabían qué estructuras celulares contenían los genes. La búsqueda de una respuesta a esta interrogante es como una novela de misterio que podríamos titular: "La pista en las células del saltamontes".

En 1903, el genetista estadounidense Walter Sutton estudiaba células de saltamontes para comprender cómo se formaban las células sexuales (espermatozoide y óvulo). Sutton centró su atención en el movimiento de los cromosomas durante la formación de las células sexuales y planteó la hipótesis de que los cromosomas eran fundamentales para entender por qué los hijos tenían rasgos parecidos a los de sus progenitores.

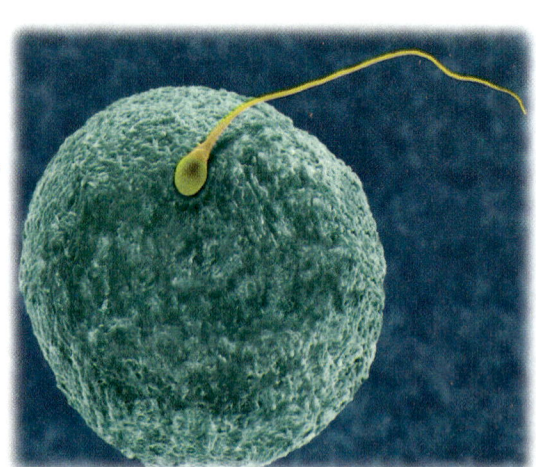

FIGURA 11
Células sexuales
El gran óvulo es una célula sexual femenina y el pequeño espermatozoide es una célula sexual masculina.

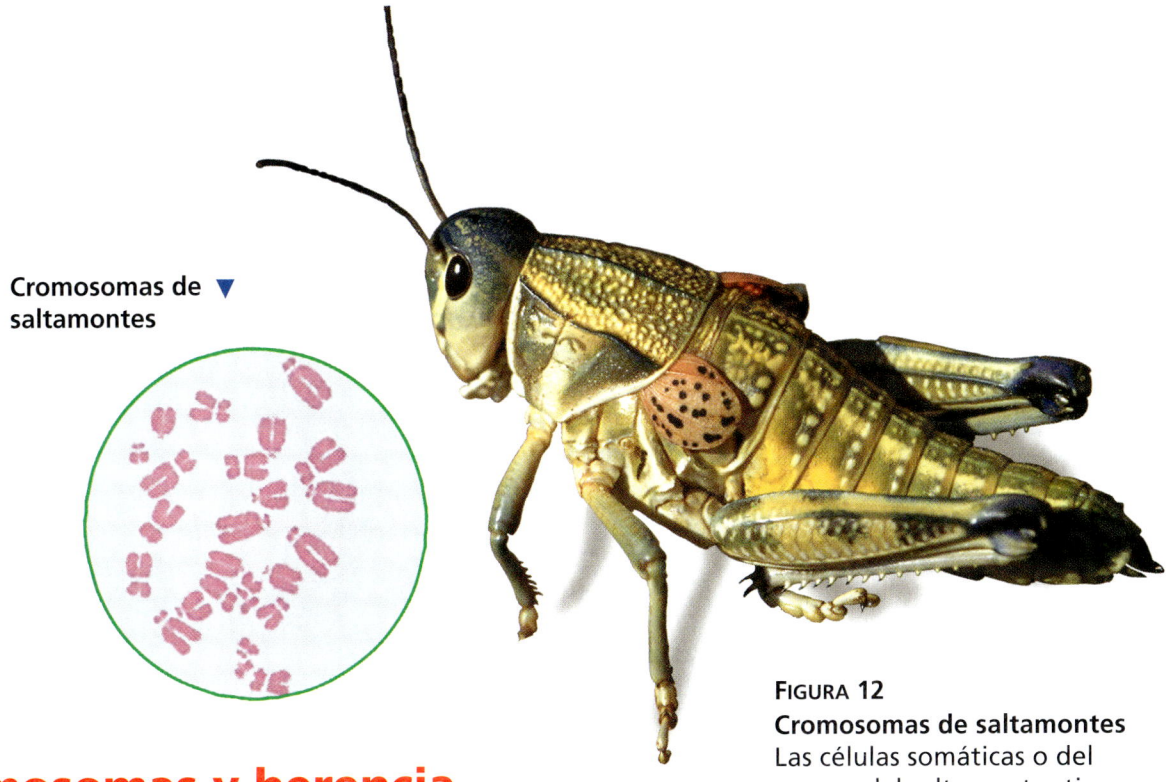

Figura 12
Cromosomas de saltamontes
Las células somáticas o del cuerpo del saltamontes tienen el doble de cromosomas que sus células sexuales.
Aplicar conceptos *¿Cuál es la función de los cromosomas?*

Cromosomas y herencia

Sutton necesitaba pruebas para apoyar su hipótesis de que los cromosomas son importantes para la herencia de rasgos y descubrió la evidencia en las células del saltamontes. Las células del cuerpo o células somáticas de un saltamontes tienen 24 cromosomas. Para su asombro, Sutton encontró que las células sexuales del insecto sólo tenían 12 cromosomas. En otras palabras, las células sexuales del saltamontes tienen exactamente la mitad de los cromosomas que contienen las células somáticas.

Pares cromosómicos Sutton observó lo que ocurría cuando un espermatozoide y un óvulo se unían durante la fecundación. El óvulo fecundado que se formaba tenía 24 cromosomas. Por consiguiente, las células de la cría del saltamontes tenían exactamente la misma cantidad de cromosomas que las células de cada uno de sus progenitores. Los 24 cromosomas formaban 12 pares. Un cromosoma de cada par provenía del padre y el otro de la madre.

Genes en los cromosomas Recuerda que los alelos son diferentes formas de un gen. Debido al trabajo de Mendel, Sutton sabía que un organismo tiene pares de alelos. Uno de los alelos proviene del progenitor femenino y el otro del progenitor masculino. Fue entonces que Sutton comprendió que los pares de alelos se transmitían en los pares de cromosomas. La idea de Sutton recibió el nombre de teoría cromosómica de la herencia. **Según la teoría cromosómica de la herencia, los genes pasan de padres a hijos en los cromosomas.**

 ¿Cuál es la relación entre los alelos y los cromosomas?

FIGURA 13
Meiosis
Durante la meiosis, una célula produce células sexuales con la mitad de la cantidad de cromosomas. **Interpretar diagramas** *¿Qué ocurre antes de la meiosis?*

1 Antes de la meiosis
Antes de iniciarse la meiosis, cada cromosoma de la célula parental es copiado. Los centrómeros mantienen unidas las dos cromátidas.

2 Meiosis I
A Los pares de cromosomas se alinean en el centro de la célula.

B Los pares se separan y desplazan hacia los extremos opuestos de la célula.

C Se forman dos células, cada una con la mitad de la cantidad de cromosomas. Cada cromosoma está formado por dos cromátidas.

Para: Vínculos sobre meiosis, disponible en inglés.
Visita: www.SciLinks.org
Código Web: scn-0333

Meiosis

¿Cómo es que las células sexuales terminan con sólo la mitad de los cromosomas que tienen las células somáticas? Para responder a esta pregunta, necesitas comprender lo que ocurre durante la meiosis. **Meiosis** es el proceso por el cual la cantidad de cromosomas se reduce a la mitad para formar células sexuales, es decir, óvulos y espermatozoides.

Qué sucede durante la meiosis Puedes observar las etapas de la meiosis en la Figura 13. En este ejemplo, cada célula parental tiene cuatro cromosomas dispuestos en dos pares. **Durante la meiosis, el par de cromosomas se separa y se distribuye en dos células distintas. Las células sexuales resultantes sólo tienen la mitad de los cromosomas que contienen las otras células del organismo.** En el ejemplo, cada célula sexual termina con sólo dos cromosomas, la mitad que tenía la célula parental. Cada célula sexual tiene un cromosoma de cada par original.

Cuando las células sexuales se combinan para formar un organismo, cada célula sexual aporta la mitad de la cantidad normal de cromosomas. De esa manera, el producto recibe la cantidad normal de cromosomas, la mitad proveniente de cada progenitor.

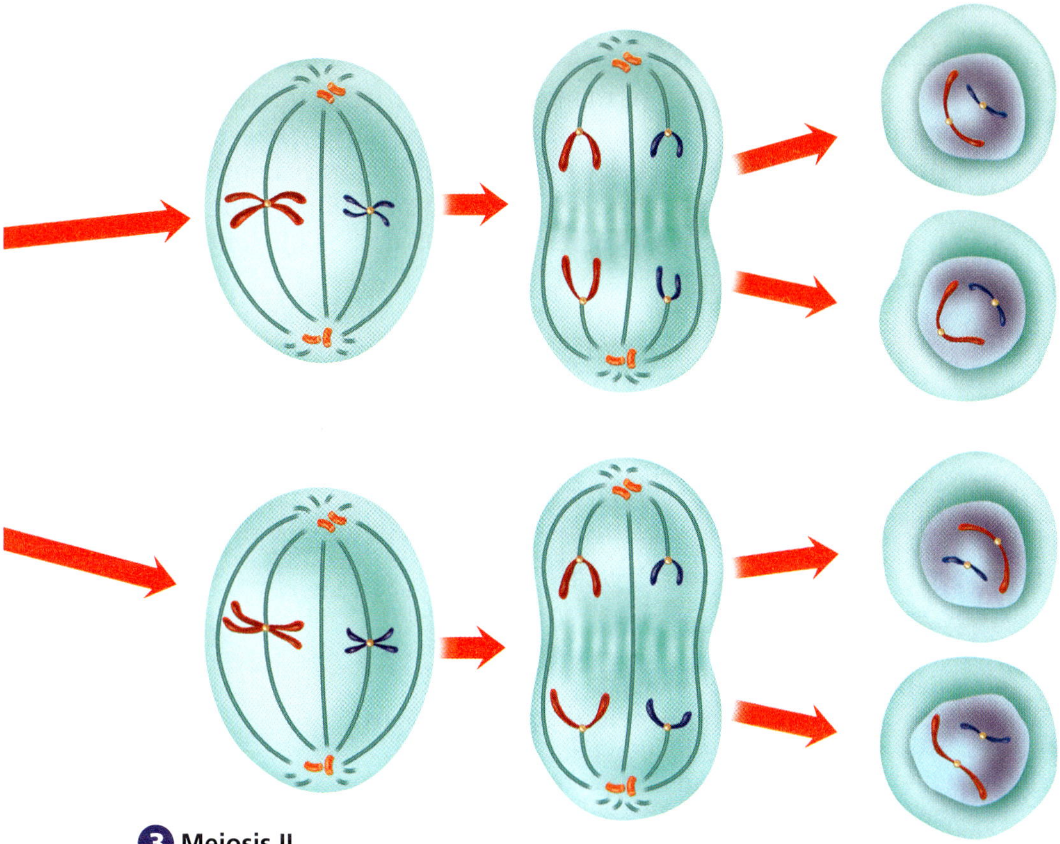

③ Meiosis II

A Los cromosomas con sus dos cromátidas se desplazan hacia el centro de la célula.

B Los centrómeros se dividen y las cromátidas se separan. Las cromátidas individuales se desplazan hacia los extremos opuestos de la célula.

④ Fin de la meiosis

Se han producido cuatro células sexuales. Cada una tiene sólo la mitad de los cromosomas que tenía la célula parental al inicio de la meiosis. Cada célula tiene sólo un cromosoma de cada par original.

Meiosis y cuadrados de Punnett El cuadrado de Punnett sirve para mostrar lo que sucede durante la meiosis. Cuando los pares de cromosomas se separan y desplazan hacia dos células sexuales diferentes, lo mismo sucede con los alelos que lleva cada cromosoma. En cada célula sexual queda un alelo de cada par.

La Figura 14 muestra cómo el cuadrado de Punnett representa la separación de los alelos durante la meiosis. Como puedes ver en la parte superior del cuadrado, la mitad de los espermatozoides del padre recibe el cromosoma con el alelo *T*. La otra mitad de los espermatozoides recibe el cromosoma con el alelo *t*. Lo mismo sucede con los óvulos de la madre, presentados en el lado izquierdo del cuadrado. Dependiendo del espermatozoide que se combine con cada óvulo, se obtiene una de las combinaciones de alelos que muestran los cuadrantes.

FIGURA 14
Cuadro de Punnett de la meiosis
Los dos progenitores son heterocigotos del rasgo de tallo largo. El cuadro de Punnett muestras las posibles combinaciones de alelos después de la fecundación.

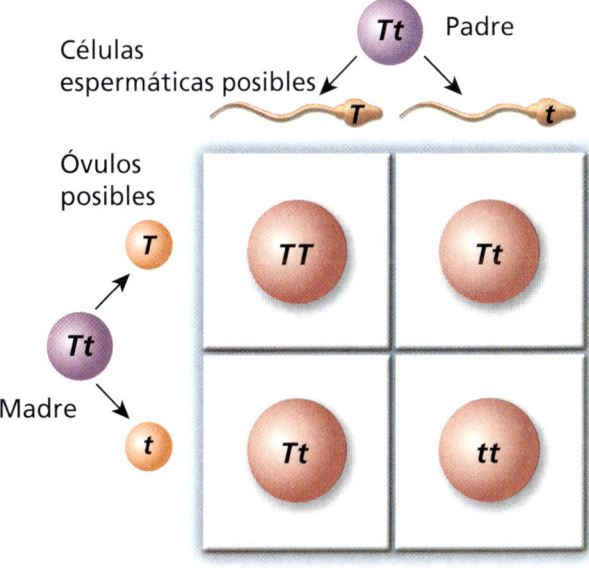

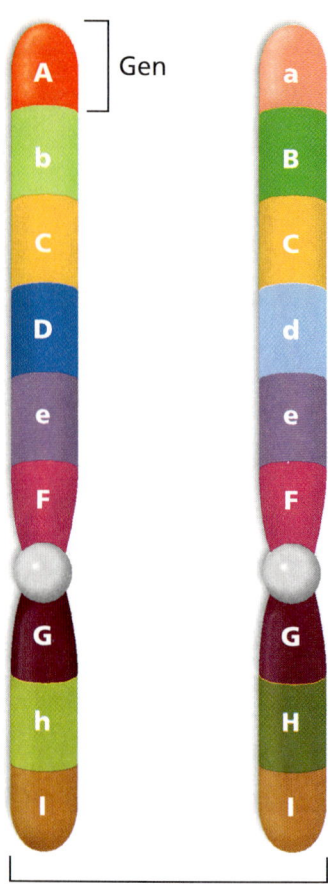

Par de cromosomas

Alineación de genes

Las células somáticas humanas contienen 23 pares de cromosomas, o 46 cromosomas en total. **Los cromosomas están compuestos de muchos genes unidos entre sí como cuentas en un hilo.** Aunque sólo tienes 23 pares de cromosomas, cada una de tus células somáticas contiene alrededor de 35,000 genes. Cada gen controla un rasgo.

La Figura 15 muestra que un cromosoma del par proviene de la madre. El otro cromosoma proviene del padre. Observa que cada cromosoma del par tiene los mismos genes. Los genes están alineados con el mismo orden en cada cromosoma. Sin embargo, los alelos de algunos genes pueden ser distintos. Por ejemplo, el organismo tiene el alelo A en un cromosoma y el alelo a en el otro. Como ves, este organismo es heterocigoto para algunos rasgos y homocigoto para otros.

FIGURA 15
Genes en los cromosomas
Los genes se encuentran en los cromosomas. Los cromosomas que forman un par pueden tener diferentes alelos en ciertos genes y los mismos alelos en otros. **Clasificar** *¿Para qué genes es homocigoto este organismo? ¿Para cuáles es heterocigoto?*

Sección 3 Evaluación

Destreza clave de lectura Identificar evidencia de apoyo Consulta tu organizador gráfico sobre la teoría cromosómica de la herencia para responder a la pregunta 1.

Repasar los conceptos clave

1. a. **Comparar y contrastar** Según Sutton, ¿qué diferencia hay entre la cantidad de cromosomas de las células del cuerpo del saltamontes y la cantidad que hay en sus células sexuales?
   b. **Describir** Describe lo que ocurre con la cantidad de cromosomas cuando dos células sexuales del saltamontes se unen durante la fecundación.
   c. **Explicar** ¿De qué manera las observaciones de Sutton sobre la cantidad de cromosomas apoyan la teoría cromosómica de la herencia?
2. a. **Definir** ¿Qué es meiosis?
   b. **Interpretar diagramas** Describe brevemente la meiosis I y la meiosis II. Consulta la Figura 13.
   c. **Ordenar en serie** Utiliza las etapas de la meiosis para explicar por qué una célula sexual no recibe los dos cromosomas que forman un par.
3. a. **Describir** ¿Cómo están dispuestos los genes en un cromosoma?
   b. **Comparar y contrastar** ¿Qué diferencia hay entre el orden de los genes en un cromosoma y el orden de los genes en el otro cromosoma que completa el par?

Escribir en ciencias

Entrevista periodística Eres un reportero de principios del siglo XX. Quieres entrevistar a Walter Sutton acerca de su trabajo con los cromosomas. Escribe tres preguntas que quisieras hacerle. Luego, escribe la respuesta que daría Sutton a cada una de tus preguntas.

Sección 4
La conexión con el ADN

Avance de la lectura

Conceptos clave
- ¿Qué forma el código genético?
- ¿Cómo produce proteínas la célula?
- ¿Cómo afectan las mutaciones a un organismo?

Términos clave
- ARN mensajero
- ARN de transferencia

Destreza clave de lectura
Ordenar en serie Una serie es el orden en que ocurren los pasos de un proceso. Mientras lees, haz un diagrama de flujo que muestre la síntesis de proteínas. Inscribe las etapas del proceso en cuadros individuales del proceso de flujo, en el orden en que ocurren.

Síntesis de proteínas

El ADN proporciona el código para formar el ARN mensajero.

↓

El ARN mensajero se une al ribosoma.

↓

Actividad Descubre

¿Puedes descifrar el código?

1. Usa el código Morse de la tabla para descifrar la pregunta del siguiente mensaje. Las letras están separadas por diagonales.

• – – / • • • • / • / • – • / • / • – / • – • /
• / – – • / • / – • / • / • • • / • – – • / – – – /
– • – • / • – / – / • / – • • /

2. Escribe la respuesta en código Morse.
3. Intercambia tu respuesta codificada con un compañero. Luego, descifra la respuesta de tu compañero.

Reflexiona
Formular definiciones operativas Basándote en los resultados de esta actividad, escribe una definición del término *código*. Luego, compara tu definición con la de un diccionario.

A • –	N – •
B – • • •	O – – –
C – • – •	P • – – •
D – • •	Q – – • –
E •	R • – •
F • • – •	S • • •
G – – •	T –
H • • • •	U • • –
I • •	V • • • –
J • – – –	W • – –
K – • –	X – • • –
L • – • •	Y – • – –
M – –	Z – – • •

El lémur blanco de cola anillada de esta fotografía nació en un bosque del sur de Madagascar. Los lémures blancos son muy raros. ¿Por qué nació éste con un fenotipo tan poco común? Para responder a la pregunta, necesitas saber cómo actúan los genes de un cromosoma para controlar los rasgos de un organismo.

Un lémur blanco y su madre ▶

C ◆ 97

El código genético

La principal función de los genes es controlar la producción de proteínas en las células de un organismo. Las proteínas ayudan a determinar el tamaño, la forma, el color y muchos otros rasgos de un organismo.

Genes y ADN Recuerda que los cromosomas están hechos principalmente de ADN. En la Figura 16 puedes ver la relación entre los cromosomas y el ADN. Observa que la molécula de ADN está compuesta de cuatro bases nitrogenadas: adenina (A), timina (T), guanina (G) y citosina (C). Las bases son los peldaños de la "escalera" de ADN.

Un gen es un fragmento de la molécula de ADN que contiene la información para codificar una proteína específica. Un gen se compone de varias bases organizadas en filas que siguen un orden específico, por ejemplo, ATGACGTAC. Un solo gen de un cromosoma puede contener desde varios centenares hasta un millón o más de estas bases. Cada gen se encuentra ubicado en un sitio específico del cromosoma.

Orden de las bases Un gen contiene el código que determina la estructura de una proteína. **El orden de las bases nitrogenadas del gen forma un código genético que especifica la proteína que debe producirse.** Recuerda que las proteínas son moléculas de largas cadenas compuestas de aminoácidos individuales. En el código genético, cada grupo de tres bases de ADN codifica un aminoácido en particular. Por ejemplo, la secuencia de bases CGT (citosina–guanina–timina) siempre codifica al aminoácido alanina. El orden de cada unidad de tres bases determina la secuencia en la que deben colocarse los aminoácidos para componer la proteína.

FIGURA 16
El código de ADN
Los cromosomas están hechos de ADN. Cada cromosoma contiene miles de genes. La secuencia de las bases de un gen forma un código que indica a la célula qué proteína debe producir. **Interpretar diagramas** *¿En qué parte de la célula se encuentran los cromosomas?*

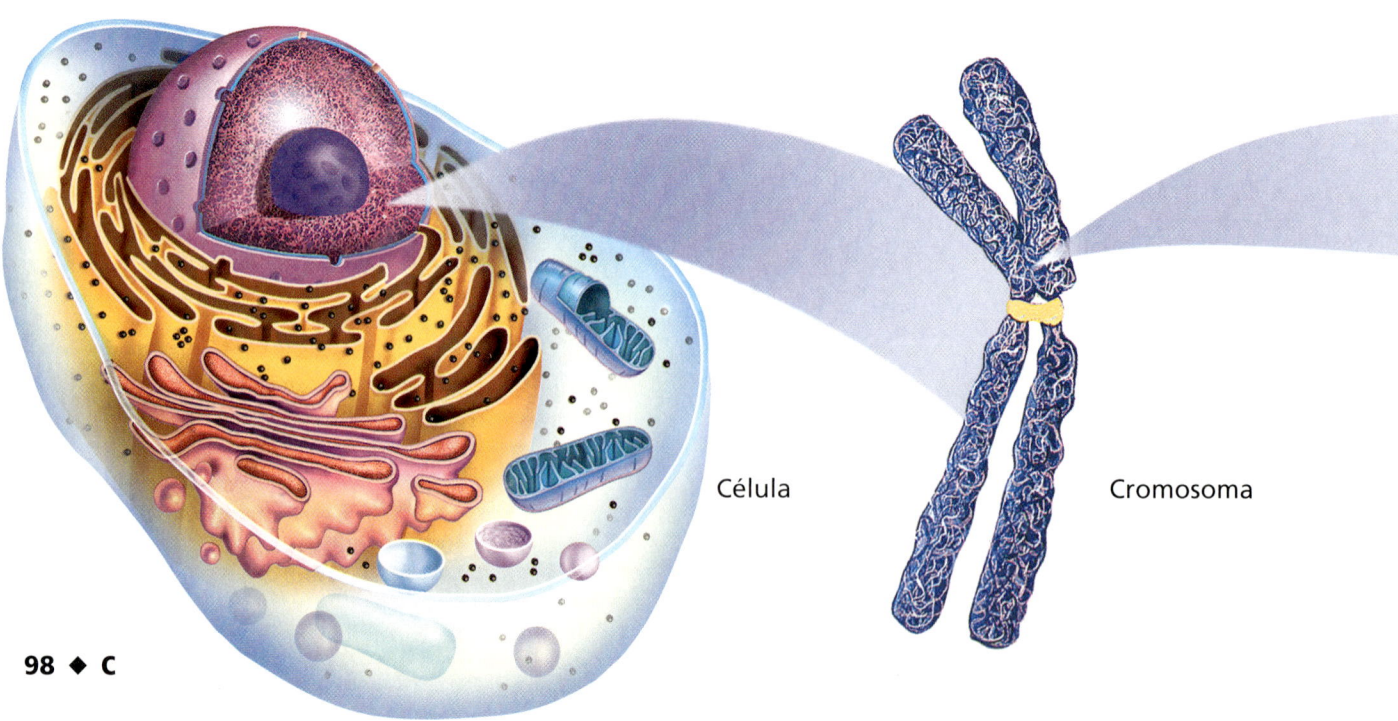

Célula   Cromosoma

Cómo producen proteínas las células

La producción de proteínas se conoce como síntesis de proteínas. **Durante la síntesis de proteínas, la célula utiliza información de un gen de un cromosoma para producir una proteína específica.** La síntesis de proteínas ocurre en los ribosomas situados en el citoplasma celular. Como sabes, el citoplasma está fuera del núcleo mientras que los cromosomas están dentro del núcleo. Entonces, ¿cómo pasa del núcleo al citoplasma la información necesaria para producir proteínas?

El papel del ARN Antes de que ocurra la síntesis de proteínas, un "mensajero" debe tomar el código genético del ADN que está dentro del núcleo y sacarlo al citoplasma. Este mensajero genético se conoce como ácido ribonucleico o ARN.

Aunque se parece al ADN, la molécula de ARN difiere en algunos aspectos importantes. A diferencia del ADN, que tiene dos filamentos, el ARN sólo tiene uno. También contiene una molécula de azúcar distinta a la del ADN. Otra diferencia entre ADN y ARN está en sus bases nitrogenadas. Al igual que el ADN, el ARN tiene adenina, guanina y citosina, pero en vez de timina, la cuarta base es uracilo.

Tipos de ARN Hay varios tipos de ARN que participan en la síntesis de proteínas. El **ARN mensajero** copia el mensaje en clave del ADN del núcleo y lo lleva a un ribosoma del citoplasma. Otro tipo de ARN, llamado **ARN de transferencia,** lleva aminoácidos al ribosoma y los deposita en la cadena de proteína que está formándose.

 ¿Cómo difiere el ARN del ADN?

Sacar conclusiones

Ésta es una secuencia de las bases nitrogenadas de un filamento de una molécula de ácido nucleico.

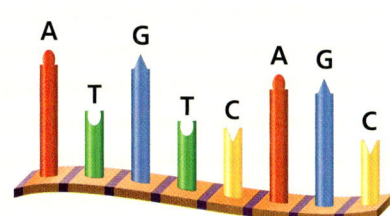

¿Crees que el filamento es de ADN o ARN? Explica tu respuesta.

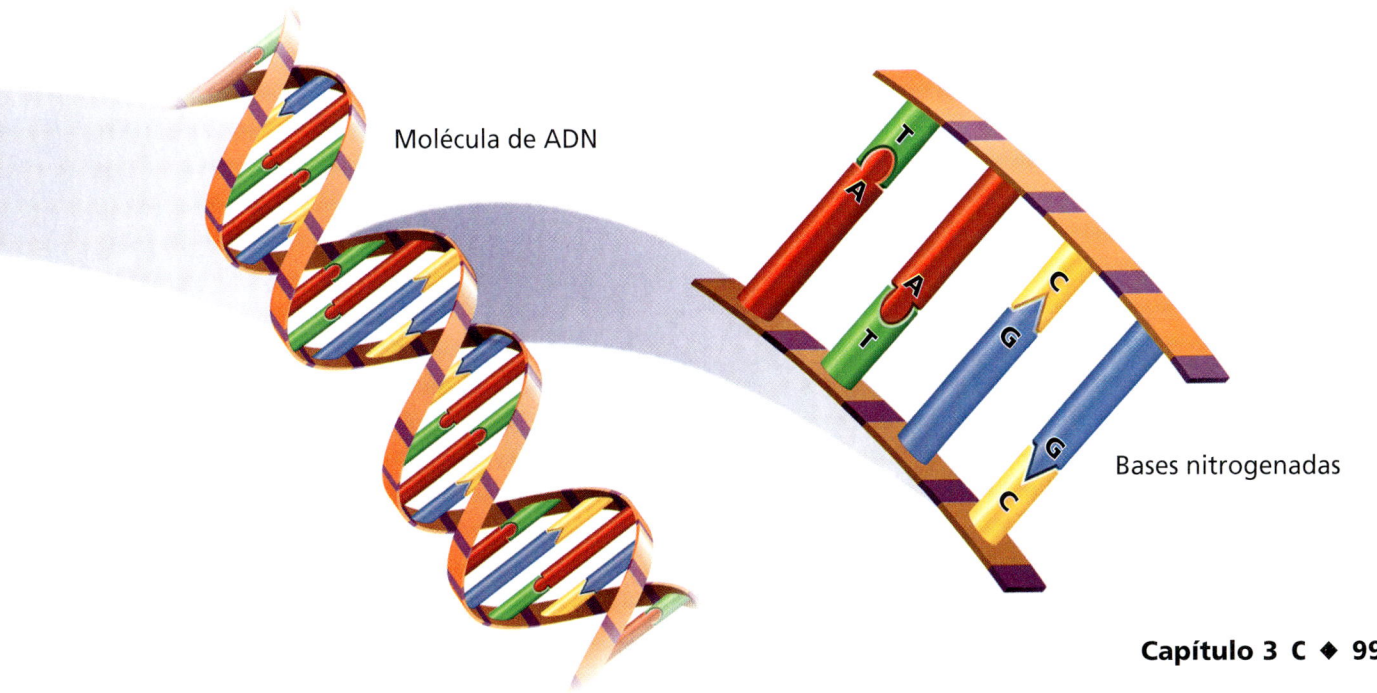

Molécula de ADN

Bases nitrogenadas

Traducción del código La Figura 17 muestra el proceso de la síntesis de proteínas. Observa la ilustración mientras lees los siguientes pasos.

① El primer paso consiste en que la molécula de ADN se "separa" entre sus pares de bases. Luego, uno de los filamentos de ADN dirige la producción de un filamento de ARN mensajero. Para formar el filamento de ARN, las bases del ARN se unen a las bases del ADN. Este proceso se parece al que estudiaste en la replicación del ADN. La citosina siempre se une a la guanina. Pero ahora, en vez de timina, el uracilo se une a la adenina.

② A continuación, el ARN mensajero sale del núcleo hacia el citoplasma y, una vez allí, se pega a un ribosoma. Una vez en el ribosoma, el ARN mensajero proporciona el código para la molécula de proteína que debe formarse. Durante la síntesis de proteína, el ribosoma se desplaza a lo largo del filamento de ARN mensajero.

FIGURA 17
Síntesis de proteínas
Para producir proteínas, el ARN mensajero copia información del ADN del núcleo. El ARN mensajero y el ARN de transferencia utilizan esta información para producir proteínas. **Interpretar diagramas** *¿En qué organelo celular se producen las proteínas?*

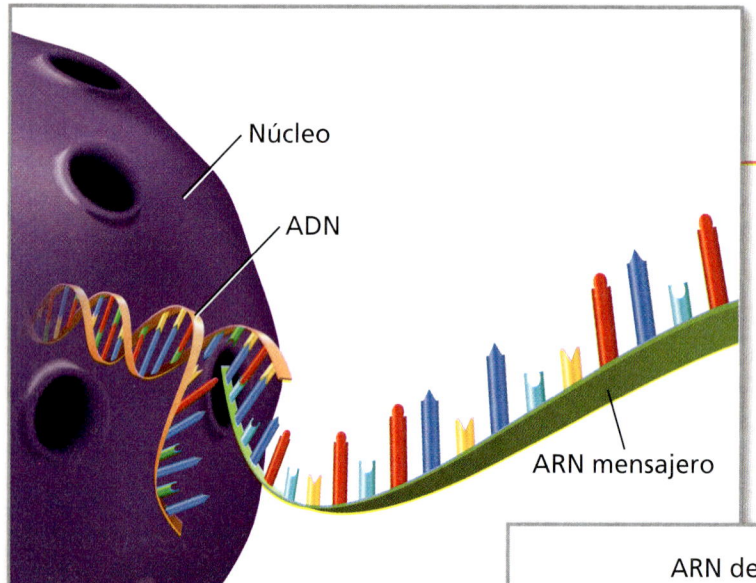

① Producción del ARN mensajero ▲
Una molécula de ADN del núcleo sirve de "patrón" para producir el ARN mensajero. La molécula de ADN se "separa" entre sus pares de bases. Las bases de ARN van uniéndose a las bases de uno de los filamentos de ADN. De este modo, la información genética del ADN pasa al filamento de ARN mensajero.

② El ARN mensajero se une al ribosoma ▼
Cuando el ARN mensajero entra en el citoplasma, se pega a un ribosoma y se inicia la producción de la cadena de proteína. El ribosoma se desplaza a lo largo del filamento de ARN mensajero.

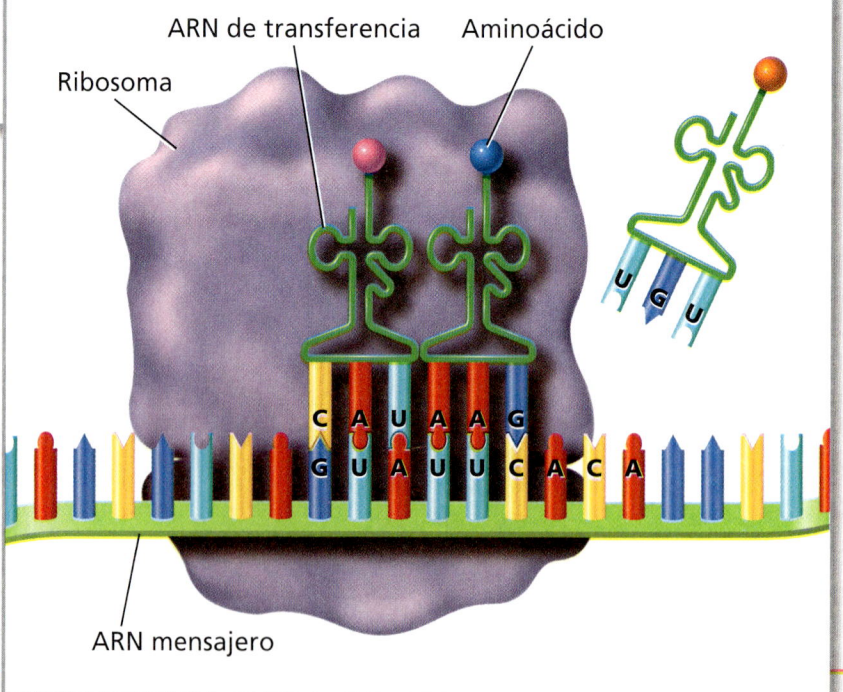

❸ Las moléculas del ARN de transferencia se pegan al ARN mensajero. Las bases del ARN de transferencia "leen" el mensaje uniendo sus códigos de tres letras con las bases del ARN mensajero. Por ejemplo, puedes ver que una molécula de ARN de transferencia con las bases AAG se une a las bases UUC del ARN mensajero. Las moléculas de ARN de transferencia llevan aminoácidos específicos que se unen formando una cadena. El orden de los aminoácidos en la cadena depende del orden de los códigos de tres letras que se encuentran en el ARN mensajero.

❹ La molécula de proteína se hace más larga conforme cada molécula de ARN de transferencia coloca el aminoácido que lleva en la cadena que está formándose. Después de depositar su aminoácido en la cadena, el ARN de transferencia vuelve al citoplasma para recoger otro aminoácido. Cada molécula de ARN de transferencia recoge siempre el mismo tipo de aminoácido.

 ¿Cuál es la función del ARN de transferencia?

Para: Actividad sobre la síntesis de proteínas, disponible en inglés.
Visita: PHSchool.com
Código Web: cep-3034

❸ **El ARN de transferencia se une al ARN mensajero** ▼
Las moléculas de ARN de transferencia llevan aminoácidos específicos al ribosoma. Al llegar, "leen" el mensaje del ARN mensajero pegando los códigos de tres letras o bases en el orden adecuado. La cadena de proteína crece conforme se añade un nuevo aminoácido.

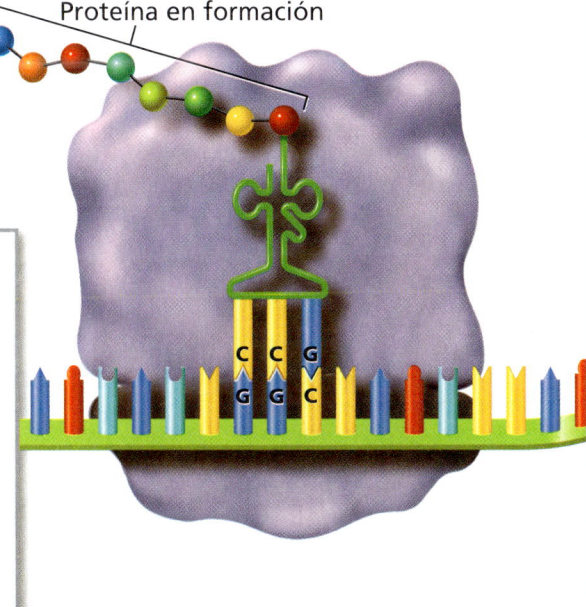

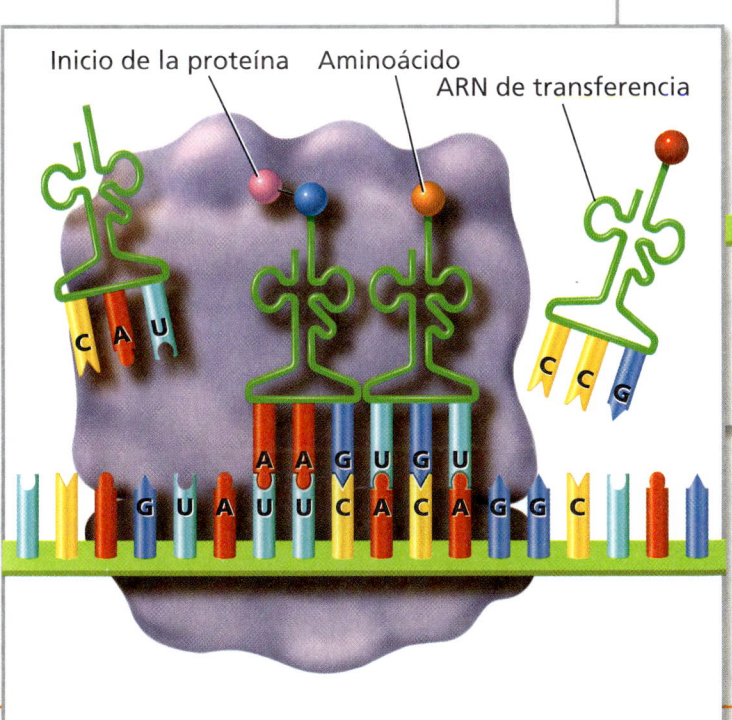

❹ **La producción de la proteína** ▲ **continúa**
La cadena de proteína crece hasta que el ribosoma llega a un código de tres letras que actúa como una señal de "Alto". Luego, el ribosoma libera la proteína terminada.

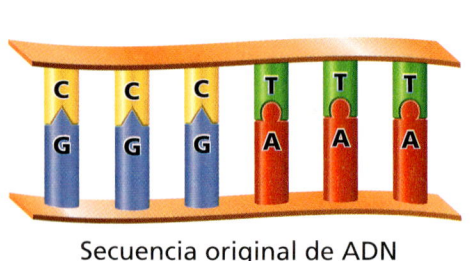
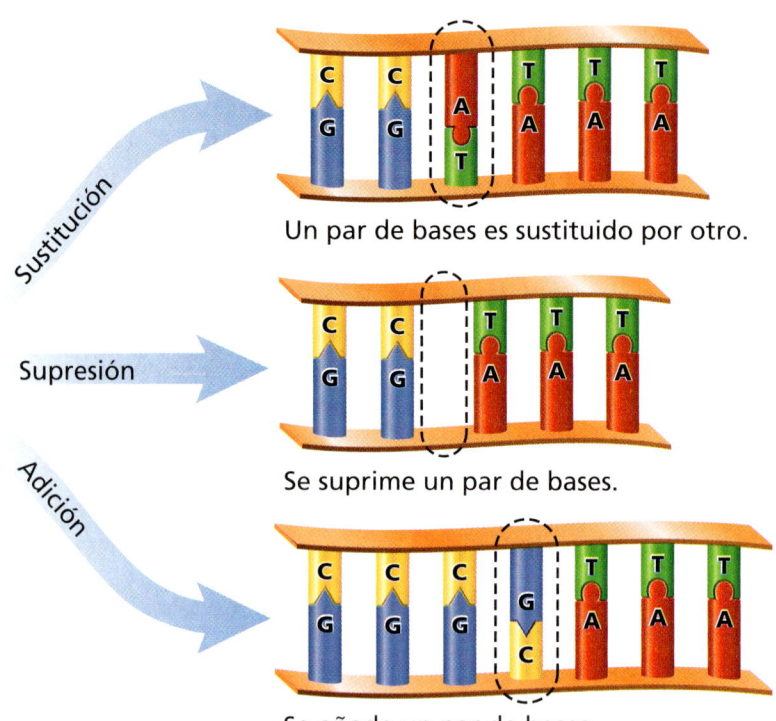

Secuencia original de ADN

Sustitución → Un par de bases es sustituido por otro.

Supresión → Se suprime un par de bases.

Adición → Se añade un par de bases.

FIGURA 18
Mutaciones en los genes
La ilustración muestra tres tipos de mutaciones que pueden ocurrir en los genes. **Comparar y contrastar** *¿Cómo difieren estas mutaciones de las que ocurren cuando los cromosomas no se separan durante la meiosis?*

Discovery CHANNEL SCHOOL

Genetics: The Science of Heredity
- Video Preview
- ▶ Video Field Trip
- Video Assessment

Mutaciones

Imagina que ocurrió un error en un gen de un cromosoma. Por ejemplo, en vez de una base A, la molécula de ADN tenía una base G. Ese defecto es un tipo de mutación que puede presentarse en el material hereditario de una célula. Una mutación es cualquier cambio en un gen o cromosoma. **Las mutaciones hacen que las células produzcan proteínas incorrectas durante la síntesis de proteínas. En consecuencia, el rasgo o fenotipo de un organismo puede ser diferente al que normalmente habría sido.** De hecho, el término *mutación* se deriva de un vocablo latino que significa "cambio".

Si la mutación ocurre en una célula somática, como las de la piel, la mutación no se transmite a la descendencia de ese organismo. Sin embargo, si ocurre en una célula sexual, puede transmitirse a la descendencia y afectar el fenotipo de los hijos.

Tipos de mutaciones Algunas mutaciones son consecuencia de pequeños cambios en el material genético de un organismo. Por ejemplo, una sola base puede ser sustituida por otra, o bien una o más bases pueden ser eliminadas de un segmento del ADN. Este tipo de mutación puede ocurrir durante el proceso de replicación del ADN. Otras mutaciones se presentan cuando los cromosomas no se separan correctamente durante la meiosis. Cuando ocurre este tipo de mutación, la célula termina con más o menos cromosomas de lo normal. También podría terminar con segmentos adicionales en los cromosomas.

Efectos de las mutaciones Como las mutaciones introducen cambios en un organismo, también pueden ser fuente de variación genética. Algunas mutaciones son dañinas para el organismo, unas cuantas lo benefician y otras no son dañinas ni beneficiosas. Es dañina para el organismo cuando disminuye sus posibilidades de sobrevivir y reproducirse.

Que sea dañina o no depende en parte del medio ambiente del organismo. La mutación que dio origen al lémur blanco podría ser dañina si el animal viviera en estado salvaje, pues su color lo haría más visible y facilitaría la detección de sus depredadores. Sin embargo, un lémur blanco en un zoológico tiene las mismas posibilidades de sobrevivir que otro de color marrón. La mutación no ayuda ni perjudica al lémur en un zoológico.

Por otra parte, las mutaciones beneficiosas mejoran las posibilidades de supervivencia y reproducción de un organismo. Un ejemplo es la resistencia bacteriana a los antibióticos. Los antibióticos son sustancias químicas que matan bacterias. La mutación genética ha permitido que algunos tipos de bacterias se vuelvan resistentes a ciertos antibióticos, es decir, los antibióticos no matan a las bacterias que tienen las mutaciones, ya que éstas han mejorado la capacidad de supervivencia y reproducción de las bacterias.

FIGURA 19
Gato con seis dedos
A causa de una mutación en algún antepasado, este gato tiene seis dedos en las patas delanteras.

 Menciona dos tipos de mutaciones.

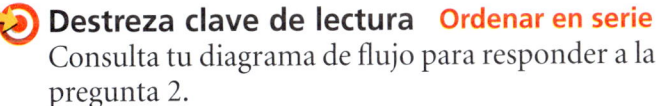

Sección 4 Evaluación

Destreza clave de lectura **Ordenar en serie**
Consulta tu diagrama de flujo para responder a la pregunta 2.

Repasar los conceptos clave

1. a. **Explicar** ¿Cuál es la relación entre un gen, una molécula de ADN y una proteína?
   b. **Relacionar causa y efecto** ¿Cómo determina una molécula de ADN la estructura de una proteína específica?
   c. **Inferir** La secuencia de bases GGG en el ADN codifica el aminoácido prolina. ¿Crees que la misma secuencia de bases puede producir otro aminoácido? ¿Por qué?

2. a. **Hacer una lista** Enumera la secuencia de procesos que ocurren durante la síntesis de proteínas.
   b. **Describir** ¿Qué es el ARN mensajero? Describe cómo realiza su función.
   c. **Inferir** ¿Dónde realiza su función el ARN de transferencia: en el núcleo o en el citoplasma? Explica tu respuesta.

3. a. **Repasar** ¿De qué manera la mutación de un gen altera la secuencia de bases del ADN?
   b. **Relacionar causa y efecto** ¿Cómo es que la mutación de un gen puede producir cambios en el fenotipo de un organismo?

Escribir en ciencias

Párrafo de comparar y contrastar Escribe un párrafo en el que compares y contrastes las mutaciones de genes y de los cromosomas. Debes explicar en qué consisten los dos tipos de mutación, así como cuáles son sus semejanzas y diferencias.

Capítulo 3 — Guía de estudio

1 El trabajo de Mendel

Conceptos clave

- En todas las cruzas de Mendel, sólo se presentaba una forma del rasgo en la generación F_1. Sin embargo, la forma "perdida" del rasgo volvía a aparecer en casi la cuarta parte de las plantas de la generación F_2.
- Los rasgos de un organismo están controlados por los alelos que hereda de sus progenitores. Algunos alelos son dominantes y otros recesivos.

Términos clave

- herencia
- rasgo
- genética
- fecundación
- raza pura
- gen
- alelos
- alelo dominante
- alelo recesivo
- híbrido

2 Probabilidad y herencia

Conceptos clave

- Probabilidad es la posibilidad de que ocurra algo en particular.
- En una cruza genética, la probabilidad determina qué alelo de cada progenitor pasará a cada hijo.
- El fenotipo de un organismo es su aspecto físico o los rasgos visibles. El genotipo del organismo es su composición genética o la combinación de alelos.
- En la codominancia, los alelos no son dominantes ni recesivos. Por consiguiente, los dos alelos se expresan en los hijos.

Términos clave

- probabilidad
- cuadrado de Punnett
- fenotipo
- genotipo
- homocigoto
- heterocigoto
- codominancia

3 Célula y herencia

Conceptos clave

- Según la teoría cromosómica de la herencia, los genes pasan de padres a hijos en los cromosomas.
- Durante la meiosis, el par de cromosomas se separa y se distribuye en dos células distintas. Las células sexuales resultantes sólo tienen la mitad de los cromosomas que contienen las otras células del organismo.
- Los cromosomas están compuestos de muchos genes unidos entre sí como cuentas en un hilo.

Término clave

- meiosis

4 La conexión del ADN

Conceptos clave

- El orden de las bases nitrogenadas del gen forma un código genético que especifica la proteína que debe producirse.
- Durante la síntesis de proteínas, la célula utiliza información de un gen de un cromosoma para producir una proteína específica.
- Las mutaciones hacen que las células produzcan proteínas incorrectas durante la síntesis de proteínas. En consecuencia, el rasgo o fenotipo de un organismo puede ser diferente al que normalmente habría sido.

Términos clave

- ARN mensajero
- ARN de transferencia

Repaso y evaluación

Para: Una autoevaluación, disponible en inglés.
Visita: PHSchool.com
Código Web: cea-3030

Organizar la información

Hacer un mapa de conceptos Copia el mapa de conceptos en una hoja de papel aparte. Luego, completa el mapa de conceptos. (Para más información sobre mapas de conceptos, consulta el Manual de destrezas).

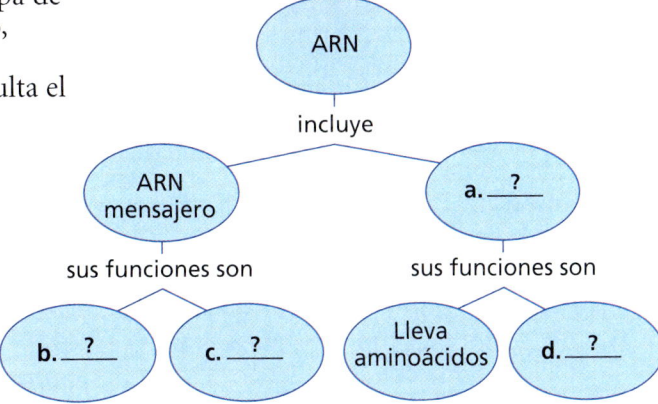

Repasar los términos clave

Elige la letra de la mejor respuesta.

1. Las diferentes formas de un gen se llaman
   a. alelos.　　　　b. cromosomas.
   c. fenotipos.　　　d. genotipos.

2. La posibilidad de que ocurra algo en particular se denomina
   a. casualidad.
   b. cuadrado de Punnett.
   c. probabilidad.
   d. recesivo.

3. El organismo con dos alelos idénticos para un rasgo es
   a. heterocigoto.　　b. homocigoto.
   c. recesivo.　　　　d. dominante

4. Si las células somáticas de un organismo tienen 10 cromosomas, entonces las células sexuales producidas durante la mitosis tendrán
   a. 5 cromosomas.
   b. 10 cromosomas.
   c. 15 cromosomas.
   d. 20 cromosomas.

5. Durante la síntesis de proteínas, el ARN mensajero
   a. une un aminoácido con otro.
   b. suelta la cadena de proteína terminada.
   c. proporciona un código del ADN del núcleo.
   d. lleva aminoácidos al ribosoma.

Si la oración es verdadera, escribe _verdadera_. Si es falsa, cambia la palabra o palabras subrayadas para hacer verdadera la oración.

6. El estudio científico de la herencia se llama <u>genética</u>.

7. El aspecto físico de un organismo es su <u>genotipo</u>.

8. En la <u>codominancia</u>, ninguno de los alelos es dominante o recesivo.

9. Cada molécula de ARN de transferencia recoge un solo tipo de <u>proteína</u>.

10. Las mutaciones de las <u>células somáticas</u> se transmiten a la descendencia.

Escribir en ciencias

Artículo científico Eres el reportero científico de un periódico. Escribe un artículo sobre la mutación de los genes. Explica qué es y qué determina que sea beneficiosa o dañina.

Genetics: The Science of Heredity
Video Preview
Video Field Trip
▶ Video Assessment

Capítulo 3 C ◆ 105

Repaso y evaluación

Verificar los conceptos

11. ¿Qué ocurrió cuando Mendel cruzó plantas altas de raza pura con plantas cortas de raza pura?

12. Lanzas cinco veces una moneda y siempre cae cara arriba. ¿Cuál es la probabilidad de que caiga cara abajo en el sexto lanzamiento? Explica tu respuesta.

13. El alelo de pelaje negro (*B*) en los cobayos es dominante sobre el alelo de pelaje blanco (*b*). Si cruzas un cobayo negro heterocigoto (*Bb*) con un cobayo blanco homocigoto (*bb*), ¿cuál es la probabilidad de que una cría tenga pelaje blanco? Usa un cuadrado de Punnett para responder a la pregunta.

14. Describe el papel del ARN de transferencia en la síntesis de proteínas.

15. ¿Cómo pueden afectar las mutaciones la síntesis de proteínas?

Pensamiento crítico

16. Aplicar conceptos El alelo del pelaje moteado en los conejos es dominante sobre el de un solo color. Un conejo moteado se cruzó con uno de un solo color. Todas las crías tuvieron pelaje moteado. ¿Cuáles son los genotipos probables de los progenitores? Explica.

17. Interpretar diagramas El siguiente diagrama muestra un par cromosómico. ¿Para qué genes es heterocigoto el organismo?

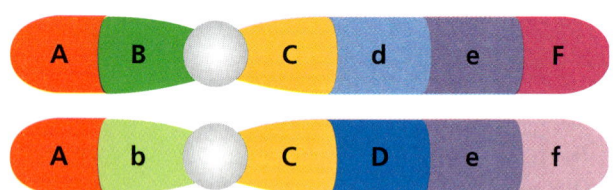

18. Predecir Una nueva mutación en ratones hace que el pelaje sea dos veces más grueso de lo normal. ¿En qué ambiente sería beneficiosa esta mutación? ¿Por qué?

19. Aplicar conceptos Si las células somáticas tienen 12 cromosomas, ¿cuántos tendrán las células sexuales?

20. Relacionar causa y efecto ¿Por qué no se transmiten las mutaciones de las células somáticas de un organismo a la descendencia?

Practicar matemáticas

21. Porcentaje Hay 80 plantas de guisantes en un jardín. De ellas, 20 tienen tallo corto y 60 tienen tallo largo. ¿Qué porcentaje de las plantas tiene tallo corto? ¿Qué porcentaje tiene tallo largo?

Aplicar destrezas

Usa la información de la tabla para responder a las preguntas 22 a 24.

En los guisantes, el alelo de vainas verdes (G) es dominante sobre el alelo de vainas amarillas (g). La tabla muestra los fenotipos de los retoños producidos mediante la cruza de dos plantas con vainas verdes.

Fenotipo	Cantidad de retoños
Vainas verdes	27
Vainas amarillas	9

22. Calcular porcentajes Calcula el porcentaje de los retoños que producen vainas verdes. Calcula el porcentaje que produce vainas amarillas.

23. Inferir ¿Cuál es el genotipo de los retoños que producen vainas amarillas? ¿Cuáles son los posibles genotipos de los retoños que producen vainas verdes?

24. Sacar conclusiones ¿Cuáles son los genotipos de las plantas progenitoras? ¿Cómo lo sabes?

Proyecto del capítulo

Evaluación del desempeño Termina la presentación de la familia de tu mascota. Debes estar preparado para analizar los patrones hereditarios de la familia de tu mascota. Estudia las presentaciones de tus compañeros. Identifica las crías que se parezcan más o menos a sus progenitores. ¿Puedes encontrar alguna cría que "viole las leyes" de la herencia?

Preparación para la prueba estandarizada

Sugerencia para hacer la prueba

Ordenar en serie los sucesos

Una pregunta puede pedir que pongas en orden una serie de sucesos. Podría preguntar cuál es el último suceso o cuál ocurre antes que otro. Antes de responder a la pregunta, piensa en el proceso que menciona la pregunta. Luego, piensa en los principales sucesos del proceso y trata de ponerlos en orden.

Por ejemplo, la siguiente pregunta es sobre la síntesis de proteínas. Antes de leer las opciones de respuesta, trata de recordar el orden correcto en que ocurren los sucesos de la síntesis de proteínas. Luego, elige la respuesta que pide la pregunta.

Pregunta de ejemplo

¿Cuál de los siguientes es el primer suceso que ocurre en la síntesis de proteínas?

A El ARN mensajero entra en el citoplasma y se pega a un ribosoma.
B El mensaje codificado del ADN se copia durante la formación del ARN mensajero.
C La cadena de proteína crece hasta llegar a un código de "alto".
D Las moléculas de ARN de transferencia que transportan aminoácidos se unen al ARN mensajero.

Respuesta

La respuesta correcta es **B**. Para dar inicio a la síntesis de proteína, es necesario transportar las instrucciones del ADN del núcleo hacia el citoplasma. El ARN mensajero realiza ese trabajo.

Elige la letra de la mejor respuesta.

1. ¿Cuál es el primer paso en la formación de células sexuales de un organismo que tiene ocho cromosomas?
   A Se separan las dos cromátidas de cada cromosoma.
   B Los pares de cromosomas se alinean lado a lado en el centro de la célula.
   C Se copia el ADN de los ocho cromosomas.
   D Las cromátidas se separan produciendo células con cuatro cromosomas cada una.

Este cuadrado de Punnett muestra una cruza entre dos plantas de guisantes, ambas con semillas redondas. Úsalo para responder a las preguntas 2 a 4.

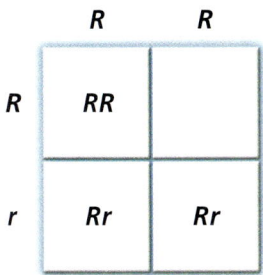

2. El genotipo faltante debe escribirse correctamente de la siguiente manera
   F Rr.
   G rR.
   H rr.
   J RR.

3. ¿Cuál de las siguientes afirmaciones es verdadera acerca de la cruza que muestra el cuadrado de Punnett?
   A Los dos progenitores son heterocigotos para el rasgo.
   B Los dos progenitores son homocigotos para el rasgo.
   C Un progenitor es heterocigoto y el otro es homocigoto para el rasgo.
   D El rasgo está controlado por alelos codominantes.

4. ¿Qué porcentaje de los retoños de esta cruza producirá semillas redondas?
   F 0%
   G 25%
   H 50%
   I 100%

5. Un segmento de ADN tiene la secuencia de bases GCTTAA. La secuencia de bases correspondiente del ARN mensajero debe ser
   A GCTTAA. **B** CGAAUU.
   C CGAATT. **D** UUTTCG.

Respuesta estructurada

6. Compara los procesos y resultados de la mitosis y la meiosis.

Capítulo 4

Genética moderna

Avance del capítulo

1. **Herencia humana**
   Descubre *¿Cuál es tu estatura?*
   Inténtalo *Está en los ojos*
2. **Trastornos genéticos humanos**
   Descubre *¿Cuántos cromosomas hay?*
   Actividad de destrezas *Predecir*
   Arte activo *Genealogía*
   Laboratorio de destrezas *Rompecabezas familiar*
3. **Adelantos en genética**
   Descubre *¿Qué revelan las huellas dactilares?*
   Analizar datos *Modificar la producción de arroz*
   Actividad de destrezas *Comunicar*
   Actividad en casa *Alimentos y cruces selectivos*
   Laboratorio de destrezas *¿Culpable o inocente?*

Interactive Textbook

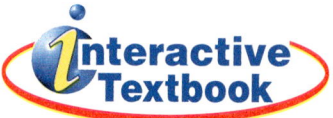

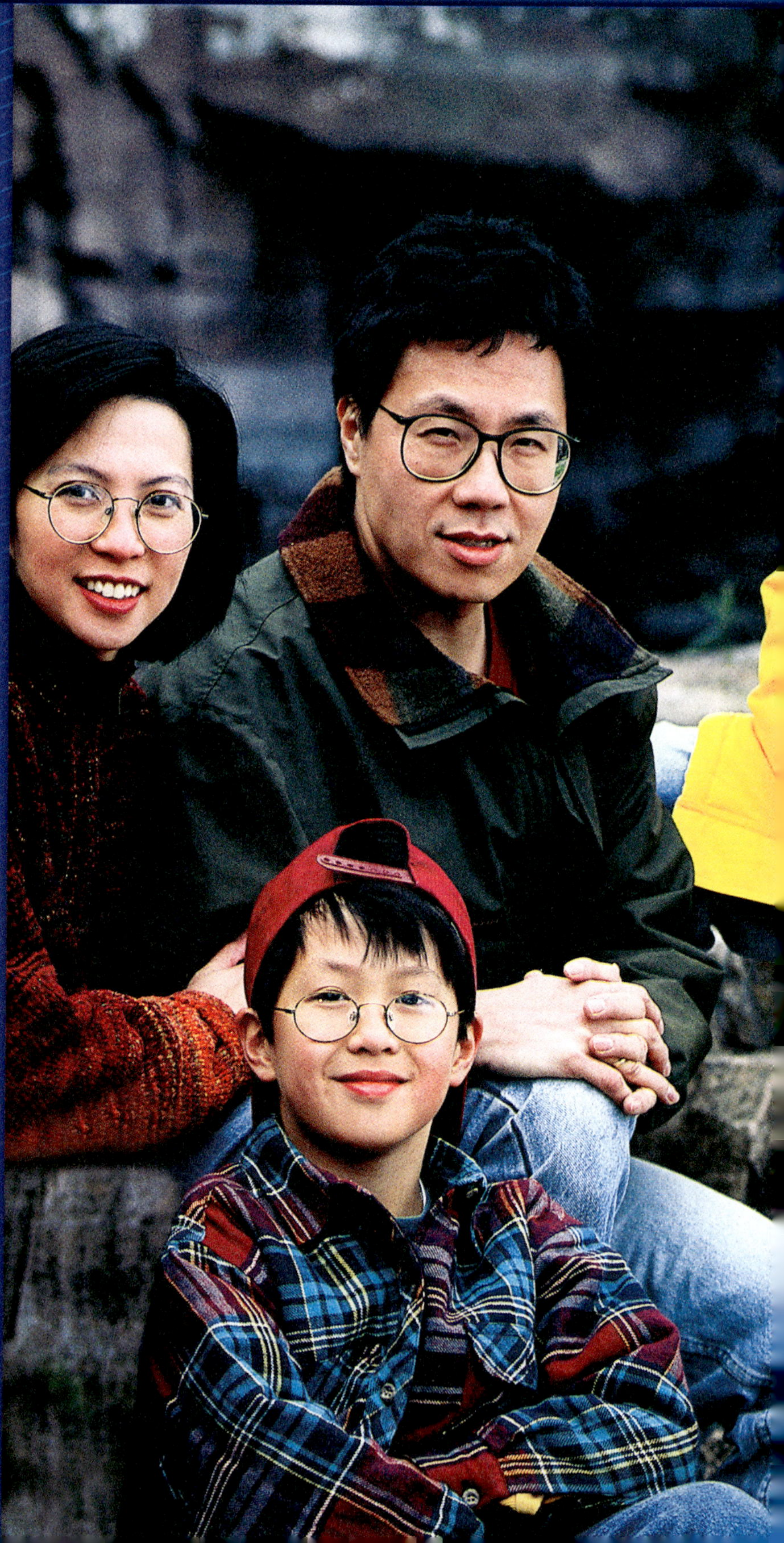

Los miembros de esta familia se parecen porque comparten algunos alelos.

Modern Genetics
▶ Video Preview
Video Field Trip
Video Assessment

Proyecto del capítulo

Enseña un rasgo a los demás

Todos heredamos alelos de rasgos de nuestros padres. Algunos rasgos son beneficiosos, como una buena agudeza visual. Pero otros, como el daltonismo, causan dificultades. En este proyecto diseñarás una presentación para que los niños pequeños conozcan un rasgo heredado. Deberás investigar con tu grupo el patrón hereditario del rasgo seleccionado.

Tu objetivo Diseñar y construir una herramienta o presentación educativa para enseñar a niños más pequeños

Tu presentación deberá

- ilustrar cómo se hereda el rasgo y a quién puede afectar
- explicar si el rasgo es dominante, recesivo o codominante
- contener una sección interactiva de preguntas y respuestas que incluya la manera de predecir la probabilidad de que una persona herede el rasgo
- sostenerse por sí sola y montarse con facilidad

Haz un plan Empieza por elegir el rasgo e investigar su patrón hereditario. Luego diseña el aspecto de tu presentación y los materiales que usarás. Elige el mejor método para una presentación interactiva. Prueba tu presentación con niños más pequeños, evalúa su comprensión y si hace falta, corrige tu diseño.

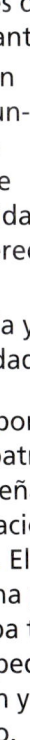

Sección 1

Herencia humana

Avance de la lectura

Conceptos clave
- Nombra algunos patrones de la herencia humana.
- ¿Cuáles son las funciones de los cromosomas sexuales?
- ¿Cuál es la relación entre genes y ambiente?

Términos clave
- alelos múltiples
- cromosomas sexuales
- gen ligado al sexo
- portador

Destreza clave de lectura
Identificar ideas principales
Mientras lees Patrones de la herencia humana, escribe la idea principal (la idea más grande o importante) en un organizador gráfico como el que sigue. Luego anota tres detalles de apoyo que amplíen la explicación de la idea principal.

Idea principal
Los rasgos humanos están controlados por genes individuales que tienen dos alelos, genes individuales con...

Detalle   Detalle   Detalle

Lab zone Actividad Descubre

¿Cuál es tu estatura?

1. Elige un compañero. Midan sus estaturas, redondeando la cifra a los cinco centímetros más inmediatos. Anoten las medidas en el pizarrón.
2. Haz una gráfica de barras que muestre la cantidad de estudiantes por estaturas. Traza las estaturas en el eje horizontal y la cantidad de estudiantes en el vertical.

Reflexiona
Inferir ¿Crees que la estatura de las personas está controlada por un solo gen, como sucede con los guisantes? Explica tu respuesta.

El nacimiento de un bebé es siempre motivo de alegría. Los entusiasmados padres y abuelos rodean al recién nacido para admirarlo. "¿Verdad que se parece a su padre?". "Sí, pero tiene los ojos de su mamá".

Cuando nace un bebé, los progenitores, sus parientes y amigos tratan de identificar a quién se parece. Es muy probable que el recién nacido tenga algo de los dos padres, debido a que ambos transmiten alelos que determinan los rasgos de sus hijos.

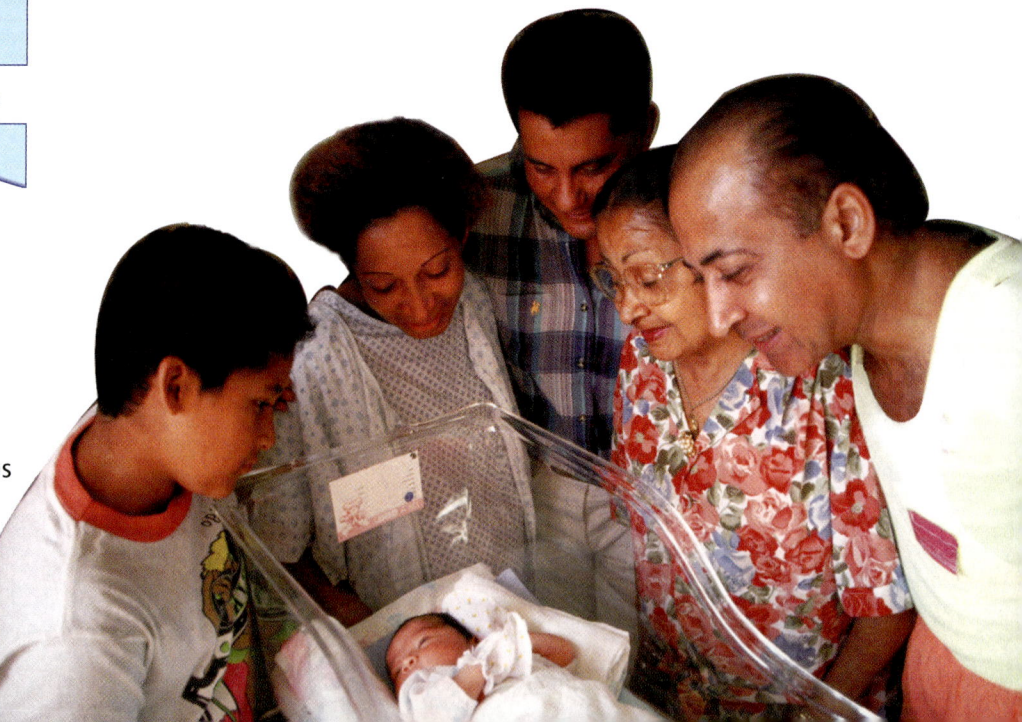

FIGURA 1
Aire de familia
Como los niños heredan alelos para los rasgos de la madre y el padre, a menudo se parecen a sus progenitores.

Patrones de la herencia humana

Toma unos segundos para observar a tus compañeros de clase. Algunos tienen el pelo rizado y otros, liso. Algunos son altos, otros bajitos y la mayoría tiene una estatura intermedia. Seguramente verás ojos de muchos colores que van desde el azul claro hasta el pardo oscuro. Todos los rasgos que ves están determinados por una gran variedad de patrones hereditarios. **Algunos rasgos humanos están controlados por genes individuales que tienen dos alelos y otros dependen de genes individuales con alelos múltiples. Otros están controlados por muchos genes que actúan en conjunto.**

Genes individuales con dos alelos Muchos rasgos humanos están controlados por un solo gen que tiene un alelo dominante y otro recesivo. Estos rasgos humanos producen dos fenotipos (aspecto físico) diferentes.

Por ejemplo, el pico de viuda es la línea de nacimiento del cabello que forma un pico en el centro de la frente. El alelo de pico de viuda es dominante sobre el alelo de nacimiento horizontal del cabello. El cuadrado de Punnett de la Figura 2 ilustra la cruza de dos progenitores heterocigotos para el pico de viuda. Estudia las combinaciones de alelos que pueden heredar sus hijos. Observa que cada niño tiene 3 probabilidades de 4, o 75 por ciento, de heredar el pico de viuda. La probabilidad de heredar el nacimiento horizontal del cabello es de 1 a 4, o 25 por ciento. Cuando Mendel cruzó guisantes heterocigotos para un rasgo, obtuvo porcentajes parecidos en los retoños.

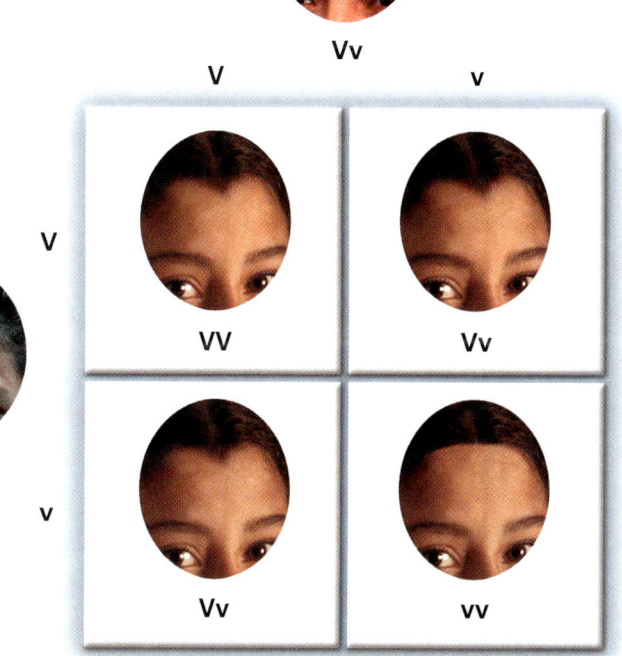

Figura 2
Cuadrado de Punnett para el pico de viuda
Este cuadrado de Punnett muestra la cruza de dos padres con picos de viuda.
Interpretar diagramas *¿Cuáles son los genotipos posibles de los hijos? ¿Qué porcentaje de los hijos tendrá cada genotipo?*

FIGURA 3
Herencia del tipo sanguíneo
El tipo sanguíneo está determinado por un gen con tres alelos. Esta tabla muestra las combinaciones de alelos que producen cada tipo sanguíneo.

Alelos para los tipos sanguíneos	
Tipo sanguíneo	Combinación de Alelos
A	$I^A I^A$ o $I^A i$
B	$I^B I^B$ o $I^B i$
AB	$I^A I^B$
O	ii

Genes individuales con alelos múltiples Algunos rasgos humanos dependen de un gen individual que tiene más de dos alelos. Se dice que el gen tiene **alelos múltiples,** tres o más formas de un gen que codifica un solo rasgo. Aunque el gen tenga alelos múltiples, la persona puede tener sólo dos de esos alelos. Esto se debe a que los cromosomas forman pares y cada cromosoma del par tiene un solo alelo para cada gen.

Un gen con alelos múltiples determina el tipo sanguíneo humano. Hay cuatro tipos principales: A, B, AB y O. Tres alelos controlan la herencia del tipo sanguíneo. El alelo para sangre tipo A y el de sangre tipo B son codominantes. El alelo para el tipo sanguíneo A se escribe I^A, mientras que el de sangre tipo B se expresa como I^B. El alelo para el tipo sanguíneo O (que se escribe i) es recesivo. Recuerda que cuando se heredan dos alelos codominantes, ninguno queda enmascarado, de modo que la persona que herede un alelo I^A de un progenitor y un alelo I^B del otro, tendrá el tipo sanguíneo AB. La Figura 3 muestra las combinaciones de alelos que producen cada tipo sanguíneo. Observa que sólo las personas que heredan dos alelos ii tienen sangre tipo O.

Rasgos controlados por muchos genes Si realizaste la actividad Descubre, habrás visto que la estatura de las personas se expresa en más de dos fenotipos. De hecho, hay gran variedad de fenotipos para la estatura. Algunos rasgos humanos tienen gran diversidad de fenotipos, debido a que los rasgos están controlados por muchos genes que actúan en conjunto para producir un mismo rasgo. Existen por lo menos cuatro genes que controlan la estatura de las personas, así que hay muchas combinaciones posibles de genes y alelos. El color de la piel es otro rasgo humano que es controlado por muchos genes.

 **Verifica tu lectura** ¿Por qué algunos rasgos manifiestan gran cantidad de fenotipos?

FIGURA 4
Muchos fenotipos
El color de la piel de las personas está determinado por tres o más genes. Las diferentes combinaciones de alelos en cada gen, producen una amplia gama de colores de piel.

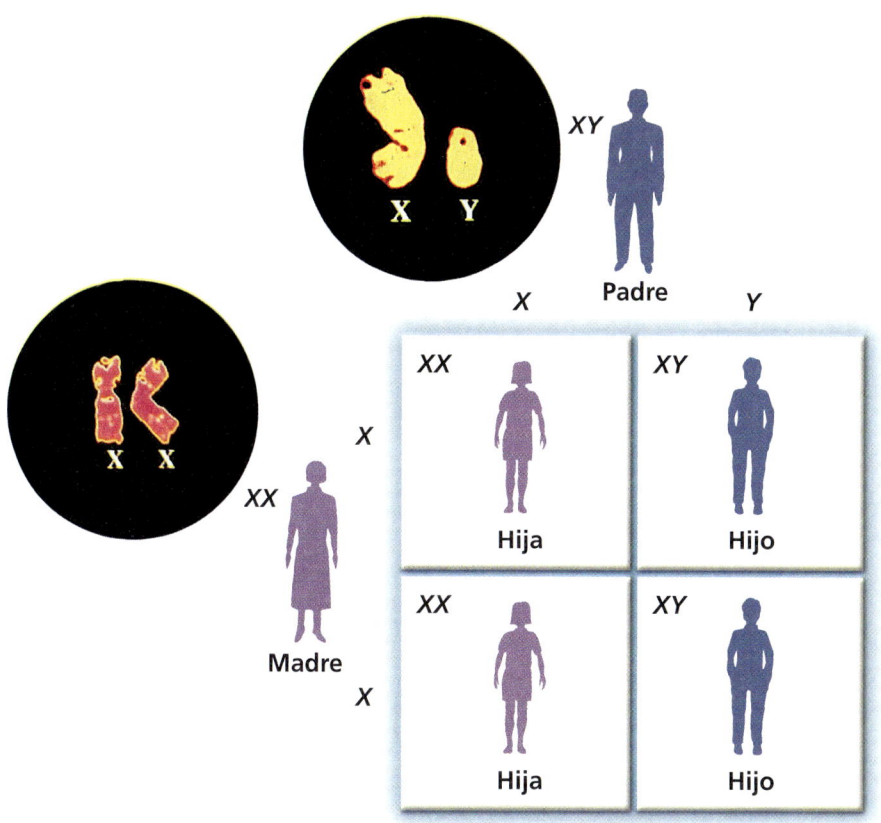

Figura 5
¿Masculino o femenino?
Como muestra este cuadrado de Punnett, la probabilidad de que un bebé sea niña o niño es del 50 por ciento.
Interpretar diagramas *¿Cuál será el sexo del bebé si un espermatozoide con el cromosoma Y fecunda el óvulo?*

Los cromosomas sexuales

Los **cromosomas sexuales** son uno de los 23 pares de cromosomas que encontramos en las células somáticas o del cuerpo. **Los cromosomas sexuales llevan genes que determinan si el individuo es hombre o mujer. También llevan genes que determinan otros rasgos.**

¿Niña o niño? Los cromosomas sexuales son el único par de cromosomas que no siempre hace juego. Si eres niña, tus cromosomas sexuales hacen juego y se llaman cromosomas X. Si eres niño, tus cromosomas sexuales no hacen juego. Uno de ellos es un cromosoma X, y el otro es el cromosoma Y. El cromosoma Y es mucho más pequeño que el X.

Cromosomas sexuales y fecundación ¿Qué sucede con los cromosomas sexuales cuando se forman el óvulo y los espermatozoides? Como los dos cromosomas de la mujer son X, todos los óvulos llevan un cromosoma X. Sin embargo, los varones tienen dos cromosomas sexuales distintos. Por eso, la mitad de los espermatozoides llevan un cromosoma X, y la otra mitad lleva un cromosoma Y.

Cuando un espermatozoide con cromosoma X fecunda el óvulo, éste queda con dos cromosomas X y, al desarrollarse, el óvulo fecundado da origen a una niña. Cuando un espermatozoide con cromosoma Y fecunda el óvulo, éste queda con un cromosoma X y uno Y. El desarrollo del óvulo fecundado da origen a un niño.

Actividad Inténtalo

Está en los ojos

Un rasgo que se hereda es la dominancia del ojo: la tendencia a utilizar un ojo más que otro. Intenta esto para determinar este rasgo en ti.

1. Alarga el brazo frente a ti y señala con un dedo algún objeto al otro lado del salón.
2. Cierra el ojo derecho. Con el ojo izquierdo, observa cuánto parece alejarse tu dedo.
3. Repite el paso 2 con el ojo derecho. ¿Con qué ojo pareció que tu dedo se acercaba más al objeto? Ése es el ojo dominante.

Diseñar experimentos ¿Hay relación entre la dominancia del ojo y la dominancia de mano, que una persona sea diestra o zurda? Diseña un experimento para averiguarlo. *Pide permiso a tu maestro antes de realizar el experimento.*

Genes ligados al sexo Los cromosomas sexuales llevan genes que determinan algunos rasgos en las personas. Los genes de los cromosomas X e Y reciben el nombre de **genes ligados al sexo** porque sus alelos pasan de padres a hijos en un cromosoma sexual. Un rasgo ligado al sexo es el daltonismo rojo-verde, la incapacidad para distinguir entre los colores rojo y verde.

Recuerda que las mujeres tienen dos cromosomas X, mientras que los hombres tienen un cromosoma X y uno Y. A diferencia de la mayoría de los pares cromosómicos, los cromosomas X e Y tienen genes diferentes. La mayoría de los genes de un cromosoma X no se encuentra en el cromosoma Y. Por consiguiente, es muy posible que un alelo del cromosoma X no tenga un alelo correspondiente en el cromosoma Y.

Al igual que otros genes, los ligados al sexo tienen alelos dominantes y recesivos. En las mujeres, el alelo dominante de un cromosoma X enmascara el alelo recesivo del otro cromosoma X. Pero en el caso de los varones, muchos alelos del cromosoma Y no pueden enmascarar los alelos del cromosoma X. En consecuencia, cualquier alelo del cromosoma X, incluido el recesivo, producirá su rasgo en el niño que lo herede. Debido a que los varones sólo tienen un cromosoma X, la expresión de rasgos ligados al sexo, incluso los determinados por alelos recesivos, son más frecuentes en niños que en niñas.

FIGURA 6
Daltonismo
La foto inferior muestra el aspecto que tienen un granero rojo y un campo verde para las personas con daltonismo rojo-verde.

Visión normal

Visión con daltonismo rojo-verde

Herencia del daltonismo El daltonismo es un rasgo controlado por un alelo recesivo en el cromosoma X. Por ello más hombres que mujeres tienen daltonismo rojo-verde. Si estudias el cuadrado de Punnett de la Figura 7 comprenderás la razón. En este ejemplo, los dos progenitores tienen visión de color normal. Sin embargo, observa que la madre es portadora de daltonismo. Un **portador** es la persona que lleva un alelo recesivo y otro dominante para el mismo rasgo. El portador del alelo recesivo no presenta el rasgo, pero puede pasar el alelo recesivo a sus hijos. En el caso de los rasgos ligados al sexo, sólo las mujeres son portadoras.

Como puedes ver en la Figura 7, hay 25 por ciento de probabilidad de que esta pareja tenga un descendiente con daltonismo. Ninguna de las hijas presentará el rasgo, pero los hijos tienen 50 por ciento de probabilidad de ser daltónicos. Para que una hija sea daltónica, debe heredar dos alelos recesivos para daltonismo, uno de cada progenitor. El varón, en cambio, sólo necesita heredar un alelo recesivo. La razón es que no hay un gen para visión de color en el cromosoma Y, de modo que no hay un gen que enmascare el alelo recesivo del cromosoma X.

 ¿Cuál es el sexo del portador de daltonismo?

Para: Vínculos sobre genética, disponible en inglés.
Visita: www.SciLinks.org
Código Web: scn-0341

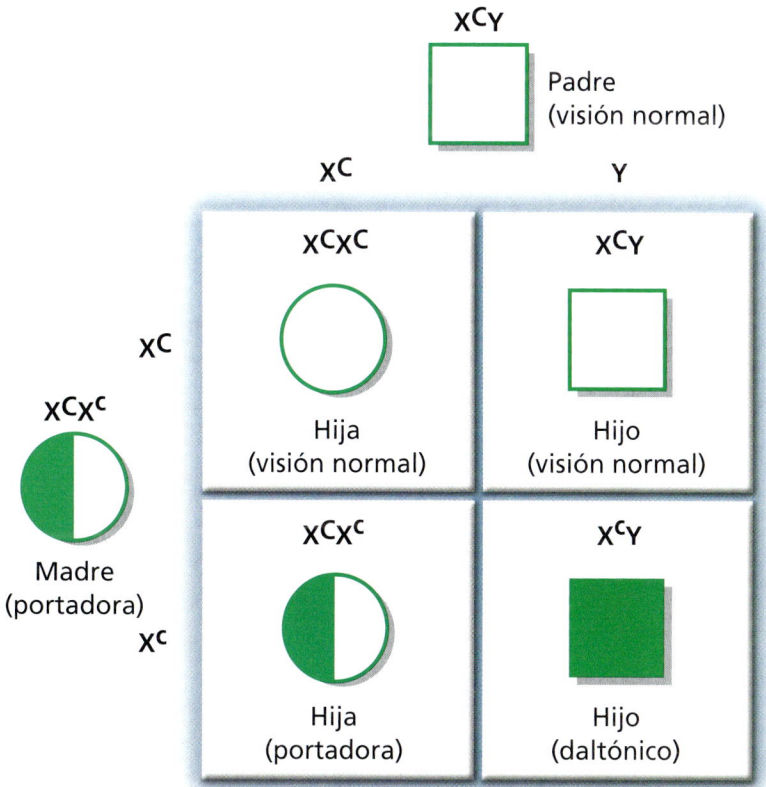

FIGURA 7
Cuadrado de Punnett para daltonismo
El daltonismo rojo-verde es un rasgo ligado al sexo. Si una niña recibe sólo un alelo recesivo (se escribe X^c) para daltonismo rojo-verde, no expresará el rasgo. Sin embargo, si un niño recibe aunque sea un solo alelo recesivo, expresará el daltonismo.
Aplicar conceptos *¿Qué combinación de alelos se necesita para que una niña herede el daltonismo?*

El efecto del ambiente

El medio ambiente, el entorno de un individuo, influye en los efectos de los genes en humanos y otros organismos. **Muchas características de la persona están determinadas por la interacción entre genes y medio ambiente.**

Has aprendido que varios genes trabajan en conjunto para determinar la estatura de una persona. Sin embargo, la estatura también depende del medio ambiente. La dieta también afecta su estatura. Si no consume suficientes proteínas, ciertos minerales o vitaminas, el individuo no alcanzará la estatura máxima posible.

Los factores ambientales también afectan las destrezas humanas, como tocar un instrumento musical. Por ejemplo, diversos rasgos físicos como coordinación muscular y buena capacidad auditiva contribuyen a que un músico toque bien. Pero además, el músico necesita educación musical para tocar bien un instrumento. En este caso, la educación musical es un factor ambiental.

FIGURA 8
Herencia y medio ambiente
Cuando una persona toca el violín, los rasgos determinados genéticamente, como la coordinación muscular, interactúan con factores ambientales como el tiempo de práctica.

 ¿Cómo pueden afectar los factores ambientales la estatura de una persona?

Sección 1 Evaluación

Destreza clave de lectura **Identificar ideas principales** Usa tu organizador gráfico para responder a la pregunta 1.

Repasar los conceptos clave

1. a. **Identificar** Identifica tres patrones de la herencia humana. Da un ejemplo de algún rasgo que cumpla cada patrón.
   b. **Resumir** ¿Cuántos tipos de sangre humana hay? Resume cómo se hereda el tipo sanguíneo.
   c. **Sacar conclusiones** La sangre de Aarón es tipo O. ¿Es posible que alguno de sus progenitores tenga sangre tipo AB? Explica tu respuesta.
2. a. **Repasar** ¿Cuáles son las funciones de los cromosomas sexuales?
   b. **Comparar y contrastar** Contrasta los cromosomas sexuales de hombres y mujeres.
   c. **Relacionar causa y efecto** Explica cómo se hereda el daltonismo rojo-verde. ¿Por qué esta alteración es más común en hombres que en mujeres?
3. a. **Repasar** ¿Crees que las características de una persona están determinadas sólo por sus genes? Explica.
   b. **Aplicar conceptos** Explica qué factores podrían combinarse para que un futbolista patee la pelota a una gran distancia.

Escribir en ciencias

Herencia y medio ambiente Elige una destreza que te cause admiración, como pintar, bailar, esquiar o usar juegos electrónicos. Escribe un párrafo donde expliques cómo debieron combinarse los genes y el medio ambiente para que una persona desarrollara esa destreza.

Sección 2
Trastornos genéticos humanos

Avance de la lectura

Conceptos clave
- ¿Cuáles son las dos principales causas de los trastornos genéticos humanos?
- ¿Qué hacen los genetistas para seguir el rastro de la herencia de rasgos?
- ¿Cómo se diagnostican y tratan los trastornos genéticos?

Términos clave
- trastorno genético
- genealogía
- cariotipo

Destreza clave de lectura
Comparar y contrastar Mientras lees, haz una tabla como la siguiente para comparar y contrastar los tipos de trastornos genéticos.

Trastorno	Descripción	Causa
Fibrosis quística	Mucosidad anormalmente espesa	Pérdida de tres bases de ADN

Lab zone — Actividad Descubre

¿Cuántos cromosomas hay?
Esta foto muestra los cromosomas de una persona con síndrome de Down, un trastorno genético. Los cromosomas están separados en pares.

1. Cuenta estos cromosomas.
2. ¿Hay alguna diferencia entre el número de cromosomas de la foto y la cantidad normal de cromosomas en las células humanas?

Reflexiona
Inferir ¿Por qué crees que la célula terminó con esta cantidad de cromosomas? (*Pista*: Recuerda lo que ocurre durante la meiosis).

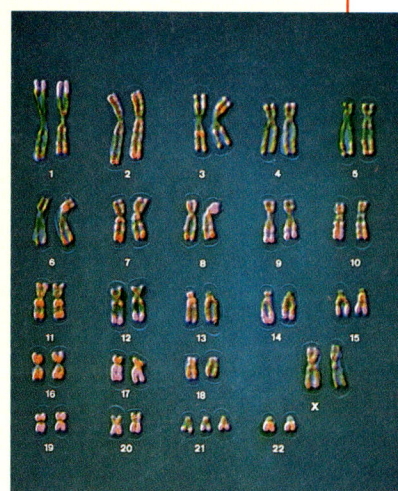

El aire en el estadio era húmedo y sofocante. La multitud gritaba a todo pulmón mientras los corredores se aproximaban al punto de salida. Cuando se escuchó el sonido de la pistola del juez de salida, los corredores se pusieron en movimiento y corrieron por la pista. La carrera terminó en cuestión de segundos y los corredores, henchidos de orgullo, se abrazaron entre sí y también a sus entrenadores. Estos atletas corrieron en las Olimpiadas Especiales, o Paraolimpiadas, una competencia para personas que tienen alguna discapacidad. Muchos de los atletas que participan en las Olimpiadas Especiales tienen discapacidades ocasionadas por trastornos genéticos.

◀ Corredores de las Olimpiadas Especiales

C ◆ 117

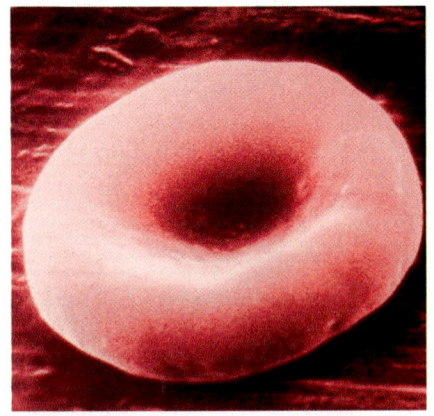
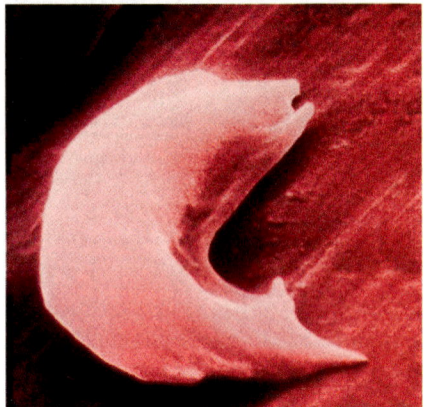

FIGURA 9
Enfermedad de células falciformes
En condiciones normales, los glóbulos rojos tienen forma de discos circulares (superior). En la enfermedad de células falciformes, los glóbulos rojos adquieren forma de hoz (inferior).

Predecir
Un hombre tiene la enfermedad de células falciformes. Aunque la esposa no padece de la enfermedad, es heterocigota para el rasgo. Predice la probabilidad de que su descendiente desarrolle la enfermedad de células falciformes. (*Pista*: Crea un cuadrado de Punnett).

Causas de trastornos genéticos

Un **trastorno genético** es un estado anormal que hereda una persona en los genes o cromosomas. **Algunos trastornos genéticos se deben a mutaciones en el ADN de los genes. Otros son causados por cambios en la estructura o cantidad de cromosomas.** En esta sección conocerás algunos trastornos genéticos.

Fibrosis quística La fibrosis quística es un trastorno genético en que el cuerpo produce mucosidad anormalmente espesa en los pulmones e intestinos. La espesa mucosidad llena los pulmones y dificulta la respiración. La fibrosis quística se debe a un alelo recesivo en un cromosoma. El alelo recesivo es consecuencia de una mutación en la cual la molécula de ADN pierde tres bases.

Enfermedad de células falciformes Este padecimiento altera la hemoglobina, la proteína de los glóbulos rojos encargada de transportar oxígeno. Cuando disminuyen las concentraciones de oxígeno, los glóbulos rojos de la sangre de las personas que sufren la enfermedad adquieren una inusual forma de hoz. Las células falciformes obstruyen los vasos sanguíneos y no pueden transportar tanto oxígeno como las células normales. El alelo del rasgo de células falciformes es codominante con el alelo normal. De modo que la persona que tiene dos alelos para células falciformes desarrollará la enfermedad, pero la persona que tiene un solo alelo producirá hemoglobina normal y anormal, y en la mayoría de los casos, no manifestará los síntomas de la enfermedad.

Hemofilia La hemofilia es un trastorno genético en que la sangre coagula muy lentamente o incluso no coagula. Las personas que tienen el trastorno no producen una de las proteínas necesarias para la coagulación sanguínea normal y tienen un alto riesgo de desarrollar moretones y sufrir hemorragias internas a consecuencia de golpes leves. La hemofilia se debe a un alelo recesivo en el cromosoma X. Como la hemofilia es un trastorno ligado al sexo, se presenta con mayor frecuencia en varones que en mujeres.

Síndrome de Down En esta alteración, las células del cuerpo tienen una copia adicional del cromosoma 21. En otras palabras, en vez de un par de cromosomas, el individuo con síndrome de Down tiene tres cromosomas 21. En casi todos los casos, el trastorno se presenta cuando los cromosomas no se separan adecuadamente durante la meiosis. Las personas que tienen síndrome de Down manifiestan cierto grado de retraso mental. Las enfermedades cardiacas son comunes en estos individuos, pero es posible darles tratamiento.

 ¿Cómo difiere el ADN del alelo para células falciformes del ADN del alelo normal?

Genealogía

Imagina que eres un genetista que quiere determinar la presentación de un trastorno genético a lo largo de varias generaciones de una misma familia. ¿Qué harías? **Una herramienta importante que usan los genetistas para seguir el rastro de un rasgo en las personas es la genealogía.** Una **genealogía** es una tabla o "árbol familiar" que identifica a cada miembro de la familia que manifiesta un rasgo particular.

Una genealogía estudia cualquier tipo de rasgo, desde uno muy común como el pico de viuda, hasta un trastorno genético como la fibrosis quística. La Figura 10 muestra la genealogía del albinismo, alteración en la que la piel, el pelo y los ojos del individuo no tienen una coloración normal.

FIGURA 10
Una genealogía
El padre de la fotografía tiene albinismo. La genealogía muestra la herencia del alelo de albinismo a lo largo de tres generaciones familiares. **Interpretar diagramas** ¿En qué parte de la genealogía hay un varón albino?

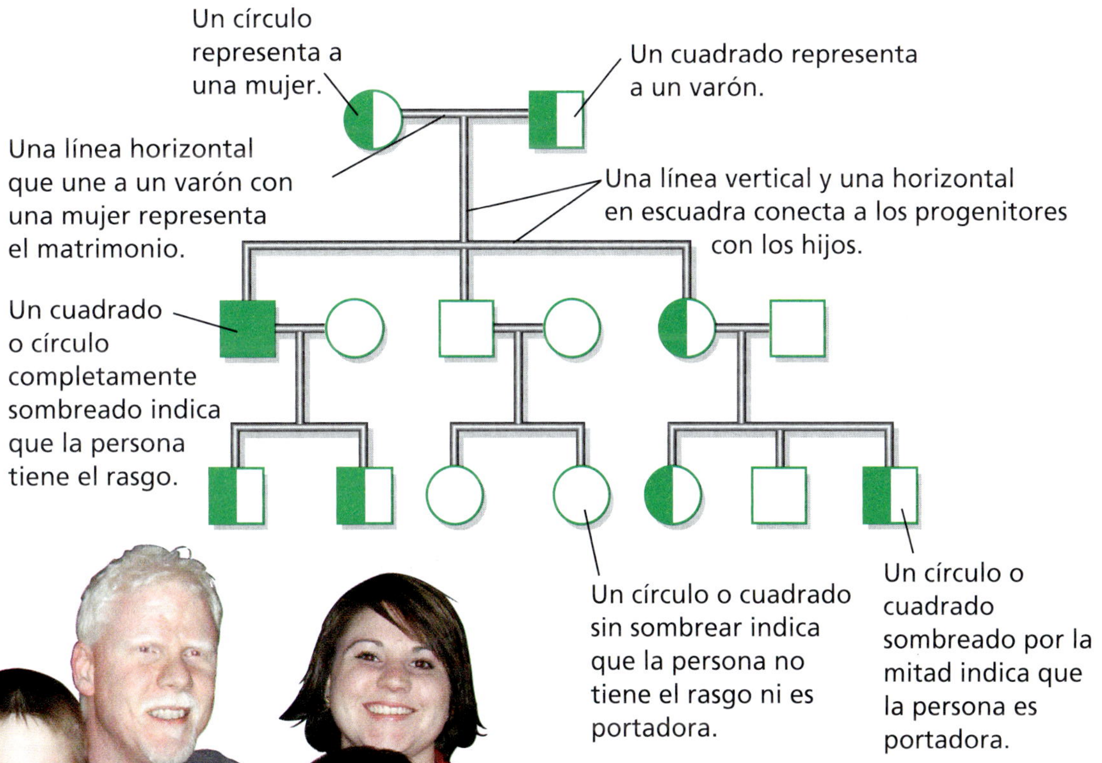

Para: Actividad de genealogía, disponible en inglés.
Visita: PHSchool.com
Código Web: cep-3042

Un círculo representa a una mujer.

Un cuadrado representa a un varón.

Una línea horizontal que une a un varón con una mujer representa el matrimonio.

Una línea vertical y una horizontal en escuadra conecta a los progenitores con los hijos.

Un cuadrado o círculo completamente sombreado indica que la persona tiene el rasgo.

Un círculo o cuadrado sin sombrear indica que la persona no tiene el rasgo ni es portadora.

Un círculo o cuadrado sombreado por la mitad indica que la persona es portadora.

FIGURA 11
Vivir con hemofilia
Los hemofílicos pueden controlar su trastorno con los debidos cuidados. **Interpretar diagramas** *¿Cuántas personas de la genealogía tienen hemofilia?*

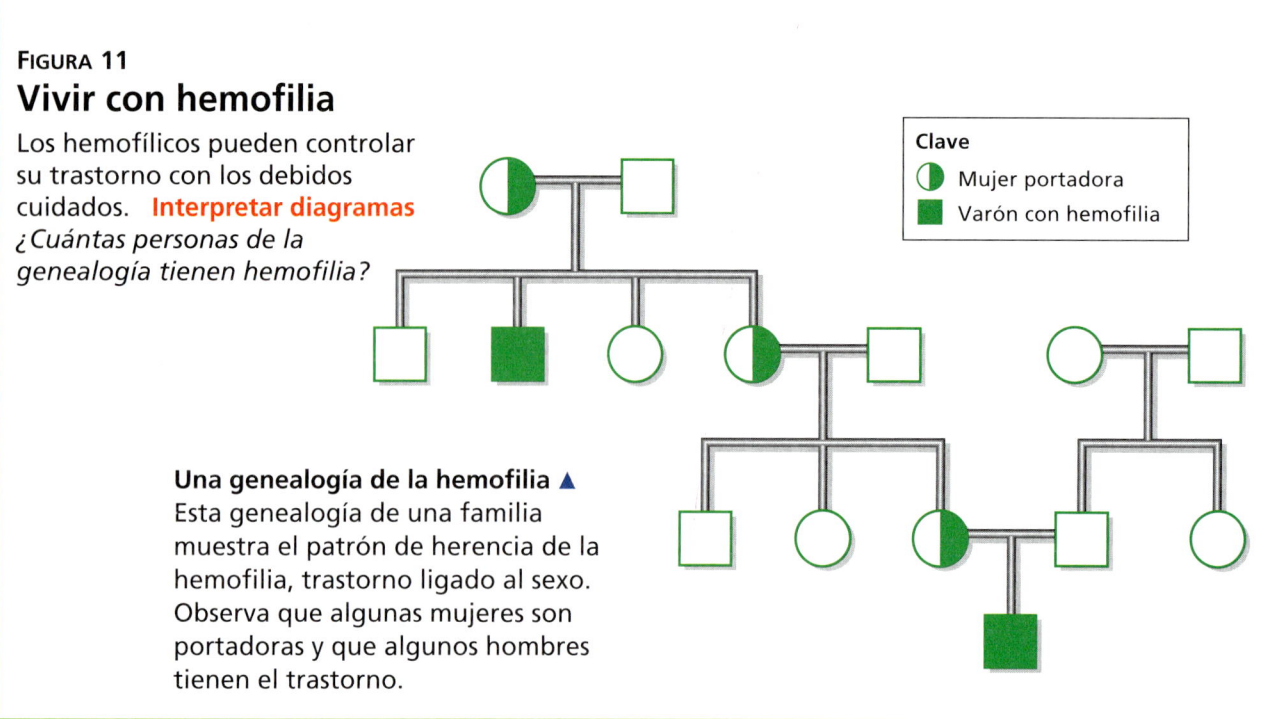

Una genealogía de la hemofilia ▲
Esta genealogía de una familia muestra el patrón de herencia de la hemofilia, trastorno ligado al sexo. Observa que algunas mujeres son portadoras y que algunos hombres tienen el trastorno.

Atención de los trastornos genéticos

Hace años, los doctores sólo disponían de cuadrados de Punnett y genealogías para predecir si un bebé podría desarrollar un trastorno genético. **Hoy en día, los doctores usan herramientas como el cariotipo para diagnosticar trastornos genéticos. Las personas que tienen trastornos genéticos reciben atención médica, educación, capacitación para trabajar y otros apoyos.**

Cariotipos Para detectar un trastorno cromosómico como el síndrome de Down, el médico examina los cromosomas de las células somáticas del individuo. El médico usa un cariotipo para estudiar los cromosomas. Un **cariotipo** es la imagen de todos los cromosomas que contiene la célula, ordenados por pares. El cariotipo muestra si el individuo tiene la cantidad correcta de cromosomas en sus células. Si realizaste la actividad Descubre, estudiaste el cariotipo de una niña con síndrome de Down.

Consejo genético Si una pareja tiene antecedentes familiares de un trastorno genético, puede recurrir a un especialista en consejo genético. Los consejeros genéticos ayudan a determinar las probabilidades de que una pareja tenga un hijo o una hija con un trastorno genético particular. Los consejeros genéticos trabajan con herramientas como cariotipos, tablas genealógicas y cuadrados de Punnett.

 ¿Qué hacen los consejeros genéticos?

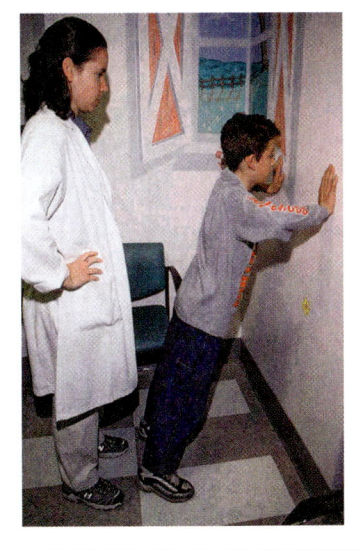

Terapia física ▶ Trabajadores de la salud capacitados ayudan a los pacientes con hemofilia a controlar su padecimiento. En esta imagen, un niño recibe terapia física.

Deportes ▶ Un niño hemofílico aprende a jugar al golf. Este trastorno genético no impide que las personas lleven una vida activa.

Cómo superar los trastornos genéticos Aunque las personas con trastornos genéticos deben enfrentar grandes retos, cuentan con ayuda. Los tratamientos médicos permiten controlar ciertos trastornos. Por ejemplo, la terapia física ayuda a eliminar la mucosidad que congestiona los pulmones de los enfermos de fibrosis quística. Las personas con enfermedad de células falciformes toman ácido fólico, una vitamina que les ayuda a producir glóbulos rojos. Con educación y capacitación, los adultos con síndrome de Down pueden trabajar en hoteles, bancos, restaurantes y otros lugares. La mayoría de los trastornos genéticos no impide que las personas afectadas lleven una vida activa y productiva.

Sección 2 Evaluación

Destreza clave de lectura
Comparar y contrastar Utiliza la información de tu tabla para responder a la pregunta 1.

Repasar los conceptos clave
1. a. **Identificar** Identifica las dos causas principales de trastornos genéticos humanos.
   b. **Explicar** ¿Cuál de esas dos causas produce el síndrome de Down?
   c. **Describir** ¿Cómo difieren las células somáticas de una persona con síndrome de Down y de una que no lo tiene?
2. a. **Definir** ¿Qué es una genealogía?
   b. **Inferir** ¿Cuál es la utilidad de una genealogía para comprender los trastornos genéticos?
   c. **Aplicar conceptos** Sam tiene hemofilia. Su hermano, la madre y el padre no la tienen. Haz una genealogía que muestre quién tiene el trastorno y quién es el portador.
3. a. **Repasar** ¿Qué es un cariotipo?
   b. **Inferir** ¿Ayudaría un cariotipo a revelar la enfermedad de células falciformes? ¿Por qué?

Escribir en ciencias

Hacer un sitio Web Haz un sitio Web imaginario para informar al público sobre los trastornos genéticos. Escribe la definición de un trastorno para publicarla en tu sitio Web.

Laboratorio de destrezas

Rompecabezas familiar

Problema
Un matrimonio quiere entender la probabilidad de que sus hijos hereden fibrosis quística. ¿Cómo usarías la información del recuadro Estudio del caso para predecir la probabilidad?

Destrezas aplicadas
interpretar datos, predecir

Materiales
- 2 tarjetas de índice
- tijeras
- marcador

Procedimiento

1. Lee el Estudio del caso. Dibuja en un cuaderno una genealogía que represente a todos los integrantes de la familia. Usa círculos para las mujeres y cuadrados para los hombres. Sombrea los círculos o cuadrados que representen a quienes tienen fibrosis quística.

2. Sabes que la fibrosis quística está controlada por un alelo recesivo. Para conocer el patrón familiar de Joshua y Bella, elabora un juego de tarjetas para representar los alelos. Corta cada una de las seis tarjetas en cuatro tarjetas más pequeñas. En 12 de las tarjetas pequeñas escribe N, el alelo dominante normal. En las 12 restantes escribe n, el alelo recesivo.

3. Usa las tarjetas para representar los alelos de Ian. Ya que tiene fibrosis quística, ¿cuáles son sus alelos? Escribe el genotipo junto al símbolo que representa a Ian.

4. Sara, hermana de Joshua, también tiene fibrosis quística. ¿Cuáles son sus alelos? Escribe el genotipo junto al símbolo que representa a Sara.

5. Ahora usa tus tarjetas para determinar los genotipos de Joshua y Bella. Escríbelos junto a sus símbolos en la genealogía.

6. Trabaja con las tarjetas para determinar los genotipos del resto de la familia. Anota el genotipo de cada persona junto al símbolo que lo representa en la genealogía. Si hay más de un genotipo, anota los dos.

Analiza y concluye

1. **Interpretar datos** ¿Cuáles son los genotipos posibles de los padres de Joshua? ¿Y de los padres de Bella?

2. **Predecir** Joshua tiene un hermano. ¿Cuál es la probabilidad de que éste también tenga fibrosis quística? Explica.

3. **Comunicar** Imagina que eres un consejero genético y una pareja te pregunta por qué necesitas información sobre tantas generaciones de sus familias para sacar conclusiones acerca de un padecimiento hereditario. Escribe la explicación que darías.

Explora más
Revisa la genealogía que acabas de estudiar. ¿Qué datos sugieren que los rasgos no están ligados al sexo? Explica.

Estudio del caso: Joshua y Bella

- Joshua y Bella tienen un hijo llamado Ian, quien tiene fibrosis quística.
- Joshua y Bella están sanos.
- Los padres de Bella están sanos.
- Los padres de Joshua están sanos.
- La hermana de Joshua, Sara, tiene fibrosis quística.

Sección 3
Tecnología y diseño

Adelantos en genética

Avance de la lectura

Conceptos clave
- Menciona tres métodos para producir organismos con rasgos deseables.
- ¿Cuál es el objetivo del Proyecto Genoma Humano?

Términos clave
- cruce selectivo • endogamia
- hibridación • clon
- ingeniería genética
- terapia génica • genoma

Destreza clave de lectura
Formular preguntas Antes de leer, revisa los encabezados en rojo. Haz un organizador gráfico como el que sigue y escribe una pregunta para cada encabezado. Mientras lees, escribe las respuestas a tus preguntas.

Adelantos en genética

Pregunta	Respuesta
¿Qué es cruce selectivo?	Cruce selectivo es . . .

Actividad Descubre

¿Qué revelan las huellas dactilares?

1. Pon tu nombre en un papel. Luego, presiona una almohadilla de tinta con un dedo. Deja tu huella en el papel moviendo el dedo cuidadosamente de lado a lado.
2. Divídanse en grupos y elijan un integrante para dejar una huella en otra hoja de papel sin nombre.
3. Intercambia las huellas de tu grupo con las de otro grupo. Comparen las huellas que tienen nombre con la que está en la hoja sin nombre. Determinen a quién pertenece.
4. Lávate las manos al concluir esta actividad.

Reflexiona
Observar ¿Por qué se usan huellas dactilares para identificar a las personas?

¿Te gustaría hacerte una fotografía con un pariente de 9,000 años de edad? Adrian Targett, maestro de historia del poblado de Cheddar, Inglaterra, se hizo una foto así. Un esqueleto es todo lo que queda de su antiguo pariente, conocido como "Hombre de Cheddar". Los huesos fueron descubiertos en una caverna cercana a la población y el análisis de ADN revela que Targett y el Hombre de Cheddar son parientes.

Al igual que tus huellas dactilares, tu ADN es diferente del de cualquier otra persona. Gracias a los adelantos genéticos, las pruebas obtenidas del ADN pueden revelar muchas cosas, como las relaciones familiares.

FIGURA 12
Parientes lejanos
Adrian Targett visita a su pariente lejano, el Hombre de Cheddar. Por desgracia, el Hombre de Cheddar no puede responder preguntas acerca de cómo era la vida hace 9,000 años.

FIGURA 13
Endogamia
La endogamia ha producido pavos como éste, de plumas blancas. Los criadores empezaron las cruzas con pavos silvestres.

Pavo silvestre

Pavo doméstico

Cruce selectivo

Las técnicas genéticas nos han permitido producir organismos con rasgos deseables. **Cruce selectivo, clonación e ingeniería genética son tres métodos para desarrollar organismos con rasgos deseables.**

El proceso de seleccionar organismos con rasgos deseables para que sirvan de progenitores de la siguiente generación, se conoce como **cruce selectivo.** Hace miles de años, en lo que hoy es México, se desarrolló el cultivo que conocemos como maíz utilizando este método. Cada año, los agricultores guardaban semillas de las plantas más saludables y que producían el mejor alimento. Al llegar la primavera, sembraban las semillas y después de repetir el proceso a lo largo del tiempo, lograron desarrollar plantas que producían mejor maíz. La gente ha usado el cruce selectivo con muchas plantas y animales. Dos técnicas de cruce selectivo son endogamia e hibridación.

Endogamia La técnica de **endogamia** consiste en cruzar dos individuos que tienen características parecidas. Por ejemplo, imaginemos que tenemos dos pavos, uno macho y otro hembra, ambos gordos y que crecen rápidamente. Es probable que sus crías también presenten esas características deseables. Los organismos reproducidos por endogamia tienen alelos muy parecidos a los de sus progenitores.

Los organismos reproducidos por endogamia tienen una gran semejanza genética. Por consiguiente, la endogamia aumenta la probabilidad de que los organismos hereden alelos que dan origen a trastornos genéticos. Por ejemplo, muchas razas de perros tienen problemas de cadera heredados.

Hibridación Mediante la **hibridación,** los criadores cruzan dos individuos genéticamente distintos. De allí resulta un organismo híbrido que tiene los mejores rasgos de ambos progenitores. Por ejemplo, un agricultor podría cruzar maíz que produce mucho grano con maíz resistente a las enfermedades. El producto podría ser una planta de maíz híbrida que tiene los dos rasgos deseables.

 ¿Cuál es la finalidad de la hibridación?

FIGURA 14
Hibridación
Cruzas de manzanas McIntosh y Red Delicious produjeron las manzanas Empire.
Aplicar conceptos ¿Cuáles pudieron ser los rasgos deseables que trataron de producir?

McIntosh   Red Delicious   Empire

Matemáticas — Analizar datos

Modificar la producción de arroz

La gráfica muestra cómo ha cambiado la producción mundial de arroz entre 1965 y 2000. Las nuevas variedades híbridas de plantas de arroz han sido un factor que afecta la cantidad de grano producida.

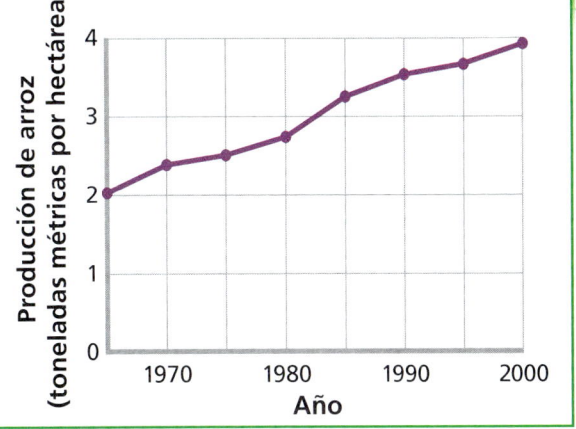

Producción mundial de arroz

1. **Leer gráficas** Según la gráfica, ¿cómo cambió la producción de arroz entre 1965 y 2000?
2. **Leer gráficas** ¿Cuántas toneladas métricas de arroz por hectárea fueron producidas en 1965? ¿Cuántas se produjeron en 2000?
3. **Calcular** Calcula la diferencia aproximada entre la producción de arroz de 1965 y la de 2000.
4. **Desarrollar hipótesis** Además de las variedades de plantas, ¿qué factores podrían explicar la diferencia en la producción de arroz entre 1965 y 2000?

Clonación

En algunos organismos puede usarse una técnica llamada clonación para producir descendientes con rasgos deseables. Un **clon** es un organismo que tiene exactamente los mismos genes del organismo que lo produjo. Es fácil clonar algunas plantas, como la violeta africana. Basta con cortar el tallo de una, sembrarlo y regarlo, y en poco tiempo tendrás una nueva planta genéticamente idéntica a la planta de la que tomaste el tallo.

Los investigadores también han clonado animales, como ovejas y cerdos. Los métodos de clonación son muy complejos, pues hay que tomar el núcleo de una célula somática del animal y usarlo para producir un nuevo animal.

Modern Genetics
- Video Preview
- ▶ Video Field Trip
- Video Assessment

 **Verifica tu lectura** ¿Cómo puedes producir el clon de una planta?

FIGURA 15
Cabras clonadas
Estas cabras fueron creadas por clonación.

FIGURA 16
Ingeniería genética
Los científicos utilizan la ingeniería genética para crear células bacterianas que producen importantes proteínas humanas, como la insulina.
Interpretar diagramas ¿Cómo se convierte un gen humano de insulina en parte de un plásmido?

Ingeniería genética

Los genetistas han desarrollado otra poderosa técnica para producir organismos con rasgos deseables. Este proceso, llamado **ingeniería genética,** toma los genes de un organismo y los transfiere al ADN de otro. La ingeniería genética puede producir medicinas y mejorar los cultivos alimentarios.

Ingeniería genética en bacterias Un tipo de bacteria modificada con ingeniería genética produce una proteína llamada insulina. Muchas personas que tienen diabetes necesitan inyectarse insulina. Recuerda que las bacterias tienen una sola molécula de ADN en el citoplasma. Algunas células bacterianas también contienen pequeños trozos circulares de ADN llamados plásmidos. La Figura 16 explica cómo los científicos insertan el ADN de un gen humano en el plásmido de una bacteria.

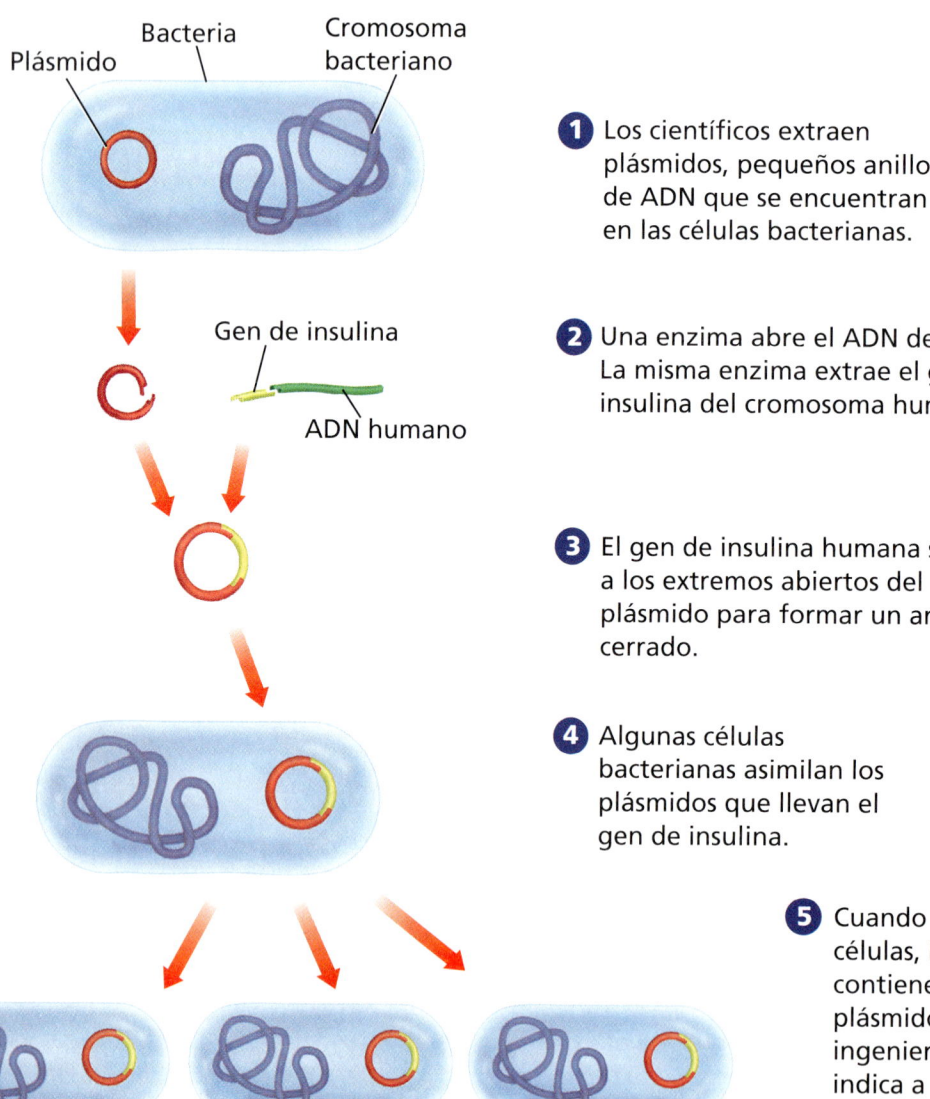

1. Los científicos extraen plásmidos, pequeños anillos de ADN que se encuentran en las células bacterianas.

2. Una enzima abre el ADN del plásmido. La misma enzima extrae el gen de insulina del cromosoma humano.

3. El gen de insulina humana se une a los extremos abiertos del plásmido para formar un anillo cerrado.

4. Algunas células bacterianas asimilan los plásmidos que llevan el gen de insulina.

5. Cuando se reproducen las células, las nuevas células contienen copias de los plásmidos modificados con ingeniería. El gen extraño indica a la célula que produzca insulina humana.

Danio cebra normal ▲

▶ **Danio cebras modificadas por ingeniería genética**

Una vez introducido el gen en el plásmido, la célula bacteriana y toda su descendencia contendrán el gen humano. Por consiguiente, las bacterias producen la proteína que codifica el gen humano, en este caso, insulina. Y como las bacterias se reproducen rápidamente, es posible producir grandes cantidades de insulina en muy poco tiempo.

Ingeniería genética en otros organismos Los científicos también pueden utilizar técnicas de ingeniería genética para introducir genes en animales. Así es posible introducir genes humanos en las células de las vacas para que produzcan en su leche la proteína humana que codifica el gen. Con esta técnica se produce una proteína de la coagulación que necesitan los enfermos de hemofilia.

También se han introducido genes en células vegetales, como tomates y arroz. Algunos genes permiten que las plantas sobrevivan en temperaturas muy frías, en tierras áridas o que puedan resistir plagas de insectos.

Terapia génica Algún día podremos usar la ingeniería genética para corregir algunos trastornos genéticos de las personas. Este procedimiento, denominado **terapia génica,** consistirá en introducir copias de un gen directamente en las células del individuo. Por ejemplo, los doctores podrán tratar la hemofilia sustituyendo el alelo defectuoso del cromosoma X para que, así, la sangre de la persona coagule normalmente.

Consideraciones sobre la ingeniería genética Algunos temen los efectos a largo plazo de la ingeniería genética. Por ejemplo, hay quienes creen que los cultivos modificados con ingeniería genética no son del todo seguros. Temen que puedan dañar el medio ambiente o provocar problemas de salud. A fin de tranquilizar dichos temores, los científicos tratan de aprender más sobre los efectos de la ingeniería genética.

 **Verifica tu lectura** ¿Cómo ha permitido la ingeniería genética que los científicos produzcan las proteínas de la coagulación?

FIGURA 17
Peces modificados por ingeniería genética
Las brillantes danio cebras rojas son producto de la ingeniería genética.

Para: Vínculos sobre ingeniería genética, disponible en inglés.
Visita: www.SciLinks.org
Código Web: scn-0343

Lab zone **Actividad** Destrezas

Comunicar

Imagina que trabajas para una compañía farmacéutica que usa bacterias modificadas por ingeniería genética para producir insulina. Escribe un anuncio para el medicamento, incluyendo una explicación simplificada de la forma en la que se produce la sustancia.

FIGURA 18
El Proyecto Genoma Humano
Los científicos del Proyecto Genoma Humano siguen estudiando el ADN humano.

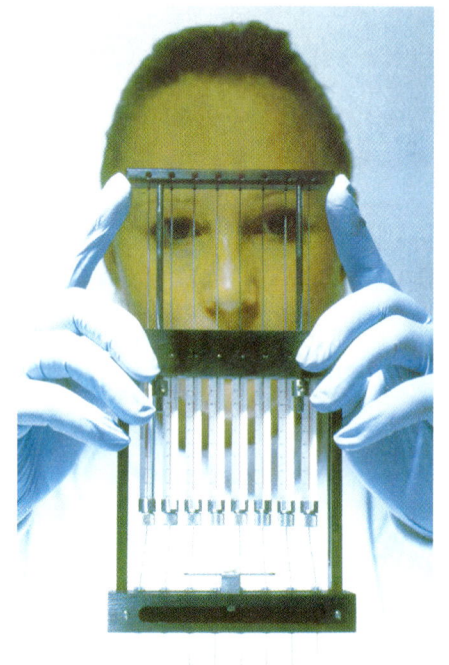

Estudios en genética humana

Los nuevos adelantos han permitido que los científicos aprendan muchas cosas sobre la genética humana. El Proyecto Genoma Humano y la Dactilografía de ADN son dos aplicaciones de estos nuevos conocimientos.

El Proyecto Genoma Humano Imagina que tratas de descifrar un código de 6 mil millones de letras. Eso es justo lo que están haciendo los científicos que trabajan en el Proyecto Genoma Humano. Un **genoma** es todo el ADN contenido en una célula de un organismo. **El objetivo principal del Proyecto Genoma Humano ha sido identificar la secuencia de ADN de cada gen del genoma humano.** El Proyecto Genoma Humano ha terminado el "primer borrador" del genoma: se sabe que el ADN del ser humano contiene por lo menos 30,000 genes y que el gen promedio tiene alrededor de 3,000 bases. Se espera que algún día se conozca la secuencia de ADN de cada gen humano.

Dactilografía de ADN La tecnología de ADN utilizada en el Proyecto Genoma Humano también ayuda a identificar personas y a determinar parentescos. El ADN de una célula se rompe o fragmenta en trozos muy pequeños, y los fragmentos seleccionados producen un patrón llamado huella dactilar de ADN. Excepto por los gemelos idénticos, no hay dos personas que tengan exactamente la misma huella dactilar de ADN. En la sección Tecnología y sociedad aprenderás más sobre la dactilografía de ADN.

 **Verifica tu lectura** ¿Más o menos cuántos genes hay en el genoma humano?

Sección 3 Evaluación

Destreza clave de lectura Formular preguntas Trabaja con un compañero para revisar las respuestas de tu organizador gráfico.

Repasar los conceptos clave

1. a. **Hacer una lista** Indica tres métodos para desarrollar organismos con rasgos deseables.
   b. **Describir** Describe brevemente cada método.
   c. **Aplicar conceptos** Lupita tiene una planta casera. ¿Cuál sería el mejor método para producir una planta similar para un amigo?
2. a. **Definir** ¿Qué es un genoma?
   b. **Explicar** ¿Qué es el Proyecto Genoma Humano?
   c. **Relacionar causa y efecto** ¿Cómo podrían aplicarse los conocimientos del Proyecto Genoma Humano en la terapia génica?

Lab zone Actividad En casa

Alimentos y cruces selectivos Ve a una tienda de alimentos con un compañero o un familiar. Analicen la forma como se han producido frutas y verduras mediante el cruce selectivo. Elige una fruta o verdura, e identifica sus rasgos más deseables.

Laboratorio de destrezas

¿Culpable o inocente?

Problema
En la escena de un crimen puede haber pelo, piel o sangre del criminal con ADN que permita realizar una dactilografía de ADN. La dactilografía de ADN, que consiste de una serie de bandas, es parecida a un código de barras. ¿Cómo puedes identificar a una persona con esta técnica?

Destrezas aplicadas
sacar conclusiones, inferir

Materiales
- De 4 a 6 códigos de barras
- lupa

Procedimiento
1. Observa la fotografía del patrón de bandas de ADN, a la derecha. El ADN de cada persona produce un patrón de bandas único.
2. Ahora, observa el Código Universal de Producto (o código de barras). El código de barras sirve de modelo para un patrón de bandas de ADN. Compáralo con las bandas de ADN para identificar sus semejanzas. Anota tus observaciones.
3. Supón que ocurrió un robo y eres el detective de la investigación. Tu maestro te entregará un código de barras que representa el ADN de la sangre hallada en la escena del crimen. Pides tomar muestras de ADN de varios sospechosos. Escribe lo que buscarías al tratar de correlacionar el ADN de cada sospechoso con la muestra de ADN de la escena del crimen.
4. Ahora recibirás códigos de barras que representan las muestras de ADN tomadas a los sospechosos. Compáralos con el código de barras que representa el ADN de la escena del crimen.
5. Usa tus comparaciones para determinar si alguno de los sospechosos estuvo presente en la escena del crimen.

Analiza y concluye
1. **Sacar conclusiones** Basándote en tus hallazgos, ¿alguno de los sospechosos estuvo presente en la escena del crimen? Respalda tu conclusión con evidencia específica.
2. **Inferir** ¿Por qué hay grandes diferencias en los patrones de ADN de las personas?
3. **Sacar conclusiones** ¿Qué efecto tendría en tus conclusiones descubrir que el sospechoso, cuyo ADN coincide con las pruebas del crimen, tiene un hermano gemelo?
4. **Comunicar** Supón ahora que eres un abogado defensor. Las pruebas de ADN sugieren que tu cliente dejó la mancha de sangre hallada en la escena del crimen. ¿Consideras que la prueba de ADN basta para condenarlo? Escribe un discurso en su defensa para pronunciarlo ante el jurado.

Explora más
¿Consideras que la dactilografía de ADN de un progenitor y su hijo debe mostrar semejanzas? Explica tu razonamiento.

Tecnología y sociedad
• Tecnología y diseño •

Dactilografía de ADN

¿Qué tienes tú que nadie más tiene? A menos que tengas un gemelo idéntico, la respuesta es tu ADN. Como el ADN de una persona no se parece al de otras, puede utilizarse para producir "huellas dactilares" genéticas. Esas huellas dactilares ayudan a demostrar que una persona estuvo presente en la escena de un crimen e impiden que alguien inocente vaya a la cárcel. También se utilizan para identificar restos de esqueletos. Hoy día, soldados y marinos donan muestras de sangre y saliva para producir y guardar su dactilografía de ADN. Al igual que las placas de identificación que portan los soldados, los expedientes de ADN sirven para identificar los cadáveres de soldados o civiles desconocidos.

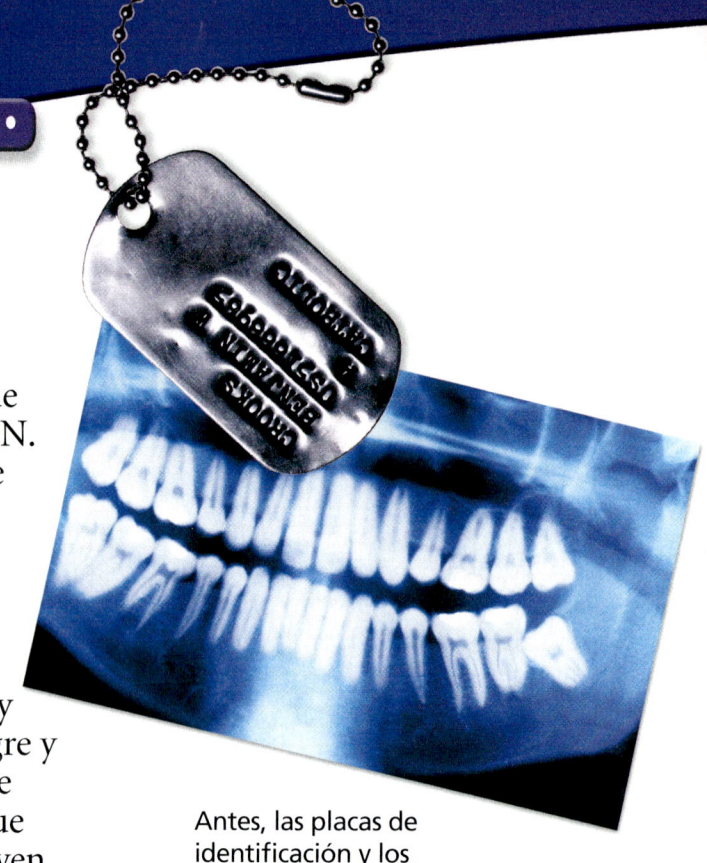

Antes, las placas de identificación y los expedientes dentales eran los principales métodos para identificar restos de esqueletos.

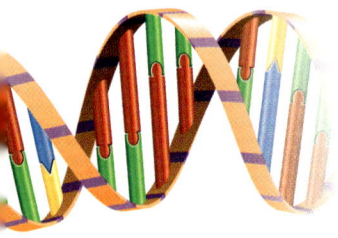

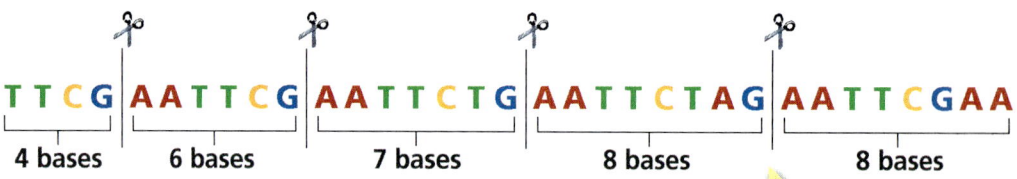

Esta enzima corta el ADN cada vez que encuentra la secuencia de bases GAATTC.

❶ Después de tomar una muestra de ADN del cuerpo, una enzima corta el filamento de ADN en varios trozos pequeños.

❷ Los fragmentos de ADN se depositan en un gel que utiliza una corriente eléctrica para separarlos. Los fragmentos más grandes se desplazan en el gel con más lentitud que los pequeños.

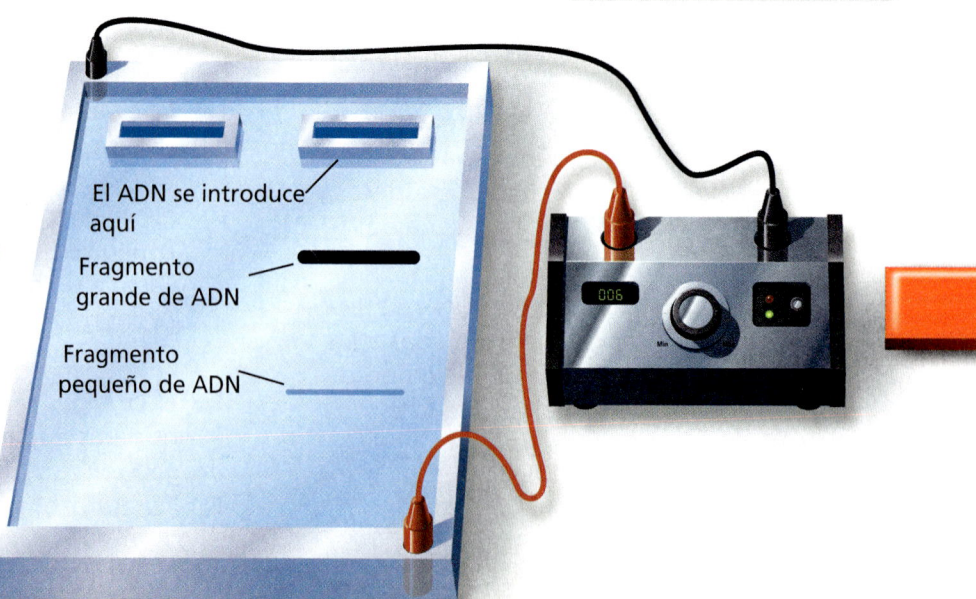

Analizar ADN

En una técnica, se toma ADN de saliva, sangre, huesos, dientes, otros fluidos corporales o células de diversos tejidos y se agregan enzimas para cortar el ADN en pequeños fragmentos. Los fragmentos seleccionados se depositan en una máquina que hace pasar una corriente eléctrica a través del ADN y separa los fragmentos según su tamaño. Luego, se tiñe el ADN para hacer fotografías. Al revelarlas, aparece un patrón de bandas singular, parecido a un código de barras, y se compara con otras muestras de ADN para determinar si existe una correlación.

Limitaciones de la dactilografía de ADN

Como sucede con cualquier tecnología, la dactilografía de ADN tiene limitaciones. El ADN es frágil y es difícil leer las imágenes que produce cuando la muestra de ADN es vieja. En contados casos, el ADN de las personas que realizan la prueba a veces contamina las muestras y produce resultados inexactos. Asimismo, las pruebas de ADN requieren de mucho tiempo y son costosas.

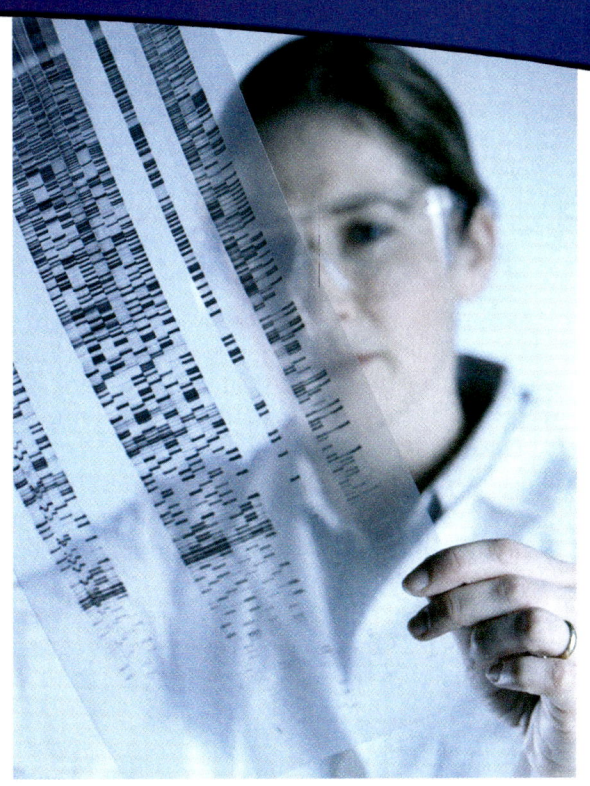

▲ Una científica lee una dactilografía de ADN

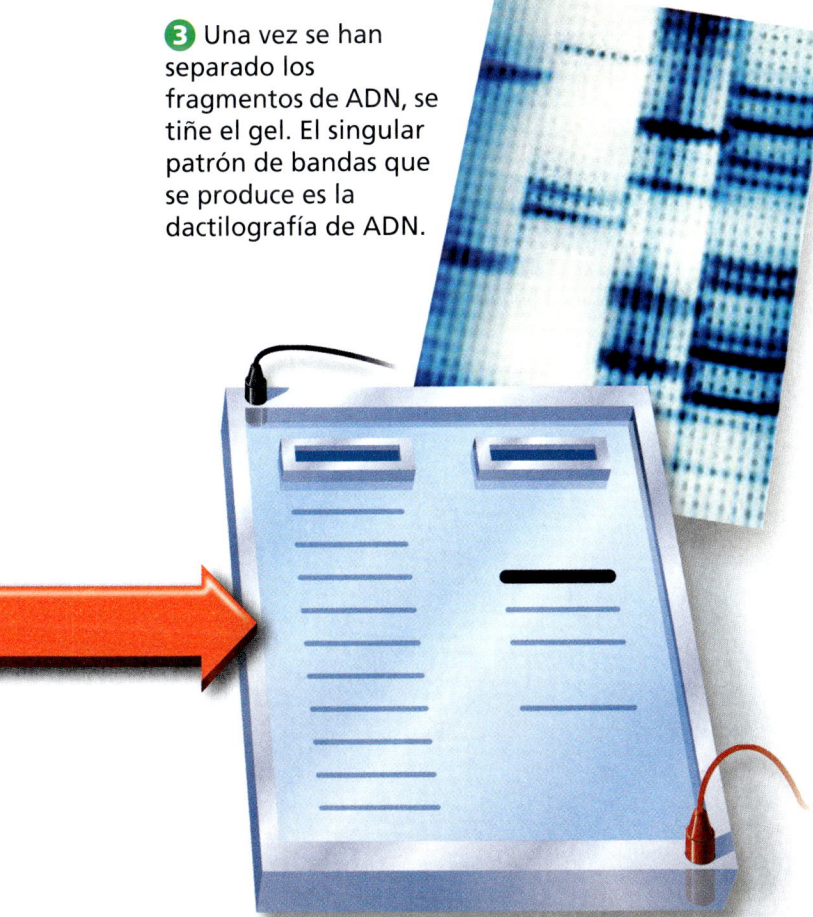

❸ Una vez se han separado los fragmentos de ADN, se tiñe el gel. El singular patrón de bandas que se produce es la dactilografía de ADN.

Evalúa el efecto

1. Identifica la necesidad
Haz una lista de, por lo menos, cinco situaciones en que tendría utilidad la dactilografía de ADN.

2. Investiga
Investiga las situaciones que enumeraste en la pregunta 1 para determinar si se usa o es posible utilizar el análisis de ADN.

3. Escribe
Elige una aplicación del análisis de ADN y escribe uno o dos párrafos que expliquen cuándo puede usarse la aplicación.

Para: Más sobre dactilografía de ADN, disponible en inglés.
Visita: PHSchool.com
Código Web: ceh-3040

Capítulo 4 Guía de estudio

1 Herencia humana

Conceptos clave

- Algunos rasgos humanos están controlados por genes individuales que tienen dos alelos y otros dependen de genes individuales con alelos múltiples. Otros están controlados por muchos genes que actúan en conjunto.
- Los cromosomas sexuales llevan genes que determinan si el individuo es hombre o mujer. También llevan genes que determinan otros rasgos.
- Muchas características de la persona están determinadas por la interacción entre genes y medio ambiente.

Términos clave

alelos múltiples
cromosomas sexuales
gen ligado al sexo
portador

2 Trastornos genéticos humanos

Conceptos clave

- Algunos trastornos genéticos se deben a mutaciones en el ADN de los genes. Otros son causados por cambios en la estructura o cantidad de cromosomas.
- Una herramienta importante que usan los genetistas para seguir el rastro de un rasgo en las personas es la genealogía.
- Hoy en día, los doctores usan herramientas como el cariotipo para diagnosticar trastornos genéticos. Las personas que tienen trastornos genéticos reciben atención médica, educación, capacitación para trabajar y otros apoyos.

Términos clave

trastorno genético
genealogía
cariotipo

3 Adelantos en genética

Conceptos clave

- Cruce selectivo, clonación e ingeniería genética son tres métodos para desarrollar organismos con rasgos deseables.
- El objetivo principal del Proyecto Genoma Humano ha sido identificar la secuencia de ADN de cada gen del genoma humano.

Términos clave

cruce selectivo
endogamia
hibridación
clon
ingeniería genética
terapia génica
genoma

Repaso y evaluación

Para: Una autoevaluación, disponible en inglés.
Visita: PHSchool.com
Código Web: cea-3040

Organizar la información

Hacer un mapa de conceptos
En una hoja de papel aparte, copia el mapa de conceptos sobre rasgos humanos. Luego, complétalo y ponle un título. (Para más información sobre mapas de conceptos, consulta el Manual de destrezas).

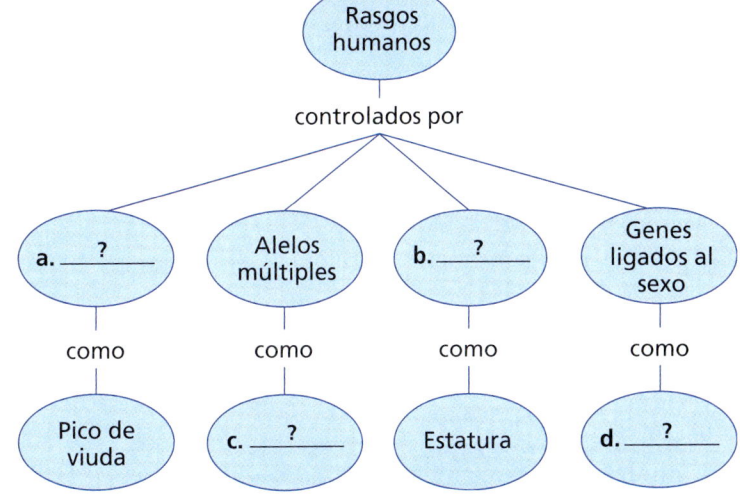

Repasar los términos clave

Elige la letra de la mejor respuesta.

1. Un rasgo humano controlado por un gen único con múltiples alelos es
   a. hoyuelos.
   b. tipo sanguíneo.
   c. estatura.
   d. color de la piel.

2. Un trastorno ligado al sexo es
   a. fibrosis quística.
   b. enfermedad de células falciformes.
   c. hemofilia.
   d. síndrome de Down.

3. ¿Cuál de los siguientes métodos sería el más adecuado para diagnosticar el síndrome de Down?
   a. cariotipo
   b. genealogía
   c. prueba de coagulación sanguínea
   d. cuadrado de Punnett

4. Introducir un gen humano en un plásmido bacteriano es ejemplo de
   a. endogamia.
   b. cruce selectivo.
   c. dactilografía de ADN.
   d. ingeniería genética.

5. Un organismo que tiene los mismos genes que el organismo que lo produjo es un
   a. clon.
   b. híbrido.
   c. genoma.
   d. árbol genealógico.

Si la oración es verdadera, escribe *verdadera*. Si es falsa, cambia la palabra o palabras subrayadas para hacer verdadera la oración.

6. El pico de viuda es un rasgo humano controlado por un solo gen.

7. El varón hereda dos cromosomas X.

8. Un cariotipo sigue el rastro de los miembros de una familia que presentan determinado rasgo.

9. La hibridación es la cruza de dos organismos genéticamente parecidos.

10. Un genoma es todo el ADN que contiene una célula de un organismo.

Escribir en ciencias

Hoja informativa Eres un científico en un laboratorio de clonación. Escribe una hoja informativa que explique el proceso de clonación. Describe por lo menos un ejemplo.

Modern Genetics
Video Preview
Video Field Trip
▶ Video Assessment

Capítulo 4 C ◆ 133

Repaso y evaluación

Verificar los conceptos

11. Explica por qué hay gran variedad de fenotipos para el color de la piel humana.

12. Los rasgos que controlan los alelos recesivos del cromosoma X se expresan más frecuentemente en hombres que en mujeres. Explica la razón.

13. ¿Qué es la enfermedad de células falciformes? ¿Cómo se hereda este trastorno?

14. ¿Qué es una genealogía? ¿Para qué la usan los genetistas?

15. Describe dos formas de brindar ayuda a las personas con trastornos genéticos.

16. Explica cómo podría un criador de caballos utilizar el cruce selectivo para producir animales que tengan pelaje dorado.

17. Describe cómo podría usarse la terapia génica para tratar a una persona con hemofilia.

18. ¿Qué es el Proyecto Genoma Humano?

Pensamiento crítico

19. **Resolver un problema** Una mujer con visión de color normal tiene una hija daltónica. ¿Cuáles son los genotipos y fenotipos de los dos progenitores?

20. **Calcular** Si una madre es portadora de hemofilia y el padre no tiene hemofilia, ¿cuál es la probabilidad de que un hijo varón herede el rasgo? Explica tu respuesta.

21. **Interpretar diagramas** El alelo de fibrosis quística es recesivo. En la siguiente genealogía, identifica a los miembros de la familia que tienen el padecimiento y a los que son portadores.

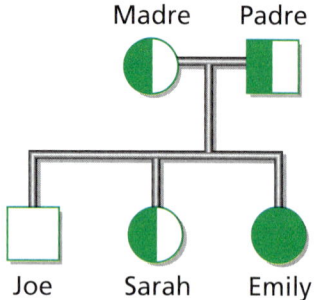

Aplicar destrezas

Usa el cuadrado de Punnett para responder a las preguntas 22 a 24.

El siguiente cuadrado de Punnett muestra cómo se hereda la distrofia muscular, un trastorno recesivo ligado al sexo.

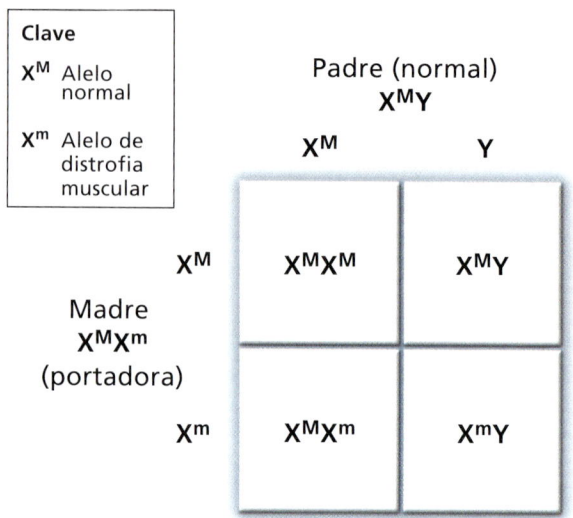

22. **Interpretar datos** ¿Cuál es la probabilidad de que una hija de esta pareja tenga distrofia muscular? Explica tu respuesta.

23. **Interpretar datos** ¿Cuál es la probabilidad de que un hijo de esta pareja tenga distrofia muscular? Explica tu respuesta.

24. **Inferir** ¿Es posible que una mujer tenga distrofia muscular? ¿Por qué?

Proyecto del capítulo

Evaluación del desempeño Expón tu presentación en clase. Resalta la información más importante sobre el rasgo genético que hayas elegido. Explica los elementos innovadores que hayas incorporado en tu diseño. Cuando hagas la presentación, resalta los elementos interactivos de tu proyecto.

Preparación para la prueba estandarizada

Sugerencia para hacer la prueba

Interpretar diagramas

Si te piden que interpretes un diagrama genealógico, primero identifica el rasgo que estudia la genealogía. Por ejemplo, la genealogía de las preguntas 3 y 4 muestra la herencia de la enfermedad de células falciformes. Recuerda que el círculo representa a la mujer y el cuadrado al hombre. Busca la clave que explica los símbolos de la genealogía.

Utiliza la genealogía de las preguntas 3 y 4 para responder a la siguiente pregunta de ejemplo.

Pregunta de ejemplo

¿Cuál de los siguientes es verdadero para la primera generación que muestra la genealogía?
- **A** Tanto el hombre como la mujer tienen la enfermedad de células falciformes.
- **B** Tanto el hombre como la mujer son portadores de la enfermedad de células falciformes.
- **C** La mujer es portadora de la enfermedad.
- **D** El hombre es portador de la enfermedad.

Respuesta

La respuesta correcta es **C**. Como el círculo está sombreado hasta la mitad, la mujer es portadora.

Usa la genealogía para responder a las preguntas 3 y 4.

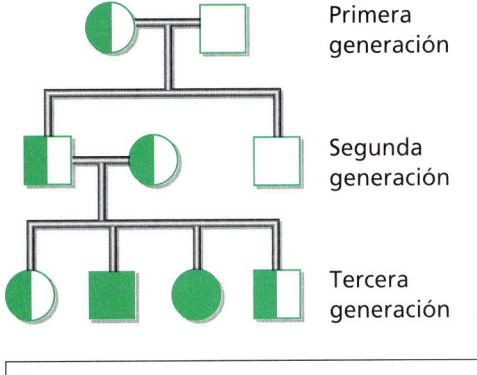

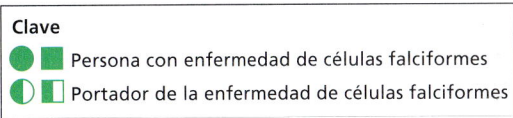

Elige la letra de la mejor respuesta.

1. Una mujer es heterocigota para el rasgo de hemofilia. Su esposo no tiene hemofilia. ¿Cuál es la probabilidad de que su hijo varón tenga hemofilia?
   - **A** 0%
   - **B** 25%
   - **C** 50%
   - **D** 100%

2. El síndrome de Down es ejemplo de un trastorno genético en el cual
   - **F** se ha añadido una base al ADN.
   - **G** se ha eliminado una base del ADN.
   - **H** un cromosoma sustituye a otro.
   - **J** un par de cromosomas tiene un cromosoma adicional.

3. ¿Cuántas personas de la segunda generación tienen la enfermedad de células falciformes?
   - **A** ninguna
   - **B** una persona
   - **C** dos personas
   - **D** tres personas

4. ¿Cuál es la afirmación verdadera acerca de la tercera generación de la genealogía?
   - **F** Nadie tiene la enfermedad de células falciformes.
   - **G** Todos tienen la enfermedad de células falciformes.
   - **H** Todos tienen por lo menos un alelo para la enfermedad de células falciformes.
   - **J** Nadie tiene alelos para la enfermedad de células falciformes.

5. A fin de producir proteínas humanas mediante ingeniería genética, los científicos utilizan
   - **A** un gen bacteriano que se introduce en un cromosoma humano.
   - **B** un gen humano que se introduce en un plásmido.
   - **C** un gen bacteriano que se introduce en un plásmido.
   - **D** un gen humano que se introduce en un cromosoma humano.

Respuesta estructurada

6. Explica por qué, con cada embarazo, los padres humanos tienen 50 por ciento de probabilidades de tener un hijo y 50 por ciento de probabilidades de tener una hija. Tu respuesta debe incluir los términos *cromosoma X* y *cromosoma Y*.

Capítulo 5

Cambios con el tiempo

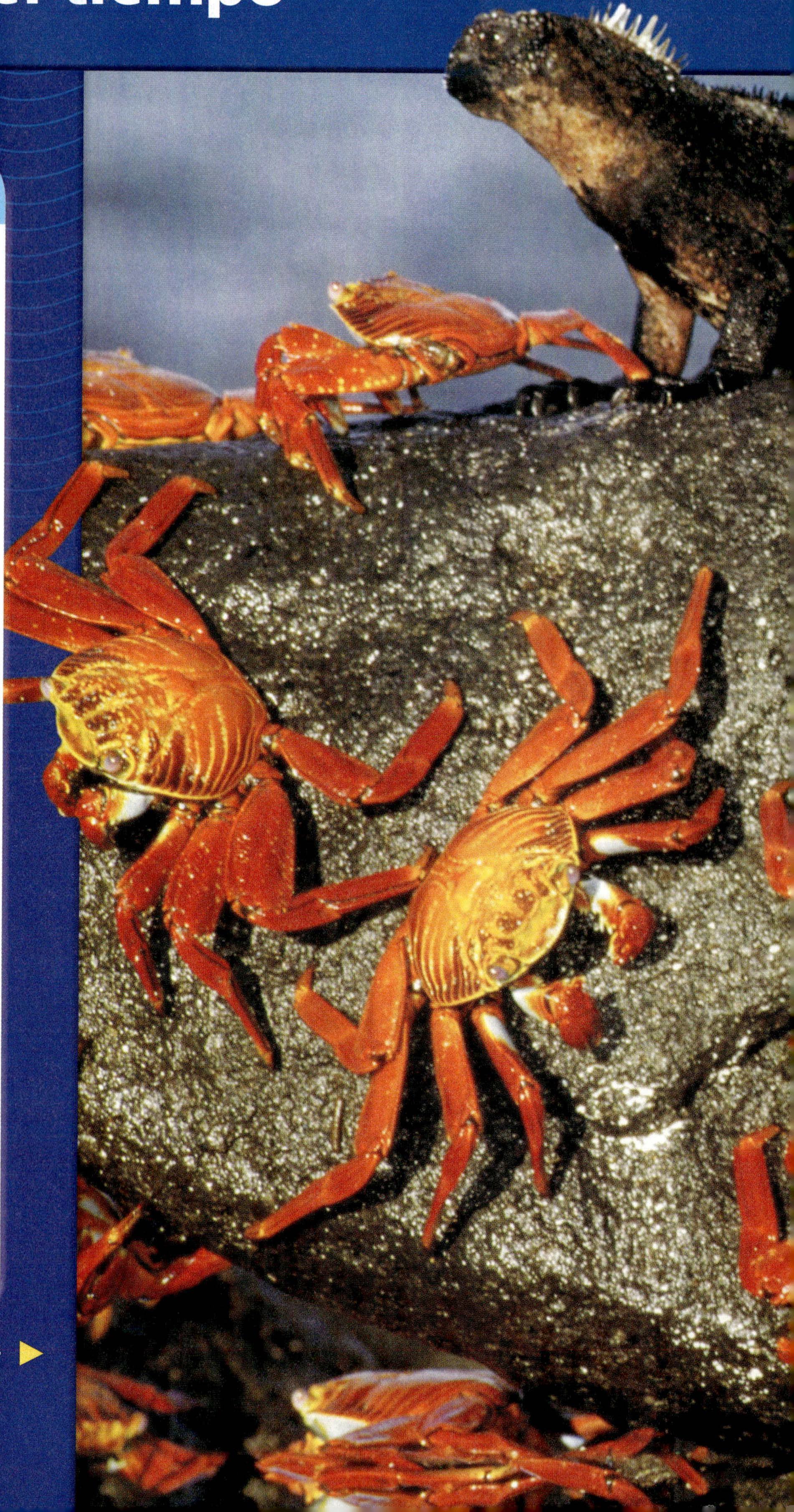

Avance del capítulo

1. **Teoría de Darwin**
   Descubre *¿Cómo varían los seres vivos?*
   Inténtalo *Adaptaciones de los picos de las aves*
   Actividad de destrezas *Hacer modelos*
   Laboratorio de destrezas *La naturaleza en acción*

2. **Evidencia de evolución**
   Descubre *¿Cómo puedes clasificar las especies?*
   Actividad de destrezas *Sacar conclusiones*
   Laboratorio de destrezas *Moléculas reveladoras*

3. **El registro fósil**
   Descubre *¿Qué puedes aprender de los fósiles?*
   Inténtalo *Conservación en hielo*
   Arte activo *Formación de fósiles*
   Analizar datos *Descomposición radiactiva*
   Actividad en casa *Modelar la formación de fósiles*

Interactive Textbook

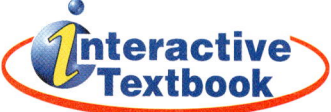

Darwin estudió los cangrejos de las rocas y las iguanas de las islas Galápagos.

Changes Over Time
▶ Video Preview
Video Field Trip
Video Assessment

Proyecto del capítulo

El largo calendario de la vida

La historia de la Tierra se remonta a miles de millones de años. Este proyecto te ayudará a tener una perspectiva de ese enorme lapso de tiempo y descubrirás la manera de convertir períodos enormes en una escala más comprensible.

Tu objetivo Usar una escala de medición conocida para crear dos líneas cronológicas de la historia terrestre

Para completar este proyecto debes
- representar la historia de la Tierra en una escala más conocida, como los meses calendarios o las yardas de un campo de fútbol
- usar dos veces la escala elegida, primero para trazar 5 mil millones de años de historia y, después, para los últimos 600 millones de años
- marcar en las dos escalas los sucesos más importantes en la historia de la vida

Haz un plan Revisa la Figura 16 de las páginas 160 y 161 para conocer los sucesos de los dos períodos. Formen grupos para analizar las escalas que puedan utilizar para sus líneas cronológicas. Pueden ser intervalos de un año o un día o incluso de distancia, como la longitud del patio escolar o de las paredes del salón de clase. Elijan las líneas cronológicas que prefieran. Luego, proyecten y construyan sus líneas cronológicas.

Capítulo 5 C ◆ 137

Sección 1
Teoría de Darwin

Avance de la lectura

Conceptos clave
- ¿Cuáles fueron las observaciones importantes que hizo Darwin durante su viaje?
- ¿Qué hipótesis desarrolló Darwin para explicar las diferencias entre especies similares?
- ¿Cómo dio origen la selección natural a la evolución?

Términos clave
- especie • fósil • adaptación
- evolución • teoría científica
- selección natural • variación

Destreza clave de lectura
Relacionar causa y efecto Haz un organizador gráfico para identificar los factores que provocan la selección natural.

Causas
- Sobreproducción: Más crías de las que pueden sobrevivir

Efecto
- Selección natural

Lab zone Actividad Descubre

¿Cómo varían los seres vivos?

1. Usa una regla para medir el largo y ancho de 10 semillas de girasol. Anota cada medición.
2. Ahora, usa una lupa para examinar detenidamente cada semilla. Anota su forma, color y cantidad de franjas.

Reflexiona
Clasificar ¿En qué aspectos difieren las semillas de tu muestra? ¿En qué aspectos son similares? ¿Cómo agruparías las semillas basándote en sus semejanzas y diferencias?

En diciembre de 1831, el buque británico HMS *Beagle* zarpó de Inglaterra en un viaje de cinco años alrededor del mundo. A bordo iba un hombre de 22 años llamado Charles Darwin. Con el tiempo, Darwin se convirtió en el naturalista del barco, la persona encargada de estudiar el mundo natural. Su tarea era aprender todo lo posible de los seres vivos que viera durante la expedición. Darwin observó plantas y animales que jamás había visto y se preguntó por qué eran tan diferentes de los de Inglaterra. Sus observaciones le llevaron a desarrollar una de las teorías científicas más importantes de todos los tiempos: la teoría de la evolución por selección natural.

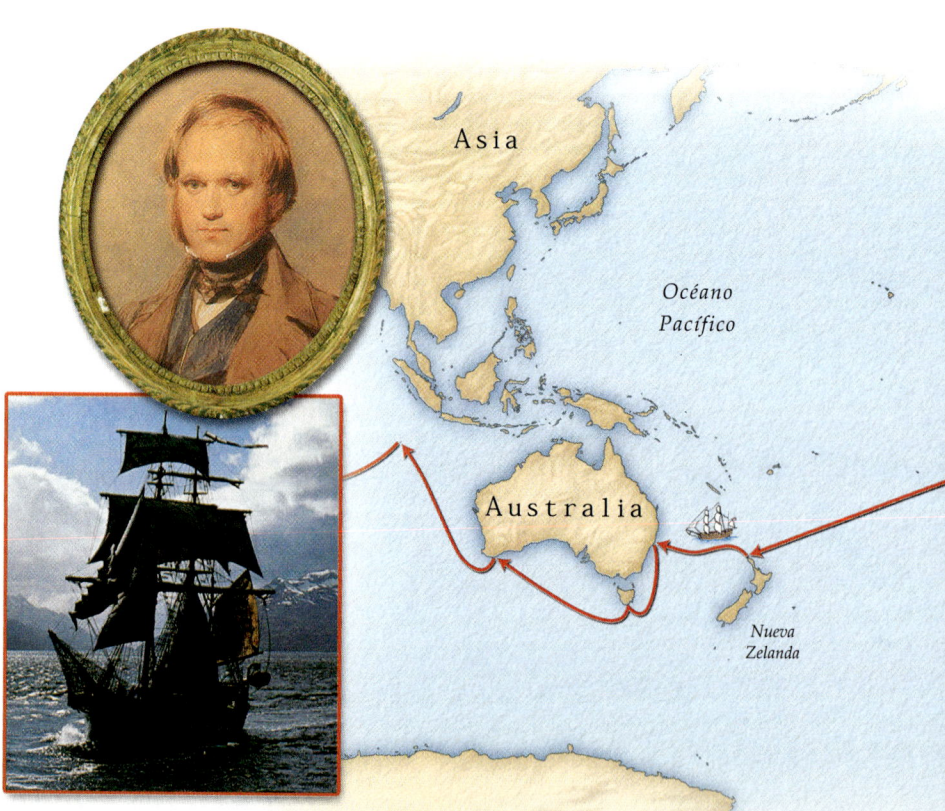

FIGURA 1
El viaje del *Beagle*
Charles Darwin navegó en el *Beagle* hasta las islas Galápagos, donde vio muchos organismos extraños, como tortugas gigantes y piqueros de patas azules.
Interpretar mapas Después de dejar América del Sur, ¿adónde se dirigió el *Beagle*?

Réplica del *Beagle* ▶

Las observaciones de Darwin

Como puedes ver en la Figura 1, el *Beagle* hizo muchas escalas en la costa de América del Sur. De allí, el barco navegó a las islas Galápagos. Darwin observó muchos seres vivos durante el viaje y reflexionó sobre las relaciones entre todos los organismos. **Algunas de las observaciones importantes de Darwin fueron la diversidad de los seres vivos, los restos de antiguos organismos y las características de los organismos de las islas Galápagos.**

Diversidad Darwin estaba asombrado por la gran diversidad de organismos vivos que encontraba. En Brasil, vio insectos que parecían flores y hormigas que marchaban como enormes ejércitos en el suelo del bosque. En Argentina conoció a los perezosos, animales que se mueven lentamente y pasan mucho tiempo colgados de los árboles.

Los científicos modernos saben que los seres vivos son aún más diversos de lo que Darwin jamás imaginó. Han identificado más de 1.7 millones de especies vivas en la Tierra. Una **especie** es un grupo de organismos similares que se aparean entre sí y producen crías fecundas.

Fósiles Darwin vio los huesos fósiles de organismos que murieron hace mucho tiempo. Un **fósil** consiste de los restos o rastros conservados de un organismo que vivió en el pasado. Darwin se sintió intrigado por algunos fósiles que encontró. Por ejemplo, vio huesos fósiles que se parecían a los huesos de los perezosos, sólo que mucho más grandes. Darwin se preguntó qué habría ocurrido con las gigantescas criaturas del pasado.

 ¿Qué es un fósil?

▲ Tortuga gigante

▲ Piquero de patas azules

Organismos de las Galápagos

En 1835, el *Beagle* llegó a las islas Galápagos. Darwin observó muchas extrañas formas de vida en las pequeñas islas, como tortugas gigantes, o tortugas de tierra, algunas de las cuales ¡podían mirarlo directamente a los ojos! Al regresar a Inglaterra, Darwin reflexionó sobre los organismos que había visto. Comparó los organismos de las Galápagos con los de otros lugares, y también los organismos que vivían en las diferentes islas que componen el grupo de las Galápagos. Le sorprendieron algunas de las semejanzas y diferencias que encontró.

Comparación con los organismos sudamericanos

Darwin halló muchas semejanzas entre los organismos de las Galápagos y los de América del Sur. Muchas aves de las islas, como águilas, sinsontes y pinzones, se parecían a los de tierra firme. También muchas plantas eran parecidas a las que recogiera en el territorio continental.

Sin embargo, había importantes diferencias entre los organismos de las islas y los de tierra firme. Las iguanas de las Galápagos tenían grandes garras que les permitían asirse a las resbalosas rocas adonde subían para comer algas. Las iguanas de tierra firme tenían garras más pequeñas que les permitían trepar árboles, donde comían hojas. Puedes observar estas diferencias en la Figura 2.

A partir de sus observaciones, Darwin desarrolló la hipótesis de que un pequeño grupo de especies de plantas y animales llegaron a las Galápagos procedentes de tierra firme, tal vez arrastrados por una tormenta hasta el mar, o flotando en troncos caídos. Cuando las plantas y los animales llegaron a las islas, se reprodujeron y, a la larga, sus crías se hicieron diferentes a los parientes de tierra firme.

Figura 2
Comparar iguanas
Las iguanas del territorio continental de América del Sur (arriba) tienen garras más pequeñas que las iguanas de las islas Galápagos. **Comparar y contrastar** *¿En qué otros aspectos difieren las iguanas?*

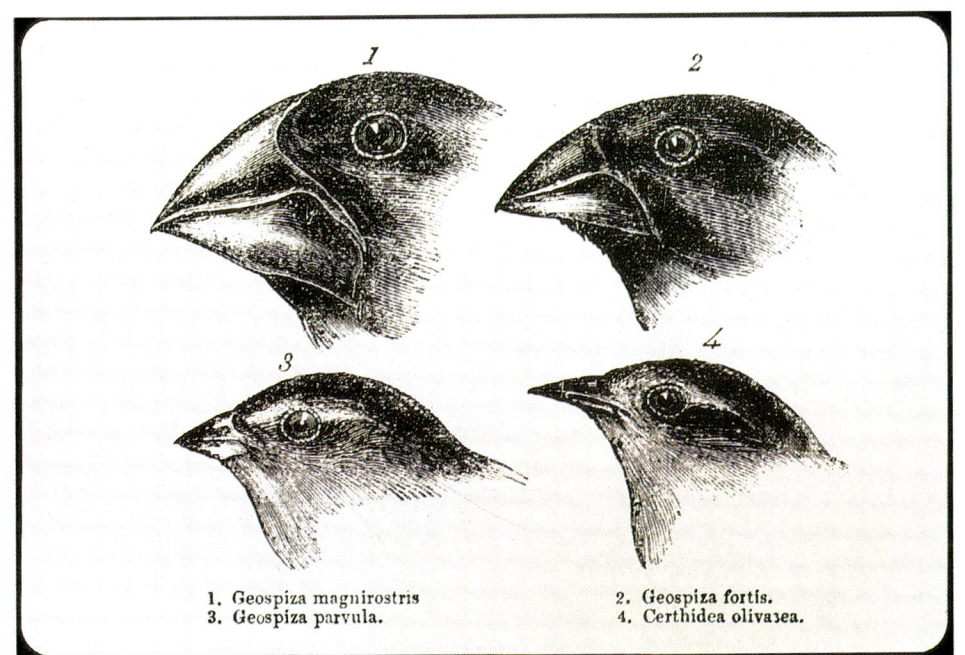

FIGURA 3
Pinzones de las Galápagos
Darwin dibujó estas cuatro especies de pinzones de las Galápagos. La estructura del pico de cada ave es una adaptación que tiene que ver con el tipo de alimento que comen las aves. **Comparar y contrastar** *Identifica algunas diferencias específicas entre los picos de estos pinzones.*

1. Geospiza magnirostris
2. Geospiza fortis.
3. Geospiza parvula.
4. Certhidea olivasea.

Comparaciones entre las islas Mientras viajaba de una isla Galápagos a otra, Darwin observó también muchas diferencias entre los organismos. Por ejemplo, las tortugas de tierra de una isla tenían caparazones con forma de cúpula y los de otra isla tenían caparazones con forma de silla de montar. Un funcionario gubernamental de las islas dijo a Darwin que con sólo ver el caparazón podía saber de qué isla provenía una tortuga.

Adaptaciones Al igual que las tortugas de tierra, los pinzones de las Galápagos eran notablemente distintos de una isla a otra. La diferencia más evidente era la diversidad de tamaño y forma de sus picos, como puedes ver en la Figura 3. Tras estudiar los distintos pinzones, descubrió que cada especie estaba adaptada a la vida que llevaba. Los pinzones que comían insectos tenían picos angostos y aguzados, mientras que los picos de los que comían semillas eran fuertes y anchos.

La forma del pico es un ejemplo de **adaptación,** un rasgo que permite al organismo sobrevivir y reproducirse. La estructura del pico ayuda al pinzón a obtener comida, pero hay adaptaciones que ayudan a un organismo a evitar que otro lo devore. Por ejemplo, algunas plantas, como el vencetósigo, son venenosas o tienen mal sabor. Hay muchas variaciones que contribuyen a la reproducción. Los brillantes colores de ciertas flores atraen a los insectos. Cuando se posan en una flor, los insectos recogen granos de polen que producen espermatozoides y pueden llevarlos a otra flor, permitiendo así la fecundación.

Verifica tu lectura ¿Cómo difieren los picos de los pinzones de una isla Galápagos a otra?

Lab zone Actividad Inténtalo

Adaptaciones de los picos de las aves

Con esta actividad explorarás las adaptaciones de las aves.

1. Dispersa unas semillas para aves y 20 pasas (para representar los insectos) en un plato de cartón.
2. Consigue diversos objetos para utilizar como "pico", como pinzas de cejas, broches de papel y pinzas de ropa, y elige uno.
3. Recoge las semillas que puedas en 10 segundos y deposítalas en un vaso.
4. Recoge los "insectos" que puedas en 10 segundos y deposítalos en un vaso.
5. Utiliza un "pico" diferente y repite los pasos 3 y 4.

Inferir ¿Qué pico funcionó mejor con las semillas? ¿Con los insectos? ¿Cuál es la utilidad de los picos de diferente forma para comer diversos alimentos?

Evolución

Tras su regreso a Inglaterra, Darwin siguió pensando en lo que vio durante su viaje en el *Beagle* y durante 20 meses consultó con otros científicos para reunir más información y refinar sus ideas.

Los razonamientos de Darwin Darwin tenía especial interés en comprender las diferentes adaptaciones de los organismos de las islas Galápagos. **Darwin argumentaba que las plantas o los animales que llegaron a las islas Galápagos encontraron condiciones distintas a las de tierra firme. Propuso la hipótesis de que tal vez las especies habían cambiado lentamente a lo largo de muchas generaciones hasta estar mejor adaptadas a la vida en sus nuevas condiciones.** El cambio gradual de una especie a lo largo del tiempo se denomina **evolución**.

Las ideas de Darwin suelen recibir el nombre de teoría de la evolución. Una **teoría científica** es un concepto comprobado que explica gran diversidad de observaciones. A partir de las pruebas reunidas, Darwin concluyó que los organismos de las islas Galápagos habían cambiado a lo largo del tiempo. Sin embargo, no sabía cómo ocurrieron dichos cambios.

▲ Seattle Slew, bisabuelo de Funny Cide

Distorted Humor, ▲ padre de Funny Cide

Cruce selectivo Darwin estudió otros ejemplos de cambio en los seres vivos, a fin de entender cómo podría ocurrir la evolución. Uno de los ejemplos fueron las crías de animales producidos mediante cruce selectivo. En tiempos de Darwin, los campesinos ingleses utilizaban el cruce selectivo para producir ovejas de fina lana. El mismo Darwin había criado palomas de largas colas con forma de abanico. Permitiendo, repetidas veces, que sólo se aparearan las palomas con muchas plumas, los criadores habían producido palomas con el doble o triple de la cantidad normal de plumas en las colas. Darwin concluyó que un proceso semejante al cruce selectivo debió ocurrir en la naturaleza, pero se preguntó cuál era el proceso que seleccionaba ciertos rasgos.

 ¿Qué es una teoría científica?

FIGURA 4
Cruce selectivo
Los caballos de carreras se cruzan de manera selectiva para obtener el rasgo de velocidad. El padre de Funny Cide, Distorted Humor y su bisabuelo, Seattle Slew, fueron famosos por su rapidez.

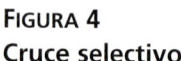
Funny Cide ▶

Sobreproducción
Las tortugas ponen muchos huevos, pero no todas las crías sobreviven.

Variación
Cada tortuga tiene rasgos ligeramente distintos. Por ejemplo, algunas pueden moverse con más rapidez que otras.

Selección natural

En 1858, Darwin y otro biólogo británico, Alfred Russel Wallace, propusieron cada cual una explicación sobre cómo ocurría la evolución en la naturaleza. Al año siguiente, Darwin describió su mecanismo en un libro titulado *El origen de las especies*, donde proponía que la evolución ocurre mediante la selección natural. La **selección natural** es el proceso por el cual los individuos mejor adaptados a su ambiente tienen mayor probabilidad de sobrevivir y reproducirse que los otros miembros de su especie. Darwin identificó factores que afectan el proceso de selección natural: sobreproducción, competencia y variaciones. Las Figuras 5 y 6 muestran cómo podría ocurrir la selección natural en un grupo de tortugas.

Sobreproducción Darwin sabía que la mayoría de las especies produce muchas más crías de las que pueden sobrevivir. Muchas especies producen tantos hijos que no hay suficientes recursos como alimento, agua y espacio para que todos sobrevivan. Por ejemplo, muchos insectos hembras ponen miles de huevos. Si todos los insectos recién nacidos sobrevivieran, pronto acabarían con todas las plantas y otros animales. Pero Darwin sabía que eso no ocurría. ¿Por qué?

Variaciones Como aprendiste en tu estudio de la genética, los miembros de una especie presentan rasgos que los hacen diferentes entre sí. Cualquier diferencia entre los individuos de una misma especie se denomina **variación.** Por ejemplo, ciertos insectos pueden comer alimentos que otros insectos de su especie evitan. El color de algunos insectos puede ser distinto de la mayoría de los otros miembros de su especie.

FIGURA 5
Sobreproducción y variación
Como las modernas tortugas marinas, las de esta ilustración producen muchas más crías de las que sobreviven. Algunas tortugas están mejor adaptadas que otras para sobrevivir en su medio ambiente.
Relacionar causa y efecto *¿Qué adaptaciones ayudarían a sobrevivir a las jóvenes tortugas marinas?*

Lab zone Actividad Destrezas

Hacer modelos
Dispersa 15 botones negros y 15 blancos en una hoja de papel blanco. Pide a un compañero que tome el tiempo para ver cuántos botones puedes recoger en 10 segundos. Levanta un botón a la vez. ¿Recogiste más botones de un color que de otro? ¿Por qué? ¿Cómo supones que una variación, como el color, pueda afectar el proceso de selección natural?

Competencia
Las tortugas compiten entre sí. La tortuga más rápida puede escapar de un depredador.

Selección
Variaciones como la velocidad hacen que algunas tortugas tengan mayor capacidad para sobrevivir en su ambiente.

FIGURA 6
Competencia y selección
Las variaciones entre las tortugas permiten que unas estén mejor adaptadas para sobrevivir. Las tortugas que sobreviven y alcanzan la madurez pueden reproducirse.
Aplicar conceptos ¿Cuáles son algunas de las variaciones que podrían tener las tortugas marinas?

Competencia Como los recursos son limitados, los miembros de una especie compiten entre sí para sobrevivir. La competencia no siempre consiste en enfrentamientos físicos entre los miembros de la especie: suele ser indirecta. Por ejemplo, muchos insectos no encuentran suficiente comida y otros son presa de depredadores, de modo que sólo unos cuantos sobreviven.

Selección Darwin observó algunas variaciones que ayudaban a los organismos a adaptarse mejor a su ambiente. Esos organismos tienen mayores probabilidades de sobrevivir y reproducirse, y sus crías heredan los rasgos útiles. A su vez, algunas crías tienen mayor probabilidad de sobrevivir y reproducirse que otras, de modo que transmiten esos rasgos a sus hijos. Después de muchas generaciones, más miembros de la especie tendrán los rasgos útiles.

En realidad, lo que sucede es que el ambiente "selecciona" organismos con rasgos útiles para que sean los progenitores de la siguiente generación. **Darwin propuso que, a través de mucho tiempo, la selección natural puede provocar un cambio. Las variaciones útiles se acumulan poco a poco en la especie, mientras que las desfavorables desaparecen.**

Cambio ambiental Un cambio en el ambiente puede afectar la capacidad de supervivencia de un organismo, provocando también la selección. Por ejemplo, el mímulo (*Mimulus luteus*) es una planta que no puede crecer en suelos con elevadas concentraciones de cobre. Sin embargo, debido a la variación genética, algunas variedades de mímulo crecen ahora cerca de minas de cobre, a pesar de la concentración del metal en la tierra.

Tal vez sea así como ocurrió la selección natural de los mímulos que crecen en suelos contaminados de cobre. Cuando al principio la tierra de los alrededores de la mina se contaminó de cobre, puede que unos cuantos mímulos sobreviviesen en los altos niveles del metal. Estas plantas crecieron, se reprodujeron y después de muchas generaciones, casi todas las semillas que germinaban producían mímulos resistentes al cobre.

Para: Vínculos sobre Charles Darwin, disponible en inglés.
Visita: www.SciLinks.org
Código Web: scn-0351

Supervivencia y reproducción Algunas tortugas sobreviven el tiempo necesario para reproducirse. Las crías pueden heredar rasgos favorables de los padres.

Genes y selección natural Sin variaciones, todos los miembros de una especie tendrían los mismos rasgos. No habría selección natural porque todos tendrían las mismas posibilidades de sobrevivir y reproducirse. Pero, ¿de dónde vienen las variaciones? ¿Cómo pasan de padres a hijos?

Darwin no pudo explicar qué causaba las variaciones o cómo se heredaban. Posteriormente, los científicos descubrieron que son producto de mutaciones y de la distribución de alelos durante la meiosis. Los genes pasan de padres a hijos y, por esta razón, sólo los rasgos hereditarios, o controlados por genes, son afectados por la selección natural.

Sección 1 Evaluación

Destreza clave de lectura
Relacionar causa y efecto Verifica la información de tu organizador gráfico con un compañero.

Repasar los conceptos clave
1. a. **Hacer una lista** Nombra tres observaciones que hiciera Darwin durante su viaje.
   b. **Comparar y contrastar** Contrasta las iguanas de las Galápagos y las sudamericanas.
   c. **Aplicar conceptos** ¿Qué es una adaptación? ¿Por qué las garras de las iguanas de las Galápagos y de América del Sur son adaptaciones?
2. a. **Repasar** ¿Cómo explicó Darwin que las especies de las Galápagos tuvieran adaptaciones diferentes a las de especies sudamericanas parecidas?
   b. **Desarrollar hipótesis** ¿Cómo confirma el cruce selectivo la hipótesis de Darwin?
3. a. **Definir** ¿Qué es variación? ¿Qué es selección natural?
   b. **Relacionar causa y efecto** ¿Cómo actúan conjuntamente la variación y la selección natural para producir la evolución?
   c. **Aplicar conceptos** Supón que el clima de una región se vuelve mucho más árido que antes. ¿Qué variaciones podría producir la selección natural en las plantas de la región?

Escribir en ciencias

Entrevista Eres un reportero del siglo XIX que entrevista a Charles Darwin acerca de su teoría de la evolución. Escribe tres preguntas que le harías y las posibles respuestas de Darwin.

Laboratorio de destrezas

La naturaleza en acción

Problema
¿Cómo cambian las especies a través del tiempo?

Destrezas aplicadas
predecir, hacer modelos

Materiales
- tijeras
- marcador
- cartulina de dos colores

Procedimiento

1. En este laboratorio trabajarás con dos compañeros. Uno usará la cartulina de un color y hará las 50 tarjetas "ratón" del equipo, como describe la Tabla 1. El segundo usará la otra cartulina y hará las 25 tarjetas "acontecimiento" que describe la Tabla 2. El tercero copiará la tabla de datos y anotará todos los resultados.

PARTE 1 Un ambiente de arena blanca

2. Revuelvan las tarjetas ratón.
3. Comiencen modelando lo que le podría ocurrir a un grupo de ratones en un ambiente de arena blanca. Elijan dos tarjetas ratón. Los pares de alelos *WW* y *Ww* producen un ratón blanco. Los pares de alelos *ww* producen un ratón pardo. Anoten el color del ratón con un pequeño trazo vertical en la tabla de datos.
4. Elijan una tarjeta de acontecimientos. Una tarjeta "S" significa que el ratón sobrevive. Las "D" o "P" significan que el ratón muere. Una "C" significa que el ratón muere si su color contrasta con las dunas de arena blanca (es decir, sólo morirán los ratones pardos). Anoten cada muerte con un pequeño trazo vertical en la tabla de datos.
5. Si el ratón vive, coloquen dos tarjetas de ratón en una pila de "ratones vivos". Si muere, colóquenlas en una pila de "ratones muertos". Pongan la tarjeta de acontecimiento debajo de su pila.
6. Repitan los pasos 3 a 5 con las tarjetas ratón restantes para estudiar la primera generación. Anoten sus resultados.
7. No usen las tarjetas de ratones muertos. Revuelvan las tarjetas del montón de ratones vivos y las tarjetas de acontecimientos.
8. Repitan los pasos 3 a 7 para la segunda generación. Repitan los pasos 3 a 6 para la tercera generación.

PARTE 2 Ambiente de suelo forestal

9. ¿Cómo diferirían los datos si los ratones del modelo vivieran en un suelo forestal de color oscuro? Anoten sus predicciones.
10. Copien nuevamente la tabla de datos. Usen las tarjetas para comprobar su predicción. Recuerden que, ahora, una tarjeta "C" significa que morirá cualquier ratón de pelaje blanco.

Tabla de datos				
Tipo de ambiente:				
Generación	Población		Muertes	
	Ratones blancos	Ratones pardos	Ratones blancos	Ratones pardos
1				
2				
3				

Tabla 1: Tarjetas ratón		
Cantidad	Rótulo	Significado
25	W	Alelo dominante para pelaje blanco
25	w	Alelo recesivo para pelaje pardo

Tabla 2: Tarjetas acontecimiento		
Cantidad	Rótulo	Significado
5	S	El ratón sobrevive.
1	D	Una enfermedad mata al ratón.
1	P	Un depredador mata a los ratones de cualquier color.
18	C	Un depredador mata a los ratones que contrastan con el medio ambiente.

Analiza y concluye

1. **Calcular** En la parte 1, ¿cuántos ratones blancos hubo en cada generación? ¿Cuántos ratones pardos? ¿Qué color tuvo la mayor tasa de mortalidad en cada generación? (*Pista*: Calculen la tasa de mortalidad de los ratones blancos dividiendo la cantidad de ratones blancos que murieron entre la cantidad total de ratones blancos, y luego multipliquen el resultado por 100 para obtener el porcentaje).

2. **Predecir** Si los acontecimientos de la parte 1 hubieran ocurrido en la naturaleza, ¿cómo habría cambiado el grupo de ratones a través del tiempo?

3. **Observar** ¿Cómo difieren los resultados de la parte 2 de los obtenidos en la parte 1?

4. **Hacer modelos** Si aumentan la cantidad de tarjetas "C", ¿cómo se vería afectado su modelo? ¿Qué pasaría si redujeran la cantidad de tarjetas "C"?

5. **Comunicar** Imaginen que van a explicar el objetivo de este laboratorio a Charles Darwin. Escriban la explicación que le darían. Antes de escribir, respondan a las siguientes preguntas: ¿De qué manera modela esta investigación el proceso de selección natural? ¿En qué aspectos difieren la selección natural y este modelo?

Diseña un experimento

Elige una especie distinta con un rasgo que te interese. Prepara tarjetas parecidas a las del laboratorio para investigar la forma en la que la selección natural produciría la evolución de tu especie. *Pide permiso a tu maestro antes de iniciar la investigación.*

Sección 2
Evidencia de evolución

Avance de la lectura

Conceptos clave
- ¿Qué pruebas respaldan la teoría de la evolución?
- ¿Cómo infieren los científicos las relaciones evolutivas entre diversos organismos?
- ¿Cómo se forma una nueva especie?

Términos clave
- estructuras homólogas
- árbol ramificado

Destreza clave de lectura
Identificar evidencia de apoyo Una evidencia es un hecho que puede confirmarse mediante pruebas u observación. Mientras lees, identifica las evidencias que apoyan la teoría de la evolución. Anótalas en un organizador gráfico como el siguiente.

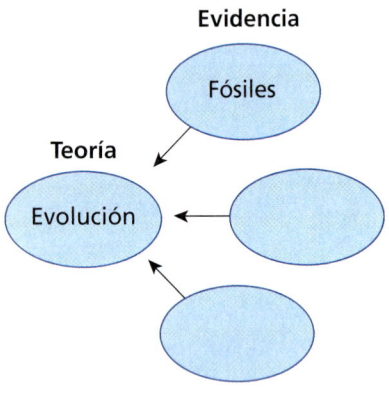

Lab zone — Actividad Descubre

¿Cómo puedes clasificar las especies?

1. Reúne de seis a ocho plumas diferentes. Cada una representa una especie diferente de organismos similares.
2. Elige un rasgo que varíe entre tus especies de pluma, como tamaño o color de tinta. Usa el rasgo para dividir las especies de plumas en dos grupos.
3. Ahora elige otro rasgo. Divide cada grupo en grupos más pequeños.

Reflexiona
Clasificar ¿Cuáles son las especies de pluma que comparten más características? ¿Qué sugieren las semejanzas sobre la evolución de la especie de plumas?

¿Acaso la selección natural ocurre en la actualidad? Las evidencias indican que sí. Considera lo que sucede cuando se usan sustancias químicas llamadas plaguicidas para acabar con insectos como las cucarachas. Cuando el plaguicida se usa por primera vez en un edificio, mata casi todos los insectos, pero algunos tienen rasgos que los protegen del químico y sobreviven.

Los insectos supervivientes se reproducen y algunas crías heredan el rasgo de protección contra el plaguicida. A su vez, las crías supervivientes se reproducen. Cada vez que se usa el plaguicida, sólo sobreviven insectos resistentes a los efectos dañinos de la sustancia. Después de muchos años, la mayoría de las cucarachas del edificio son resistentes al plaguicida. Por tanto, la sustancia ya no es eficaz para controlar los insectos. El desarrollo de resistencia al plaguicida es una evidencia que respalda la teoría de la evolución de Darwin.

FIGURA 7
Resistencia a los plaguicidas
Ciertos plaguicidas ya no son eficaces para matar muchos tipos de insectos, como estas cucarachas. La creciente resistencia a los plaguicidas es prueba de que todavía ocurre la selección natural.

Interpretar las evidencias

A partir de la época de Darwin, los científicos han descubierto muchas evidencias que respaldan la teoría de la evolución. **Los fósiles, los patrones de desarrollo temprano y las estructuras corporales semejantes proporcionan evidencias de que los organismos han cambiado a través del tiempo.**

Fósiles El estudio de los fósiles permite a los científicos inferir las estructuras de antiguos organismos. En muchos casos, los fósiles demuestran que los organismos del pasado fueron muy diferentes de los que viven hoy día. En la siguiente sección conocerás más sobre la importancia de los fósiles.

Semejanzas en el desarrollo temprano Al comparar el desarrollo temprano de distintos organismos, los científicos pueden hacer inferencias sobre sus relaciones evolutivas. Supongamos que te piden que compares un pez adulto, una salamandra, un pollo y una zarigüeya. Sin duda dirás que son muy diferentes entre sí. Sin embargo, durante su desarrollo temprano los cuatro organismos son muy similares, como puedes ver en la Figura 8. Por ejemplo, durante las etapas tempranas del desarrollo, los cuatro organismos tienen cola y una hilera de diminutas ranuras en sus cuellos. Dichas semejanzas sugieren que estas cuatro especies están relacionadas y comparten un antepasado común.

Para: Vínculos sobre la evolución, disponible en inglés.
Visita: www.SciLinks.org
Código Web: scn-0352

FIGURA 8
Semejanzas en el desarrollo
Estos animales se parecen durante su desarrollo temprano. **Comparar y contrastar** ¿Cuáles son las semejanzas que observas? ¿Cuáles son las diferencias?

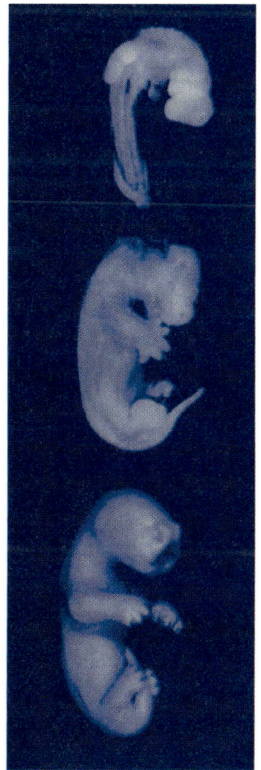 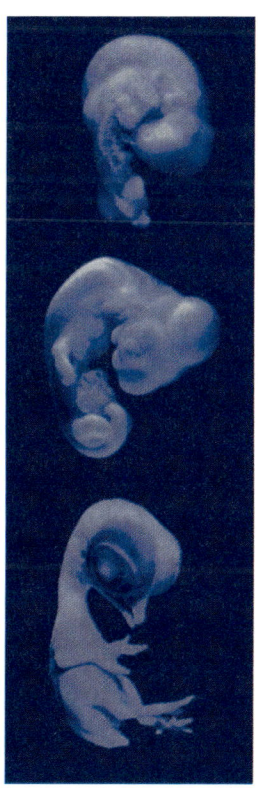  

Zarigüeya   **Pollo**   **Pez**   **Salamandra**

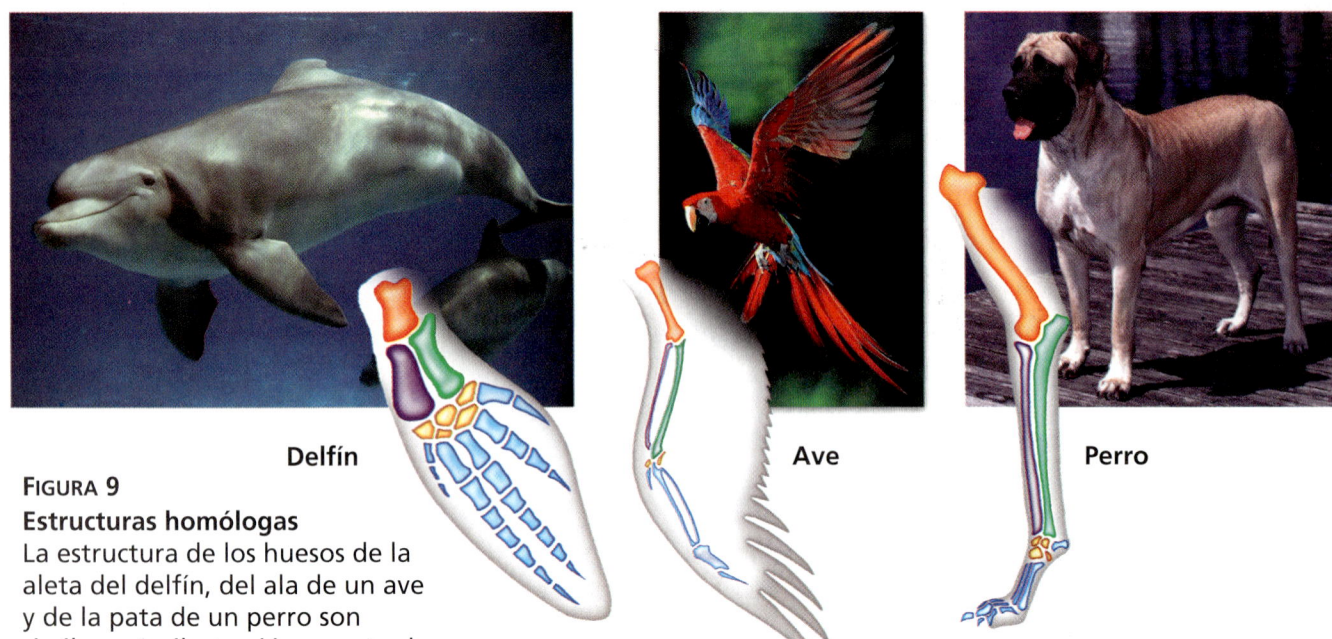

FIGURA 9
Estructuras homólogas
La estructura de los huesos de la aleta del delfín, del ala de un ave y de la pata de un perro son similares. La ilustración muestra los huesos homólogos con el mismo color. **Interpretar diagramas** ¿En qué se parecen los tres huesos anaranjados?

Lab zone Actividad Destrezas

Sacar conclusiones

Observa el dibujo de los huesos de una pata de cocodrilo. Compáralo con las ilustraciones de la Figura 9. ¿Crees que los cocodrilos comparten un antepasado común con aves, delfines y perros? Usa evidencias para respaldar tu respuesta.

Cocodrilo

Semejanzas en la estructura corporal Hace mucho, los científicos comenzaron a comparar las estructuras corporales de las especies vivas buscando pistas de la evolución. De hecho, fue así como Darwin logró comprender la evolución ocurrida en las islas Galápagos. La estructura corporal de un organismo es la composición básica de su cuerpo como, por ejemplo, la distribución de huesos. Peces, anfibios, reptiles, aves y mamíferos tienen una estructura corporal semejante: un esqueleto interno con espinazo. Es por eso que los científicos clasifican estos cinco grupos animales bajo el nombre de vertebrados. Es posible que estos grupos hayan heredado una estructura similar debido a que compartieron un antepasado vertebrado.

Observa con atención la estructura de los huesos del ala, la aleta y la pata que muestra la Figura 9. Podrás observar que los huesos de las extremidades anteriores de los tres animales están dispuestos de manera parecida. Estas semejanzas son evidencia de que los tres organismos evolucionaron de un antepasado común. Las estructuras similares que las especies relacionadas heredan de un antepasado común reciben el nombre de **estructuras homólogas.**

A veces los científicos encuentran fósiles que respaldan las evidencias que proporcionan las estructuras homólogas. Por ejemplo, hace poco los científicos descubrieron fósiles de antiguas criaturas que parecen ballenas. Los fósiles revelan que los antepasados de la ballena moderna tuvieron patas y caminaron en tierra firme. Esta evidencia también apoya otras pruebas que indican que ballenas y humanos tienen un antepasado común.

Verifica tu lectura ¿En qué se parecen las estructuras corporales de peces, anfibios, reptiles y mamíferos?

Inferir relaciones entre las especies

Los fósiles, los patrones de desarrollo temprano y la estructura corporal son evidencias de evolución. Los científicos también utilizan este tipo de evidencia para inferir las relaciones entre distintos organismos. No hace mucho, las únicas herramientas que tenían los científicos para determinar la relación entre especies eran fósiles, embriones y estructuras corporales. Hoy día, también comparan el ADN y las secuencias de proteínas de distintas especies. **Los científicos han combinado las evidencias obtenidas del ADN, la estructura proteica, los fósiles, el desarrollo temprano y la estructura corporal para identificar las relaciones evolutivas entre las especies.**

Semejanzas del ADN ¿Por qué algunas especies tienen estructuras corporales y patrones de desarrollo semejantes? Los científicos infieren que las especies heredaron muchos genes iguales de un antepasado común. En fechas recientes, los científicos han empezado a comparar los genes de distintas especies para determinar cuán estrecha es su relación.

Recuerda que los genes están hechos de ADN, así que al comparar la secuencia de bases hidrogenadas del ADN de distintas especies, los científicos pueden inferir cuán relacionadas están. Cuanto más parecidas sean las secuencias del ADN, mayor es la relación entre las especies. Por ejemplo, el análisis de ADN revela que los elefantes y la musaraña elefante de la Figura 10 están estrechamente relacionados.

Las bases de ADN de un gen especifican el tipo de proteína que debe producirse. Por tanto, los científicos también pueden comparar el orden de aminoácidos de una proteína para determinar cuán relacionadas están dos especies.

Combinar evidencias En la mayoría de los casos, la evidencia de las estructuras del ADN y de las proteínas han confirmado conclusiones derivadas de fósiles, embriones y estructuras corporales. Por ejemplo, recientes comparaciones del ADN revelan que los perros son más parecidos a los lobos que a los coyotes. Sin embargo, los científicos ya habían sacado esa conclusión basándose en las semejanzas de estructura y desarrollo de las tres especies.

FIGURA 10
ADN y relaciones
Debido a su aspecto, se pensó que la minúscula musaraña elefante estaba relacionada con los ratones y otros roedores. Sin embargo, las comparaciones de ADN revelan que, en realidad, está más relacionada con los elefantes.

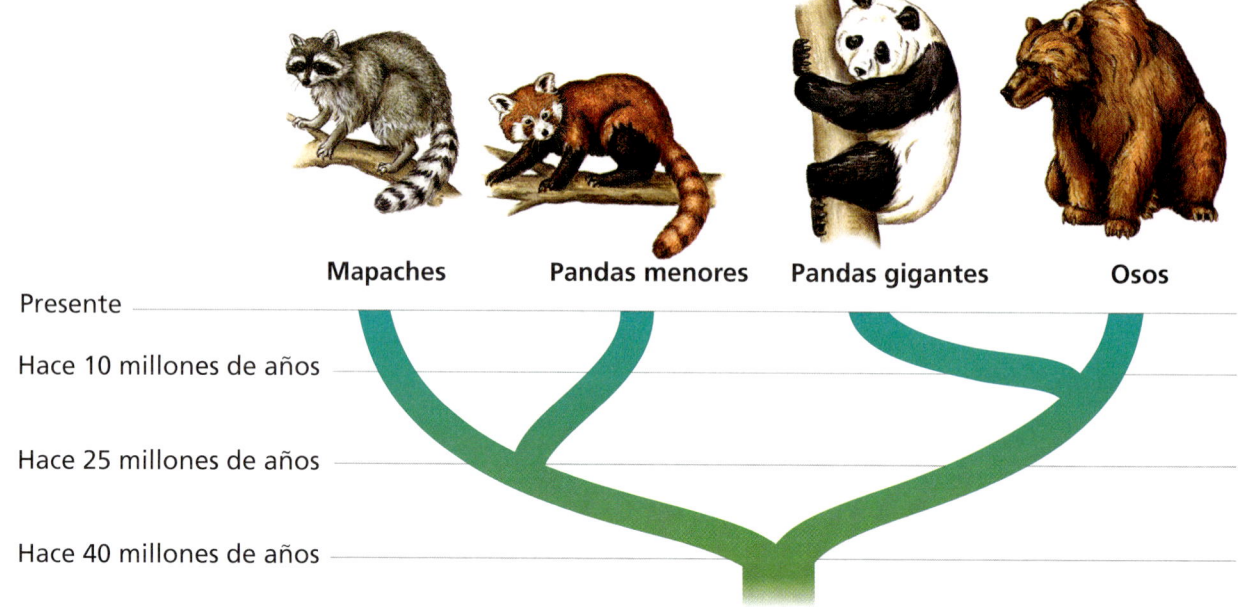

FIGURA 11
Un árbol ramificado
El árbol ramificado describe la opinión científica acerca de la relación entre mapaches, pandas menores, pandas gigantes y osos.
Interpretar diagramas ¿Crees que los pandas gigantes están más relacionados con los pandas menores o con los osos?

Pero, a veces, los científicos han modificado sus hipótesis sobre las relaciones entre especies. Por ejemplo, se pensaba que los pandas menores estaban relacionados con los pandas gigantes. Sin embargo, los estudios de ADN y otros métodos revelaron que el panda gigante y los pandas menores no tienen una estrecha relación. De hecho, el panda gigante está más relacionado con los osos, y el panda menor con los mapaches.

Árboles ramificados Los científicos utilizan evidencias combinadas sobre la relación entre especies para dibujar árboles ramificados. Un **árbol ramificado** es un diagrama que describe la opinión científica acerca de la relación entre grupos de organismos. La Figura 11 muestra la posible relación entre mapaches, pandas menores, pandas gigantes y osos.

 ¿Qué es un árbol ramificado?

¿Cómo se forman nuevas especies?

La selección natural explica la manera en la que las variaciones provocan cambios en las especies. Pero, ¿cómo se forma una especie nueva? **Una especie nueva puede formarse cuando un grupo de individuos queda aislado del resto de su especie durante el tiempo suficiente para evolucionar diferentes rasgos.** El aislamiento, o separación total, ocurre cuando algunos miembros de una especie no pueden volver a reunirse con los demás. Ríos, volcanes o cordilleras pueden separar a los miembros de una especie.

La ardilla de Abert y la ardilla de Kaibab viven en los bosques del suroeste de Estados Unidos. Como ves en la Figura 12, el Gran Cañón separa las poblaciones de ambos tipos de ardilla y aunque las dos pertenecen a una misma especie, tienen características ligeramente distintas. Por ejemplo, la ardilla de Kaibab tiene el vientre negro, mientras que la de Abert lo tiene blanco. Es posible que, algún día, las dos variedades de ardillas se vuelvan tan distintas entre sí que se conviertan en especies diferentes.

FIGURA 12
Ardillas de Kaibab y Abert
Estos dos tipos de ardilla han estado aislados durante mucho tiempo. A la larga, el aislamiento podría dar origen a dos especies distintas.

Sección 2 Evaluación

Destreza clave de lectura

Identificar evidencia de apoyo Consulta tu organizador gráfico sobre la teoría de la evolución para responder a la pregunta 1.

Repasar los conceptos clave

1. a. **Hacer una lista** Nombra tres tipos de evidencia que respalden la teoría de la evolución.
   b. **Comparar y contrastar** ¿Cuál es la principal diferencia que se ha descubierto entre las ballenas modernas y los fósiles de sus antepasados?
   c. **Sacar conclusiones** ¿Cómo demuestra dicha diferencia que las ballenas y los animales de cuatro patas tal vez desciendan de un antepasado común?
2. a. **Identificar** Cuando se intenta determinar lo estrecha que es la relación entre dos especies, ¿qué evidencias se examinan?
   b. **Inferir** De esas evidencias que enumeraste antes, ¿cuáles son las más confiables? Explica tu respuesta.
   c. **Aplicar conceptos** Los insectos y las aves tienen alas. ¿Qué evidencia podría demostrar la relación entre ellos? Explica tu respuesta.
3. a. **Repasar** ¿Cómo puede producir el aislamiento la formación de una nueva especie?
   b. **Predecir** Una especie de serpiente vive en el bosque. Una nueva autopista separa dos grupos de serpientes. ¿Crees que estos dos grupos de serpientes se conviertan en especies distintas? ¿Por qué?

Escribir en ciencias

Explicar un árbol ramificado Supón que el árbol ramificado de la Figura 11 es parte de un museo. Escribe una explicación del árbol para los visitantes. Describe las relaciones que muestra el árbol, incluyendo las evidencias que respaldan las relaciones.

Capítulo 5 C ◆ 153

Laboratorio de destrezas

Moléculas reveladoras

Problema
¿Qué información puede revelar la estructura de una proteína acerca de las relaciones evolutivas entre distintos organismos?

Destrezas aplicadas
interpretar datos, sacar conclusiones

Procedimiento
1. Observa la tabla de la parte inferior. Muestra la secuencia de aminoácidos de una región de la proteína citocromo C de seis animales distintos.
2. Predice cuál de los cinco animales restantes está relacionado más estrechamente con el caballo. ¿Cuál crees que es el menos relacionado?
3. Compara la secuencia de aminoácidos del caballo y el burro. ¿Cuántos aminoácidos difieren entre ambas especies? Anota la cifra en tu cuaderno.
4. Compara la secuencia de aminoácidos del caballo y de cada uno de los otros animales. Anota la cantidad de diferencias en tu cuaderno.

Analiza y concluye
1. **Interpretar datos** ¿Cuál es el animal cuya secuencia de aminoácidos es más parecida a la del caballo? ¿Qué semejanzas y diferencias observaste?
2. **Sacar conclusiones** Basándote en estos datos, ¿cuál es la especie más estrechamente relacionada con el caballo? ¿Cuál es la menos relacionada?
3. **Interpretar datos** La secuencia de aminoácidos de toda la proteína del caballo difiere de las de otros animales de la siguiente manera: burro, 1 diferencia; conejo, 6; serpiente, 22; tortuga, 11; y ballena, 5. ¿Cuál es la diferencia entre las relaciones de toda la proteína y la región que examinaste?
4. **Comunicar** Escribe un párrafo que explique por qué los datos sobre secuencias de aminoácidos pueden proporcionar información de las relaciones evolutivas entre organismos.

Explora más
Utiliza los datos de aminoácidos para construir un árbol ramificado que incluya caballos, burros y serpientes. El árbol debe mostrar la manera como las tres especies pudieron haber evolucionado a partir de un antepasado común.

Segmento de la proteína citocromo C en los animales															
Animal	Posición del aminoácido														
	39	40	41	42	43	44	45	46	47	48	49	50	51	52	53
Caballo	A	B	C	D	E	F	G	H	I	J	K	L	M	N	O
Burro	A	B	C	D	E	F	G	H	Z	J	K	L	M	N	O
Conejo	A	B	C	D	E	Y	G	H	Z	J	K	L	M	N	O
Serpiente	A	B	C	D	E	Y	G	H	Z	J	K	W	M	N	O
Tortuga	A	B	C	D	E	V	G	H	Z	J	K	U	M	N	O
Ballena	A	B	C	D	E	Y	G	H	Z	J	K	L	M	N	O

Sección 3

Integración con las ciencias de la Tierra

El registro fósil

Avance de la lectura

Conceptos clave
- ¿Cómo se forma la mayoría de los fósiles?
- ¿Cómo pueden los científicos determinar la edad de un fósil?
- ¿Qué es la Escala de tiempo geológico?
- ¿Cuáles son algunas preguntas sin respuesta sobre la evolución?

Términos clave
- fósil petrificado
- molde
- vaciado
- datación relativa
- datación radiactiva
- elemento radiactivo
- vida media
- registro fósil
- extinto
- gradualismo
- equilibrio puntuado

Destreza clave de lectura
Desarrollar el vocabulario Después de leer la sección, usa tus propias palabras para escribir una definición de cada término clave.

Actividad Descubre

¿Qué puedes aprender de los fósiles?

1. Observa el fósil de la fotografía. Describe sus características con todo detalle.
2. Basándote en tu descripción del paso 1, trata de explicar cómo vivió el organismo. ¿Cómo se movía? ¿Dónde vivió?

Reflexiona
Inferir ¿Qué tipo de organismo moderno crees que esté relacionado con el fósil? ¿Por qué?

El dinosaurio fósil de la fotografía se llama "Sue". Si los fósiles hablaran, Sue podría decirnos cosas como: "No me importa que los visitantes del museo me llamen Sue, pero me enfurece que se refieran a mí como 'ese viejo fósil'. Soy un *Tyrannosaurus rex* de 67 millones de años y merezco respeto. Alguna vez fui temible. Mi cráneo mide un metro y medio de largo y mi diente más grande tiene más de 30 centímetros de longitud. ¡Ay, las historias que podría contar! Pero tendré que dejar que mis huesos hablen por sí solos. Los científicos aprenden muchas cosas estudiando fósiles como yo".

Por supuesto, los fósiles no pueden hablar ni pensar. Sin embargo, fósiles como Sue revelan la historia de la vida.

FIGURA 13 Fósil de dinosaurio
El dinosaurio llamado "Sue" fue descubierto en 1990 en Dakota del Sur. Hoy se encuentra en el museo Field de Chicago.

FIGURA 14
Formación de los fósiles
La mayoría de los fósiles, como el de este cocodrilo, se forma en la roca sedimentaria. **Relacionar causa y efecto** *Durante la formación del fósil, ¿qué materiales sustituyen los restos del cocodrilo?*

Un antiguo cocodrilo muere y se hunde en el fondo del río.

Capas de sedimento cubren el cuerpo del cocodrilo.

¿Cómo se forman los fósiles?

La formación de cualquier fósil es un suceso muy singular. En general, sólo las partes duras del cuerpo, como huesos o conchas de animales, forman un fósil. **La mayoría de los fósiles se forma cuando los organismos muertos quedan enterrados bajo capas de sedimento.** El sedimento consta de partículas de tierra y roca. Cuando un río fluye hacia un lago o mar, los sedimentos que arrastra se asientan en el fondo formando capas que pueden cubrir organismos muertos. A lo largo de millones de años, las capas pueden endurecerse y transformarse en roca sedimentaria. La Figura 14 muestra el proceso de formación de un fósil.

Fósiles petrificados Algunos restos enterrados bajo el sedimento pueden volverse roca. Los minerales disueltos en el agua se filtran en el cuerpo enterrado y poco a poco reemplazan los restos, transformándolos en roca. Los fósiles así formados se denominan **fósiles petrificados.**

Moldes y vaciados A veces, las conchas u otras partes duras enterradas se disuelven poco a poco bajo el sedimento y dejan un espacio vacío en el lugar que antes ocupaban. El espacio vacío con forma de organismo o parte de un organismo se denomina **molde.** Ahora bien, el molde puede llenarse de minerales endurecidos formando un vaciado. Un **vaciado** es una copia de la silueta del organismo que produjo el molde.

Restos preservados Además de los sedimentos, hay otras sustancias que conservan o preservan un organismo. Por ejemplo, el hielo puede preservar organismos completos tan grandes como el mamut, que tenía aspecto de elefante y vivió hace miles de años.

 ¿Cuál es la diferencia entre molde y vaciado?

Lab zone Actividad Inténtalo

Conservación en hielo

1. Pon fruta fresca (como manzana rebanada, fresas y arándanos) en un recipiente de plástico abierto.
2. Cubre la fruta con agua. Pon el recipiente en el congelador.
3. Pon el mismo tipo y cantidad de fruta en otro recipiente abierto. Déjalo donde nadie lo toque.
4. Después de cuatro días, observa el contenido de los dos recipientes.

Inferir Según tus observaciones, explica por qué los fósiles preservados en hielo pueden tener partes blandas y carnosas en el cuerpo.

A lo largo de millones de años, los sedimentos se endurecen transformándose en roca. El cocodrilo se preserva como fósil.

La roca se erosiona y el fósil queda expuesto en la superficie.

Para: Actividad de formación de fósiles, disponible en inglés.
Visita: PHSchool.com
Código Web: cep-3053

Cómo determinar la edad de un fósil

Para comprender cómo han cambiado los seres vivos a través del tiempo, los científicos necesitan determinar la edad de los fósiles y así poder identificar la secuencia en que ocurrieron los acontecimientos del pasado. Esta información sirve para reconstruir la historia de la vida en la Tierra.

Por ejemplo, supón que un científico estudia dos fósiles de antiguos caracoles, el Caracol A y el Caracol B. Los fósiles se parecen, pero tienen suficientes diferencias para saber que no pertenecen a la misma especie. Tal vez, aventura el científico, la especie del Caracol A cambió con el tiempo y dio origen a la especie del Caracol B. Para averiguar si su hipótesis es válida, el científico debe saber cuál de los dos fósiles es más viejo: A o B. **Los científicos pueden determinar la edad de un fósil de dos maneras: mediante datación relativa y datación radiactiva.**

Datación relativa Los científicos utilizan la **datación relativa** para determinar cuál de los dos fósiles es más antiguo. A fin de comprender cómo funciona la datación relativa, imagina que un río traspasó las capas de roca sedimentaria, formando un cañón. Si observas las paredes del cañón, verás que las capas de roca sedimentaria están apiladas una encima de otra. Las capas más próximas a la parte superior del cañón son las capas de roca más recientes. Al descender por el cañón, las capas son más antiguas. Por consiguiente, los fósiles hallados en las capas superiores son más recientes que los encontrados cerca del fondo del cañón.

La datación relativa sólo sirve cuando se conserva la secuencia original de las capas de roca. Aunque la datación relativa permite determinar si un fósil es más antiguo que otro, no proporciona la edad exacta del fósil.

Matemáticas: Analizar datos

Descomposición radiactiva

La vida media del potasio 40, elemento radiactivo, es de 1,300 millones de años. Esto significa que la vida media del potasio 40 de una muestra se descompondrá en argón 40 cada 1,300 millones de años. La gráfica muestra la descomposición de una muestra de 1 gramo de potasio 40 en argón 40, a lo largo de miles de millones de años.

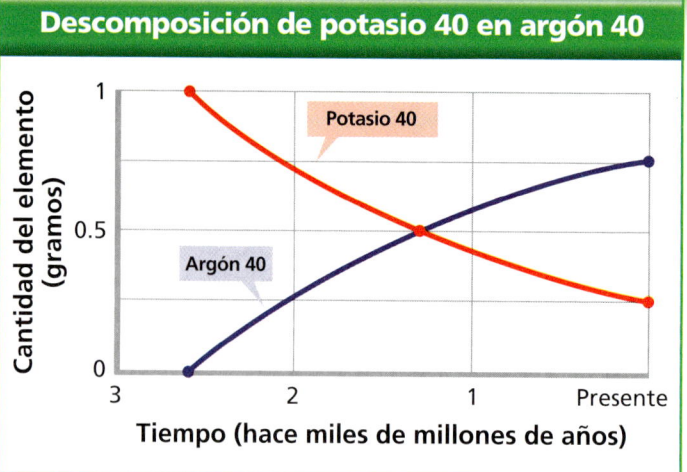

Descomposición de potasio 40 en argón 40

1. **Leer gráficas** ¿Qué representa la línea roja? ¿Qué representa la línea azul?

2. **Leer gráficas** Hace 2,600 millones de años, ¿qué proporción de la muestra era potasio 40? ¿Qué proporción de la muestra era argón 40?

3. **Leer gráficas** ¿En qué momento se cruzan las dos líneas de la gráfica?

4. **Interpretar datos** En el punto donde se cruzan las líneas, ¿qué proporción de la muestra era potasio 40? ¿Qué proporción era argón 40? Explica la razón.

Datación radiactiva La técnica de **datación radiactiva** permite que los científicos determinen la edad real de un fósil. Las rocas que rodean al fósil contienen **elementos radiactivos,** que son inestables, por lo que se degradan o descomponen en diversos elementos. La **vida media** de un elemento radiactivo es el tiempo que hace falta para que se descomponga la mitad de los átomos de la muestra. La gráfica de Analizar datos muestra cómo se descompone, a través del tiempo, una muestra del elemento radiactivo potasio 40 en otro elemento llamado argón 40.

Los científicos comparan la cantidad de un elemento radiactivo de la muestra con la cantidad del elemento en que se descompone. Esta información permite calcular la edad de la roca y, por consiguiente, la edad del fósil.

 **Verifica tu lectura** ¿Qué es vida media?

¿Qué revelan los fósiles?

Como piezas de un rompecabezas, los fósiles ayudan a los científicos a reconstruir información sobre el pasado de la Tierra. A partir del registro fósil, han obtenido información sobre la historia de la vida en nuestro planeta. Los millones de fósiles que se han recuperado componen lo que se llama el **registro fósil.**

Organismos extintos Casi todas las especies preservadas como fósiles se han extinguido. Una especie se considera **extinta** si ya no hay miembros vivos de la especie. La mayor parte del conocimiento científico sobre las especies extintas está basado en el registro fósil.

La Escala de tiempo geológico El registro fósil proporciona pistas sobre cómo y cuándo evolucionaron nuevos grupos de organismos. Gracias a la datación radiactiva, los científicos han calculado las edades de muchos fósiles y rocas y, basados en esa información, han creado un "calendario" de la historia terrestre que abarca más de 4,600 millones de años. Los científicos han dividido este enorme lapso en unidades más pequeñas de tiempo llamadas eras y períodos. **El calendario de la historia terrestre suele llamarse Escala de tiempo geológico.**

El lapso más prolongado de la Escala de tiempo geológico es el Período Precámbrico, o simplemente precámbrico. Abarca los primeros 4 mil millones de años de la historia terrestre. Los científicos saben poco de este período porque hay pocos fósiles de aquella época. Después del precámbrico, la Escala de tiempo geológico se divide en tres importantes bloques de tiempo o eras. Cada era se subdivide en períodos más cortos. La Figura 16 en las dos páginas siguientes muestra los acontecimientos ocurridos durante cada período.

 ¿Cuál es el lapso más prolongado de la Escala de tiempo geológico?

FIGURA 15
La historia de la Tierra en un reloj
Los fósiles hallados en diversas capas cuentan la historia de la vida en la Tierra. La historia de la vida puede compararse con las 12 horas de un reloj.
Interpretar diagramas ¿A qué hora, en la escala de 12 horas, aparecieron las primeras plantas terrestres?

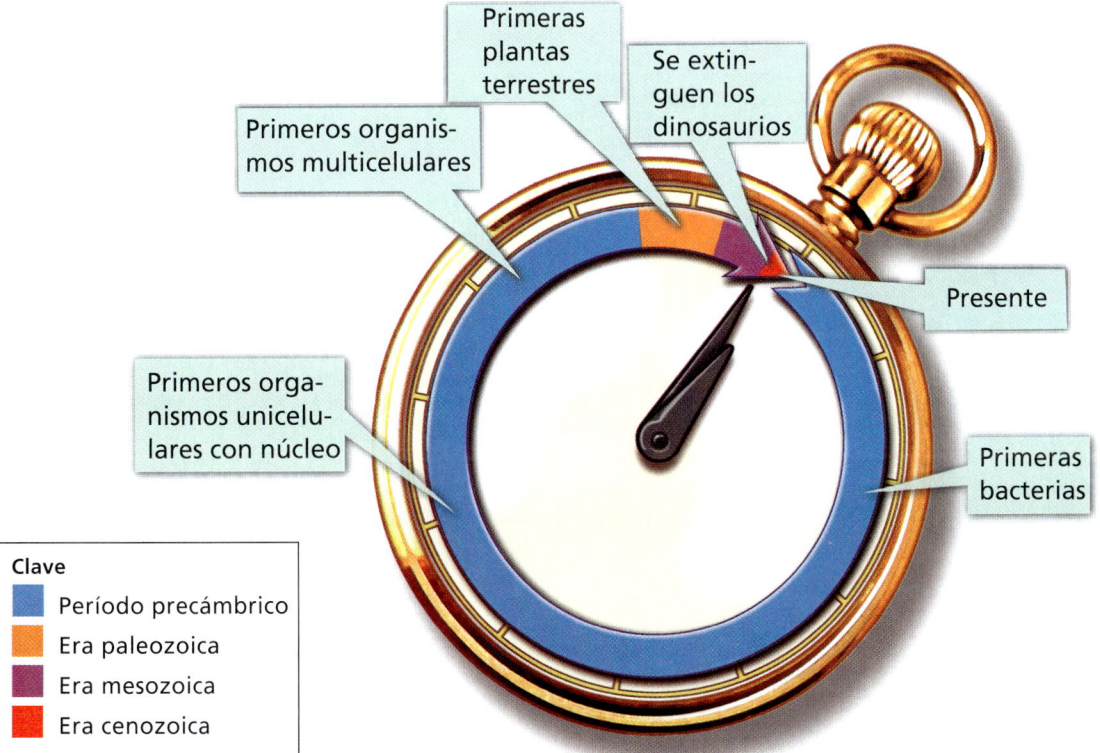

FIGURA 16
La Escala de tiempo geológico
Ordenar en serie ¿Qué organismos aparecieron primero: los anfibios o los peces?

Período precámbrico
Hace 4,600–544 millones de años

- Primeras bacterias
- Primeras algas
- Animales parecidos a medusas
- Pluma de mar

El Período precámbrico se inicia con la formación de la Tierra. Los primeros seres vivos (bacterias) aparecieron en los mares hace 3,500 millones de años. Las algas y los hongos evolucionaron hace mil millones de años. Los primeros animales aparecieron hace 600 millones de años.

Era paleozoica
Hace 544–245 millones de años

Cámbrico
Hace 544–505 millones de años

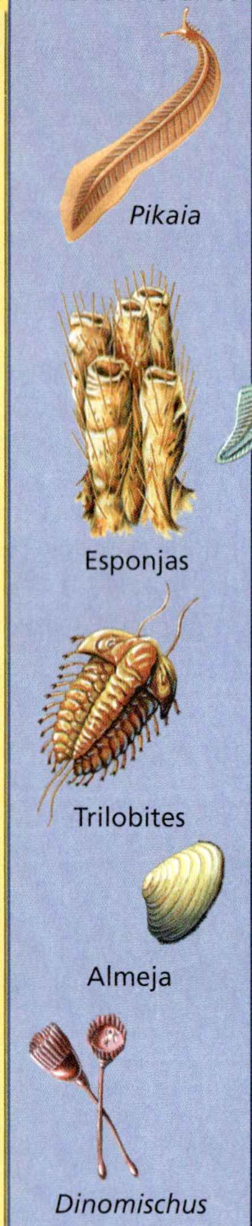

- Pikaia
- Esponjas
- Trilobites
- Almeja
- Dinomischus

Evolucionan los animales marinos invertebrados, como esponjas, caracoles, almejas y gusanos.

Ordovícico
Hace 505–438 millones de años

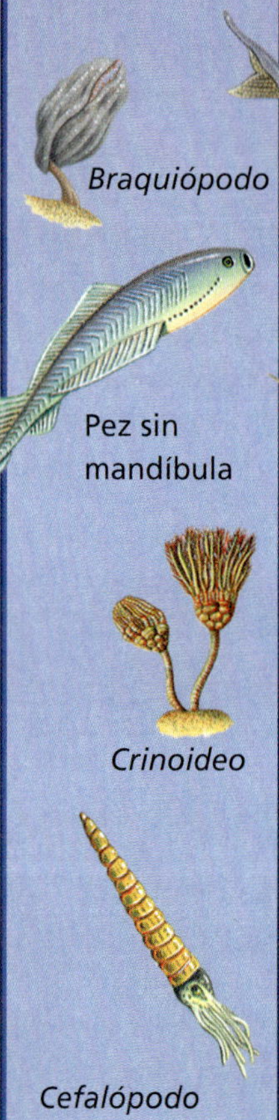

- Braquiópodo
- Pez sin mandíbula
- Crinoideo
- Cefalópodo

Evolucionan los peces más primitivos. Aunque aparecen muchas especies nuevas, se extinguen hacia el final del período.

Silúrico
Hace 438–408 millones de años

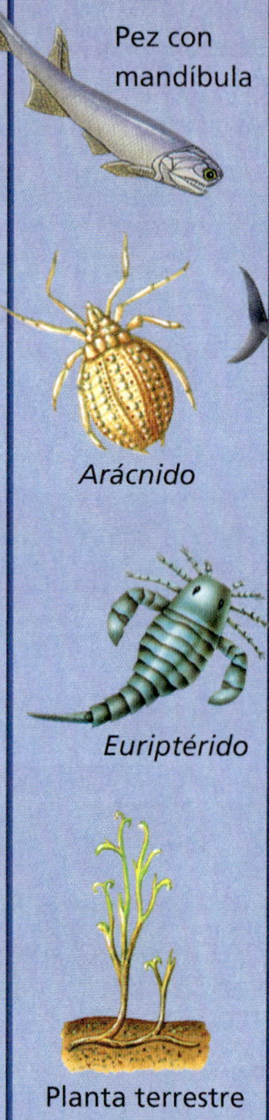

- Pez con mandíbula
- Arácnido
- Euriptérido
- Planta terrestre

Evolucionan las plantas y los animales terrestres. Las plantas son semejantes al musgo moderno.

Devónico
Hace 408–360 millones de años

- Bosque devónico
- Tiburón
- Pez pulmonado
- Pez con espinas

Viven muchos tipos de peces en los mares. Evolucionan los primeros anfibios. Son animales con aspecto de pez que tienen patas y pueden respirar aire. En la tierra aparecen los helechos y las coníferas.

Carbonífero
Hace 360–286 millones de años

- Cucaracha
- Libélula
- Bosque carbonífero
- Anfibio

Se diseminan los bosques tropicales. Evolucionan muchos tipos de insectos y anfibios. Aparecen los primeros reptiles.

Era mesozoica
Hace 245–66 millones de años

Era cenozoica
Hace 66 millones de años al presente

Pérmico
Hace 286–245 millones de años

Conífera

Dimetrodonte

Dicinodonte

Las plantas con semillas, los insectos y los reptiles se vuelven más comunes. Aparecen mamíferos con aspecto de reptil. Al finalizar el período, la mayoría de los animales marinos y los anfibios se extinguen.

Triásico
Hace 245–208 millones de años

Cicadácea

Mamífero primitivo

Coelofisis o Celofísido

Evolucionan los primeros dinosaurios. Aparecen las primeras tortugas y cocodrilos. Aparecen los primeros mamíferos. Las coníferas y los árboles con aspecto de palmera dominan los bosques.

Jurásico
Hace 208–144 millones de años

Morganucodon

Diplodocus

Arqueópteris

Grandes dinosaurios caminan por el mundo. Aparecen las primeras aves. Los mamíferos se vuelven más comunes y variados.

Cretáceo
Hace 144–66 millones de años

Triceratops

Magnolia

Tyrannosaurus rex

Creodonte

Aparecen las primeras plantas de floración. A fines del período, una extinción masiva produce la desaparición de muchos organismos, incluidos los dinosaurios.

Terciario
Hace 66–1.8 millones de años

Uintaterio

Plesiadapis

Hyracoterio

Aparecen nuevos grupos de animales, incluidos los primeros monos y simios. Las plantas de floración se vuelven la forma de vegetación más común. Aparecen las primeras hierbas.

Cuaternario
Hace 1.8 millones de años hasta el presente

Felino dientes de sable

Megaterio

Homo sapiens

Mamíferos, plantas de floración e insectos dominan la tierra. Aparecen los humanos. Al avanzar el período se extinguen muchos mamíferos de gran tamaño, incluidos los mamuts.

FIGURA 17
Extinciones masivas
Es posible que un asteroide causara la extinción masiva ocurrida hace unos 65 millones de años.
Relacionar causa y efecto ¿Cómo podría un asteroide haber provocado un cambio climático?

▲ Un asteroide se acerca a toda velocidad hacia la Tierra.

El asteroide choca ▲ contra la Tierra.

Preguntas sin respuesta

El registro fósil ha revelado mucha información importante sobre el pasado de la vida en la Tierra. Sin embargo, el registro está incompleto, debido a que la mayoría de los organismos murió sin dejar fósiles. Estos espacios vacíos en el registro fósil dejan muchas preguntas sin respuesta. **Dos preguntas sin respuesta acerca de la evolución se refieren a las causas de las extinciones masivas y a la rapidez con que ocurre la evolución.**

Extinciones masivas Cuando muchos tipos de organismos se extinguen al mismo tiempo, decimos que ha ocurrido una extinción masiva. A lo largo de la historia de la vida terrestre, han ocurrido varias extinciones masivas. Una de ellas, por ejemplo, ocurrió en el período cretáceo, hace unos 65 millones de años. Durante la extinción masiva del cretáceo, muchos tipos de plantas y animales, incluidos los dinosaurios, desaparecieron para siempre.

Los científicos no pueden asegurar qué provoca una extinción masiva, aunque han propuesto la hipótesis de que puede deberse a un cambio climático. Por ejemplo, un cambio climático pudo provocar la extinción masiva a fines del período cretáceo. Un asteroide, una gran roca del espacio, pudo chocar contra la tierra levantando grandes nubes de polvo y otros materiales. Las nubes de polvo habrían bloqueado la luz del sol, enfriando el clima y acabando con muchas plantas. Con menos plantas, muchos animales habrían muerto de hambre. No obstante, algunos científicos opinan que el cambio climático se debió a erupciones volcánicas y no a un asteroide.

▼ Mueren muchas plantas y animales.

Gradualismo Los científicos tampoco saben con cuánta rapidez cambian las especies. De acuerdo con una teoría, llamada **gradualismo,** la evolución es lenta, pero continua. Según esta teoría, a través de mucho tiempo los minúsculos cambios de una especie se convierten poco a poco en cambios importantes. Es así como Darwin pensaba que ocurría la evolución.

Si la teoría del gradualismo es correcta, el registro fósil debe incluir formas intermedias entre un organismo fósil y sus descendientes. Sin embargo, a menudo hay largos períodos en que los fósiles muestran poco o ningún cambio hasta que, de pronto, aparecen fósiles claramente distintos. Una posible explicación de la ausencia de formas intermedias es que el registro fósil está incompleto y, a la larga, es posible que los científicos hallen más fósiles para llenar los espacios vacíos.

Equilibrio puntuado La teoría del **equilibrio puntuado** explica los vacíos del registro fósil. Según esta teoría, las especies evolucionan rápidamente durante períodos relativamente cortos. Estos períodos de cambio acelerado están interrumpidos por otros de poco o ningún cambio. La mayoría de los científicos modernos opina que la evolución puede ser unas veces gradual y otras más rápida.

FIGURA 18
Trilobites
Alguna vez abundaron los trilobites en los mares de la Tierra, pero fueron destruidos durante una extinción masiva.

Verifica tu lectura ¿Qué teoría propone que la evolución es lenta, pero continua?

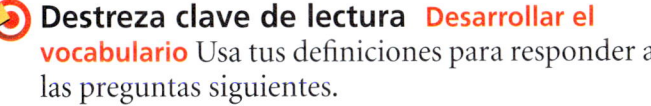

Sección 3 Evaluación

Destreza clave de lectura **Desarrollar el vocabulario** Usa tus definiciones para responder a las preguntas siguientes.

Repasar los conceptos clave

1. a. **Repasar** ¿Qué son los sedimentos? ¿Cómo participan en la formación de un fósil?
   b. **Clasificar** Identifica tres tipos de fósil.
   c. **Comparar y contrastar** ¿Cuál de los principales tipos de fósil no se forma en el sedimento? Describe su formación.
2. a. **Identificar** ¿Cuáles son los dos métodos para determinar la edad de un fósil?
   b. **Describir** Describe cada método.
   c. **Aplicar conceptos** Algunos fósiles están preservados en hielo. ¿Qué método de datación usarías con los fósiles congelados? ¿Por qué?
3. a. **Definir** ¿Qué es la Escala de tiempo geológico? ¿En qué unidades está dividida?
   b. **Interpretar diagramas** Observa la Figura 16. ¿Tenían partes corporales duras los organismos del precámbrico?
   c. **Relacionar causa y efecto** Da un argumento para la escasez de fósiles del precámbrico.
4. a. **Repasar** ¿Cuáles son las dos preguntas sin respuesta de la evolución?
   b. **Comparar y contrastar** ¿Cuáles son las diferencias entre las teorías de gradualismo y equilibrio puntual? ¿En qué se parecen?

Lab zone **Actividad En casa**

Modelar la formación de fósiles Con ayuda de un adulto de tu familia, unta un poco de fango en una bandeja. Usa tus dedos para crear "huellas" en el fango. Deja que el fango se seque y se endurezca. Explica en qué se parece este proceso a la formación de un fósil.

Capítulo 5 Guía de estudio

1 Teoría de Darwin

Conceptos clave

- Algunas de las observaciones importantes de Darwin fueron la diversidad de los seres vivos, los restos de antiguos organismos y las características de los organismos de las islas Galápagos.
- Darwin argumentaba que las plantas o los animales que llegaron a las islas Galápagos encontraron condiciones distintas a las de tierra firme. Propuso la hipótesis de que tal vez las especies habían cambiado lentamente a lo largo de muchas generaciones hasta estar mejor adaptadas a la vida en sus nuevas condiciones.
- Darwin propuso que, a través de mucho tiempo, la selección natural puede provocar un cambio. Las variaciones útiles se acumulan poco a poco en la especie, mientras que las desfavorables desaparecen.

Términos clave

especie
fósil
adaptación
evolución
teoría científica
selección natural
variación

2 Evidencia de evolución

Conceptos clave

- Los fósiles, los patrones de desarrollo temprano y las estructuras corporales semejantes proporcionan evidencias de que los organismos han cambiado a través del tiempo.
- Los científicos han combinado las evidencias obtenidas del ADN, la estructura proteica, los fósiles, el desarrollo temprano y la estructura corporal para identificar las relaciones evolutivas entre las especies.
- Una especie nueva puede formarse cuando un grupo de individuos queda aislado del resto de su especie durante el tiempo suficiente para evolucionar diferentes rasgos.

Términos clave

estructuras homólogas
árbol ramificado

3 El registro fósil

Conceptos clave

- La mayoría de los fósiles se forma cuando los organismos muertos quedan enterrados bajo capas de sedimento.
- Los científicos pueden determinar la edad de un fósil de dos maneras: mediante datación relativa y datación radiactiva.
- El calendario de la historia terrestre suele llamarse Escala de tiempo geológico.
- Dos preguntas sin respuesta acerca de la evolución se refieren a las causas de las extinciones masivas y a la rapidez con que ocurre la evolución.

Términos clave

fósil petrificado
molde
vaciado
datación relativa
datación radiactiva
elemento radiactivo
vida media
registro fósil
extinto
gradualismo
equilibrio puntuado

Repaso y evaluación

Go Online PHSchool.com
Para: Una autoevaluación, disponible en inglés.
Visita: PHSchool.com
Código Web: cea-3050

Organizar la información

Ordenar en serie En una hoja de papel aparte, copia el diagrama de flujo sobre la formación de un fósil. Completa el diagrama escribiendo la oración que describa cada etapa del proceso de formación de un fósil. Luego, ponle título. (Para más información sobre ordenar en serie, consulta el Manual de destrezas).

```
Un organismo muere en el agua.
           ↓
a. _____?_____
           ↓
b. _____?_____
           ↓
c. _____?_____
```

Repasar los términos clave

Elige la letra de la mejor respuesta.

1. Los cambios de una especie a través de largos períodos de tiempo se denomina
   a. vida media.
   b. evolución.
   c. estructuras homólogas.
   d. etapas del desarrollo.

2. Un rasgo que contribuye a que un organismo sobreviva y se reproduzca es un(a)
   a. variación.
   b. adaptación.
   c. especie.
   d. selección.

3. Las estructuras semejantes que las especies relacionadas heredan de un antepasado común, se denominan
   a. adaptaciones.
   b. equilibrio puntuado.
   c. estructuras ancestrales.
   d. estructuras homólogas.

4. Los fósiles que se forman cuando el organismo se disuelve y deja un espacio vacío en la roca, se denominan
   a. vaciados.
   b. moldes.
   c. restos preservados.
   d. fósiles petrificados.

5. La rapidez de descomposición de un elemento radiactivo se determina por su
   a. año.
   b. era.
   c. período.
   d. vida media.

Si la oración es verdadera, escribe _verdadera_. Si es falsa, cambia la palabra o palabras subrayadas para hacer verdadera la oración.

6. La idea de Darwin acerca de cómo ocurre la evolución se llama <u>selección natural</u>.

7. La mayoría de los miembros de una especie muestran diferencias o <u>variaciones</u>.

8. Un diagrama que muestra la posible relación entre organismos se denomina <u>gradualismo</u>.

9. La técnica de <u>datación relativa</u> sirve para determinar la edad exacta de un fósil.

10. Según la teoría de <u>equilibrio puntuado</u>, la evolución es lenta, pero continua.

Escribir en ciencias

Nota en el cuaderno Imagina que eres un biólogo en las islas Galápagos. Escribe una nota en el cuaderno sobre alguna de las especies raras que has encontrado. Incluye una descripción de cómo se ha adaptado a su medio ambiente.

Changes Over Time
Video Preview
Video Field Trip
▶ Video Assessment

Repaso y evaluación

Verificar los conceptos

11. ¿Qué papel tiene la sobreproducción de organismos en la selección natural?

12. Usa un ejemplo para explicar la forma en la que la selección natural puede dar origen a la evolución.

13. Explica la manera en la que el aislamiento geográfico puede provocar la formación de una nueva especie.

14. Basados en las estructuras corporales similares, los científicos han propuesto la hipótesis de que dos especies están estrechamente relacionadas. ¿Qué otras evidencias necesitan para respaldar su hipótesis?

15. Explica por qué las semejanzas en el desarrollo temprano de las especies sugieren que están relacionadas.

16. ¿Qué significa *extinto*? ¿Qué hacen los científicos para obtener información de especies extintas?

17. ¿Qué son extinciones masivas? ¿Qué podría provocar una extinción masiva?

Pensamiento crítico

18. **Relacionar causa y efecto** ¿Por qué la visita de Darwin a las Galápagos tuvo tanta influencia en el desarrollo de su teoría de la evolución?

19. **Aplicar conceptos** Algunos insectos parecen palillos. ¿Cuál podría ser la ventaja de semejante forma? ¿Cómo crees que evolucionó el rasgo a través de la selección natural?

20. **Predecir** ¿Cuál de los siguientes organismos tiene menos probabilidad de convertirse en fósil? Explica tu respuesta.

Caracol   Diente de león   Ardilla

21. **Emitir un juicio** ¿Qué tipo de evidencia es el mejor indicador para determinar si dos especies están estrechamente relacionadas? Explica tu respuesta.

22. **Comparar y contrastar** ¿En qué se parecen el cruce selectivo y la selección natural? ¿Cómo difieren?

Aplicar destrezas

Usa los datos de la siguiente tabla para responder a las preguntas 23 a 25.

El elemento radiactivo carbono 14 se descompone en nitrógeno y tiene una vida media de 5,730 años. La tabla contiene información sobre las cantidades de carbono 14 y nitrógeno halladas en tres fósiles. También proporciona información sobre la posición de cada fósil en las capas de roca.

Fósil	Cantidad de carbono 14 en un fósil	Cantidad de nitrógeno en un fósil	Posición de los fósiles en las capas de roca
A	1 gramo	7 gramos	Capa inferior
B	4 gramos	4 gramos	Capa superior
C	2 gramos	6 gramos	Capa intermedia

23. **Inferir** Según su posición en las capas de roca, ordena los fósiles de más reciente a más antiguo.

24. **Calcular** Calcula la edad de cada fósil usando la información sobre carbono 14 y nitrógeno.

25. **Sacar conclusiones** ¿Crees que concuerdan tus respuestas a las preguntas 23 y 24? Explica.

Proyecto del capítulo

Evaluación del desempeño Completen las dos líneas cronológicas y preséntenlas en clase. Estén preparados para explicar por qué eligieron sus escalas. También deberán describir la relación entre ambas líneas cronológicas.

Preparación para la prueba estandarizada

Sugerencia para hacer la prueba

Anticipar la respuesta

A veces puedes saber una respuesta antes de leer las opciones. Después de pensar en tu respuesta, compárala con las opciones de la prueba. Elige la respuesta más parecida a la tuya. Esta estrategia es muy útil para las preguntas que ponen a prueba tu vocabulario. Trata de responder a la siguiente pregunta antes de mirar las opciones de respuesta.

Pregunta de ejemplo

Un concepto comprobado que explica gran variedad de observaciones, se denomina

    A hipótesis.
    B experimento controlado.
    C teoría científica.
    D inferencia.

Respuesta

La opción **C** es la correcta, debido a que la definición de *teoría científica* es "un concepto comprobado que explica gran variedad de observaciones". Aunque las otras opciones de respuesta son también procesos científicos, ninguna es correcta.

Elige la letra de la mejor respuesta.

1. El proceso por el cual los individuos mejor adaptados a su ambiente tienen mayor probabilidad de sobrevivir y reproducirse, se llama
    A selección natural.
    B evolución.
    C competencia.
    D sobreproducción.

2. ¿Cuál de los siguientes es el mejor ejemplo de una adaptación que ayuda a un organismo a vivir en su medio ambiente?
    F color verde en una lagartija que vive entre rocas grises
    G grueso pelaje de un animal que vive en el desierto
    H extenso sistema de raíces de una planta desértica
    J hojas delgadas y frágiles de una planta en clima frío

3. ¿Cuál es la evidencia menos convincente para respaldar una estrecha relación evolutiva entre dos animales?
    A Los huesos de las alas de un ave se parecen a los de las patas de un perro.
    B Los embriones humanos se parecen a los de las tortugas durante sus primeras etapas de desarrollo.
    C Los pandas menores parecen osos.
    D La secuencia de aminoácidos de la hemoglobina de ratón se parece a la de la hemoglobina de un chimpancé.

Usa el siguiente diagrama y tus conocimientos científicos para responder a las preguntas 4 y 5.

4. ¿Hace cuánto tiempo que aparecieron los primeros helechos?
    A Hace 100 millones de años
    B Hace 150 millones de años
    C Hace 350 millones de años
    D Hace 450 millones de años

5. ¿Qué grupo de plantas tendría el ADN más parecido al de las plantas de flores?
    A musgos
    B helechos
    C coníferas
    D El ADN de todos sería igual de parecido al de las plantas de flores.

Respuesta estructurada

6. La datación relativa y la radiactiva son dos métodos para determinar la edad de un fósil. Compáralas y contrástalas.

Exploración interdisciplinaria

Arte egipcio
Hace más de 3,000 años, un artista dibujó tres perros persiguiendo una hiena.

Perros: Compañeros fieles

¿Qué perro te gustaría?
- ¿Un poderoso gran danés?
- ¿Un diminuto y retozón chihuahueño?
- ¿Un protector lazarillo pastor alemán?
- ¿Un amistoso y adorable criollo?

La mayoría de los perros desciende del gran lobo gris, cuyo territorio original abarcaba Europa, Asia y América del Norte. Los perros fueron los primeros animales domesticados. Hace 9,000 años, los campesinos que criaban ovejas, ganado y cabras también domesticaron perros para pastorear y proteger al ganado.

Tras domesticar a los perros, las personas comenzaron a cruzarlos para producir rasgos útiles. Los primeros perros pastores ayudaban al pastoreo, mientras que los veloces perros de caza aprendieron a perseguir ciervos y otras presas. Los fuertes y resistentes perros de trabajo tiraban de trineos y rescataban personas. Los pequeños y ágiles perdigueros cazaban animales como las ratas y los perros miniatura se convirtieron en acompañantes de personas ricas. Hoy en día, los perros de caza están entrenados para encontrar y recuperar aves, en tanto que otros se educan como perros de guardia. Quizá el motivo real de criar perros sea su lealtad y compañía.

Niña con dálmata

Ciencias

De lobo a raza pura

Es posible que, hace unos 10,000 años, algunos lobos fueran atraídos por los asentamientos humanos; tal vez les resultara más sencillo comer sobras que cazar su alimento. Poco a poco, los lobos se volvieron dependientes del hombre para alimentarse. A cambio, mantenían los campamentos limpios y seguros, pues comían basura y ladraban a los extraños. Esos lobos fueron los antepasados de los perros que todos conocemos en la actualidad.

Con el tiempo, los perros se integraron cada vez más a la sociedad humana y la gente comenzó a cruzarlos para obtener rasgos útiles como pastoreo de ovejas y caza. Por ejemplo, los perros grandes y agresivos se usaron para producir animales de pastoreo, mientras que los rápidos y con un agudo sentido del olfato, fueron criados para la caza. Hoy en día hay cientos de razas que abarcan del minúsculo chihuahueño al enorme San Bernardo, que puede llegar a pesar lo mismo que 50 chihuahueños.

Actualmente, los criadores cruzan perros por su aspecto y personalidad. Características físicas como orejas largas u hocico afilado son muy importantes en ciertas razas. A fin de producir razas "puras", los criadores usan un método llamado endogamia, que consiste en cruzar perros genéticamente parecidos. La endogamia es un método comprobado para producir perros con aspecto físico uniforme.

Un aspecto negativo de la endogamia es que aumenta los trastornos genéticos. Los expertos calculan que 25 por ciento de los perros de raza pura tienen alguna alteración genética. Los dálmatas heredan sordera, mientras que los pastores alemanes tienen problemas de cadera. Los perros de razas mixtas desarrollan menos trastornos genéticos.

Color sólido de los cobradores
En los labradores, el alelo de pelaje oscuro es dominante sobre el alelo de pelaje dorado.

Actividad Ciencias

La mayoría de los rasgos que se buscan en los perros de raza están controlados por más de un gen. Sin embargo, hay otros que muestran patrones de herencia simples. Por ejemplo, en los Cobradores de Labrador hay un mismo gen que contiene un alelo dominante y otro recesivo para determinar el color del pelaje, que puede ser oscuro o dorado. El alelo de pelaje oscuro (D) domina sobre el alelo de pelaje dorado (d).

- Crea un cuadrado de Punnett para la cruza de dos labradores heterocigotos para pelaje oscuro (Dd).

- Supón que la camada tiene ocho cachorros. Predice cuántos tendrán pelaje oscuro y cuántos serán dorados.

- Crea un segundo cuadrado de Punnett para la cruza de un labrador de pelaje dorado (dd) y otro de pelaje oscuro (Dd). Si la camada es de seis cachorros, predice cuántos tendrán pelaje oscuro y cuántos tendrán pelaje dorado.

Estudios sociales

Perros y personas

Desde hace miles de años, las personas han desarrollado muchas razas distintas de perros. Cada uno de los perros que muestra el mapa fue criado con una finalidad práctica (cazar, pastorear, guardia, tirar de trineos), así como para compañía. Cada raza tiene una historia particular.

Collie fronterizo
Gran Bretaña, después de 110 d. C.
Esta raza fue desarrollada en los condados próximos a la frontera entre Escocia e Inglaterra, con objeto de pastorear ovejas. Los antepasados del collie de la frontera fueron perros criollos (de razas mixtas) nacidos de la cruza entre los ovejeros de la región y perros que los vikingos llevaron a Escocia.

Cobrador o Labrador dorado
Gran Bretaña, década de 1870 d. C.
Lord Tweedmouth desarrolló esta raza para ayudar a los cazadores a cobrar aves acuáticas y otros animales pequeños.

Perro salchicha
Alemania, siglo XVII d. C.
Estos animales fueron criados para atrapar tejones o ratas. Sus cortas partas y largos cuerpos caben en las madrigueras de los tejones. De hecho, el nombre alemán *Dachshund* significa "perro tejón".

Sabueso Basset
Francia, siglo XVI d. C.
Estupendos rastreadores, superados sólo por los sabuesos, el basset tiene patas cortas y un cuerpo compacto que le permite correr entre la maleza.

Galgo
Egipto, 3000 a. C.
Estos veloces y esbeltos animales fueron criados para perseguir presas. Hoy en día, los galgos son famosos como corredores.

170 ◆ C

Artes del lenguaje

Cómo elegir un cachorro

Las personas buscan rasgos específicos cuando eligen un perro. Un experto nos cuenta cómo seleccionó el suyo de acuerdo con su crianza y personalidad.

James Herriot, veterinario rural de Yorkshire, Inglaterra, tuvo varios perros a lo largo de su vida, pero siempre quiso tener un Terrero fronterizo. Estos son animales pequeños y resistentes que descienden de las razas terreras de trabajo y que vivieron en la frontera de Inglaterra y Escocia. Durante siglos, sirvieron para cazar zorros, ratas y otros animales pequeños. En este relato, Herriot y su esposa, Helen, responden a un anuncio ofreciendo cachorros de Terrero fronterizo.

James Herriot
En varios libros publicados entre 1970 y 1980, James Herriot escribió acogedoras y jocosas anécdotas sobre los animales que ha cuidado.

◀ **Terreros fronterizos**

Ella [Helen, su esposa] se volvió hacia mí y dijo, emocionada: "Estoy hablando con la señora Mason. Sólo queda un cachorro de la camada y hay gente que viaja hasta ocho millas para verlo. Tenemos que darnos prisa. ¡No te demores más!".

Dejamos el almuerzo y Helen, Rosie, nuestra nieta Emma y yo viajamos en auto a Bedale. La señora Mason nos condujo a la cocina e indicó una diminuta criatura de color leonado que giraba en círculos bajo la mesa.

"Ése es", informó.

Me incliné y levanté al cachorro mientras curvaba el cuerpecito, como si tratara de tocar la cola con su nariz. De pronto, esa cola comenzó a moverse de manera incontrolable mientras una lengua rosada se ocupaba de mojarme la mano. Supe que sería nuestro antes de examinarlo rápidamente para detectar hernias o prognatismo.

Cerramos el trato rápidamente y salimos a inspeccionar a la familia del cachorro. Vimos a su madre y abuela, quienes vivían en pequeños barriles que hacían las veces de perrera, y ambas salieron corriendo para levantarse apoyando dos patas en nuestras piernas, sacudiendo sus colas y jadeantes de alegría. Aquello me tranquilizó mucho. Con antepasados tan felices y saludables, supe que el nuestro sería un perro de primera.

Mientras conducíamos con el cachorro en brazos de Emma, me invadió una profunda emoción. El círculo se cerraba, finalmente. Después de casi cincuenta años, tenía un Terrero fronterizo.

Actividad Artes del lenguaje

James Herriot describe la escena con diálogo y narrativa en primera persona. La narración describe sus sentimientos sobre el memorable suceso: hallar el perro que había querido por mucho tiempo. Escribe una narración en primera persona que describa un suceso memorable en tu vida. Podría ser un recuerdo de infancia o un logro escolar personal. ¿Qué sentiste? ¿Cómo tomaste la decisión? Usa diálogos en tu escrito.

Matemáticas

Razas populares

La popularidad de las distintas razas de perros cambia con el tiempo. La gráfica lineal muestra la cantidad de caniches registrados ante el Club de Criadores de Perros de Estados Unidos entre 1970 y 2000.

Caniche estándar y cachorro ▶

Actividad Matemáticas

Usa la siguiente tabla para crear tu propia gráfica lineal para Cobradores de Labrador y Cocker. ¿Cuál fue la raza más popular en 1980, labrador o Cocker?

¿Cómo ha variado la cantidad de labradores entre 1970 y 2000? ¿Cómo ha variado la cantidad de Cocker en el mismo período?

Poblaciones de perros

Raza	1970	1980	1990	2000
Caniche	265,879	92,250	71,757	45,868
Cobrador de Labrador	25,667	52,398	95,768	172,841
Cocker	21,811	76,113	105,642	29,393

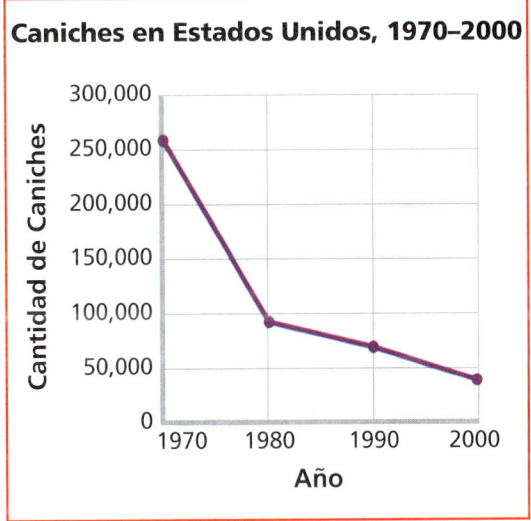

Caniches en Estados Unidos, 1970–2000

Relaciónalo

El mejor de su raza

En muchos lugares, orgullosos propietarios de todas las edades acuden con sus perros a competir en exhibiciones caninas.

Organiza una exhibición canina.

Busca un compañero y elijan una raza específica. Puede ser alguna de las que muestra el mapa de las páginas 170 y 171 o bien, utilicen recursos de biblioteca para investigar otra raza.

- Investiguen el aspecto de la raza, la época y lugar de origen, y los rasgos que motivaron su crianza.
- Enumeren las características de la raza, como peso, altura y color.
- Investiguen la personalidad y conducta de la raza.
- Indaguen sobre las fortalezas de la raza. Conozcan las debilidades que pueden desarrollarse como consecuencia de la endogamia.
- Hagan un cartel de su raza. Incluyan un dibujo o fotografía y la información que hayan investigado.
- Organicen en clase sus exhibiciones de perros clasificándolos en categorías de raza: perros de caza, de pastoreo y miniatura.

MANUAL de destrezas

Piensa como científico

Los científicos tienen una manera particular de mirar el mundo, es decir, tienen hábitos científicos de pensamiento. Cada vez que te haces una pregunta y examinas las respuestas posibles, aplicas muchas de las mismas destrezas que usan los científicos. Algunas de esas destrezas se describen en esta página.

Observar

Observas cada vez que reúnes información sobre el mundo con ayuda de uno o más de tus cinco sentidos. Oír que ladra un perro, contar doce semillas verdes y oler el humo son observaciones. Para aumentar el alcance de los sentidos, los científicos usan microscopios, telescopios y otros instrumentos que los ayudan a hacer observaciones más detalladas.

Una observación debe ser un informe preciso de lo que detectan tus sentidos. Es importante llevar un registro cuidadoso de tus observaciones en la clase de ciencias; para ello puedes escribir o hacer dibujos en un cuaderno. La información recopilada mediante las observaciones se llama evidencia o dato.

Inferir

Cuando interpretas una observación, **infieres,** es decir, haces una inferencia. Por ejemplo, si oyes que tu perro ladra, infieres que hay alguien en la puerta. Para hacer esta inferencia, combinas la evidencia (tu perro ladra) con tu experiencia o conocimientos (sabes que el perro ladra cuando se acerca un desconocido) y llegas a una conclusión lógica.

Ten en cuenta que una inferencia no es un hecho, sino sólo una de muchas interpretaciones posibles de una observación. Por ejemplo, quizá tu perro ladra porque quiere ir de paseo. Una inferencia puede ser incorrecta aun cuando esté basada en observaciones precisas y en un razonamiento lógico. La única manera de saber si una inferencia es correcta consiste en investigarla más a fondo.

Predecir

Cuando escuchas el pronóstico del tiempo, oyes muchas predicciones sobre el tiempo meteorológico del día siguiente: cuál será la temperatura, si lloverá o no y si habrá mucho viento. Los pronosticadores del tiempo usan sus observaciones y conocimientos de patrones climáticos para predecir el tiempo meteorológico. La destreza de **predecir** consiste en hacer una inferencia sobre un acontecimiento futuro, basada en pruebas actuales o en la experiencia.

Ya que una predicción es una inferencia, a veces resulta falsa. En la clase de ciencias, puedes hacer experimentos para probar tus predicciones. Por ejemplo, supón que predices que los aviones de papel más grandes vuelan más lejos que los pequeños. ¿Cómo probarías tu predicción?

Actividad

Usa la fotografía para responder a las preguntas que siguen.

Observar Mira con atención la fotografía. Anota por lo menos tres observaciones.

Inferir Usa tus observaciones para hacer una inferencia de lo que sucedió. ¿Qué experiencias o conocimientos utilizaste para hacer tu inferencia?

Predecir Predice lo que va a suceder. ¿En qué evidencia o experiencia basas tu predicción?

174 ◆ C

Destrezas de investigación

Clasificar

¿Te imaginas cómo sería buscar un libro en la biblioteca si los libros estuvieran acomodados sin ningún orden particular? Tu visita a la biblioteca sería cosa de todo un día. Por fortuna, los bibliotecarios agrupan los libros por tema o por autor. Agrupar los elementos que comparten algún parecido se llama **clasificar**. Puedes clasificar las cosas de muchas maneras: por tamaño, por forma, por uso y por otras características importantes.

Igual que los bibliotecarios, los científicos usan la destreza de clasificar para organizar información y objetos. Cuando las cosas están ordenadas en grupos, es más fácil comprender sus relaciones.

Actividad

Clasifica los objetos de la fotografía en dos grupos basándote en una característica que elijas. Luego, usa otra característica para clasificarlos en tres grupos.

Hacer modelos

¿Alguna vez has hecho un dibujo para que alguien comprenda mejor lo que dices? Ese dibujo es un tipo de modelo. Un modelo es un dibujo, diagrama, imagen de computadora o cualquier otra representación de un objeto o proceso complejo. **Hacer modelos** nos ayuda a comprender las cosas que no vemos directamente.

A menudo, los científicos usan modelos para representar las cosas muy grandes o muy pequeñas, como los planetas del sistema solar o las partes de las células. En esos casos se trata de modelos físicos, o sea, dibujos o estructuras tridimensionales que se parecen a los objetos reales. En otros casos son modelos mentales: ecuaciones matemáticas o palabras que describen el funcionamiento de algo.

Actividad

Esta estudiante usa un modelo para mostrar qué causa el día y la noche en la Tierra. ¿Qué representan la lámpara y la pelota de tenis en el modelo?

Comunicar

Cuando hablas por teléfono, escribes un informe o escuchas a tu maestro en la escuela, te estás comunicando. **Comunicar** es el proceso de compartir ideas e información con los demás. La comunicación eficaz requiere de muchas destrezas, como escribir, leer, hablar, escuchar y hacer modelos.

Los científicos se comunican para compartir resultados, información y opiniones. Suelen comunicar su trabajo en publicaciones, por teléfono, en cartas y en la Internet.

También asisten a conferencias científicas donde comparten sus ideas en persona.

Actividad

En una hoja aparte, escribe instrucciones detalladas para amarrarse los cordones. Intercámbialas con un compañero. Sigue sus instrucciones. ¿Pudiste amarrarte fácilmente los cordones? ¿Cómo podría haberse comunicado mejor tu compañero?

Manual de destrezas ♦ 175

MANUAL de destrezas

Hacer mediciones

Al hacer mediciones, los científicos pueden expresar sus observaciones con mayor exactitud y comunicar más información sobre lo que observan.

Medir en SI

El sistema estándar de medición que usan los científicos de todo el mundo es el *Sistema Internacional de Unidades,* que se abrevia como SI (**Système International d'Unités**, en francés). Estas unidades son fáciles de usar porque se basan en múltiplos de 10. Cada unidad es diez veces mayor que la inmediata anterior y un décimo del tamaño de la siguiente. En la tabla están los prefijos que se usan para nombrar las unidades más comunes del SI.

Longitud Para medir la longitud, es decir, la distancia entre dos puntos, la unidad de medida es el **metro** (m). Un metro es aproximadamente la distancia que hay del suelo al pomo de una puerta. Las distancias más grandes, como la que hay entre dos ciudades, se miden en kilómetros (km). Las longitudes más pequeñas se miden en centímetros (cm) o milímetros (mm). Para medir la longitud, los científicos usan reglas y varas métricas.

Prefijos Comunes del SI

Prefijo	Símbolo	Significa
kilo-	k	1,000
hecto-	h	100
deca-	da	10
deci-	d	0.1 (un décimo)
centi-	c	0.01 (un centésimo)
mili-	m	0.001 (un milésimo)

Conversiones comunes

1 km	=	1,000 m
1 m	=	100 cm
1 m	=	1,000 mm
1 cm	=	10 mm

Volumen líquido Para medir el volumen de un líquido, es decir, la cantidad de espacio que ocupa, se usa una unidad de medida llamada **litro** (L). Un litro es aproximadamente el volumen de un cartón de leche de tamaño mediano. Los volúmenes más pequeños se miden en mililitros (mL). Los científicos usan cilindros graduados para medir el volumen líquido.

Actividad

En la regla métrica de la ilustración, las líneas largas son divisiones en centímetros, mientras las cortas, que no están numeradas, son divisiones en milímetros. ¿Cuántos centímetros de largo tiene este caracol? ¿A cuántos milímetros equivale?

Actividad

El cilindro graduado de la ilustración está marcado con divisiones en mililitros. Observa que la superficie del agua del cilindro es curva. Esta curvatura se llama *menisco.* Para medir el volumen, tienes que leer el nivel en el punto más bajo del menisco. ¿Cuál es el volumen del agua en este cilindro graduado?

Conversión común

1 L	=	1,000 mL

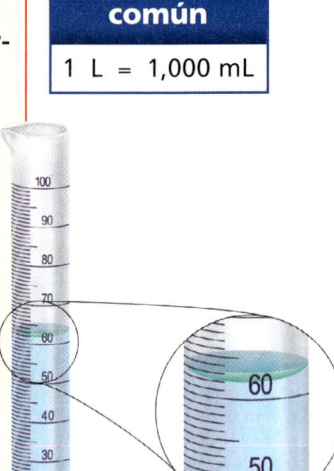

Destrezas de investigación

Masa Para medir la masa, es decir, la cantidad de materia de un objeto, se usa una unidad de medida llamada **gramo** (**g**). Un gramo es aproximadamente la masa de un sujetapapeles. Las masas más grandes se miden en kilogramos (kg). Los científicos usan balanzas para medir la masa.

Conversión común

1 kg = 1,000 g

Actividad

La masa de la papa de la ilustración se mide en kilogramos. ¿Cuál es la masa de la papa? Supón que una receta para ensalada de papa requiere un kilogramo de papas. ¿Como cuántas papas necesitarías?

Temperatura Para medir la temperatura de una sustancia, se usa la **escala Celsius.** La temperatura se mide con un termómetro en grados Celsius (°C). El agua se congela a 0 °C y hierve a 100 °C.

Tiempo La unidad que los científicos usan para medir el tiempo es el **segundo** (**s**).

Actividad

¿Cuál es la temperatura del líquido en grados Celsius?

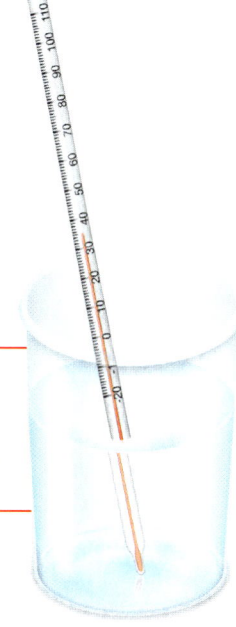

Conversión de unidades SI

Para trabajar con el sistema SI, debes saber cómo convertir de unas unidades a otras. La conversión de unidades requiere la destreza de **calcular,** es decir, realizar operaciones matemáticas. Convertir unidades SI es igual que convertir dólares y monedas de 10 centavos porque los dos sistemas se basan en múltiplos de diez.

Supón que quieres convertir una longitud de 80 centímetros a metros. Sigue estos pasos para convertir las unidades.

1. Primero escribe la medida que quieres convertir; en este ejemplo, 80 centímetros.
2. Escribe un factor de conversión que represente la relación entre las dos unidades. En este ejemplo, la relación es 1 metro = 100 centímetros. Escribe este factor de conversión como fracción. Asegúrate de poner en el denominador las unidades de las que conviertes (en este ejemplo, centímetros).
3. Multiplica la medición que quieres convertir por la fracción. Al hacer esto, las unidades de esta primera medición se cancelarán con las unidades del denominador. Tu respuesta estará en las unidades a las que conviertes (en este ejemplo, metros).

Ejemplo

80 centímetros = ■ metros

$$80 \text{ centímetros} \times \frac{1 \text{ metro}}{100 \text{ centímetros}} = \frac{80 \text{ metros}}{100}$$

$$= 0.8 \text{ metros}$$

Actividad

Convierte las siguientes unidades.
1. 600 milímetros = ■ metros
2. 0.35 litros = ■ mililitros
3. 1,050 gramos = ■ kilogramos

Manual de destrezas ♦ 177

MANUAL de destrezas

Realizar una investigación científica

En cierta forma, los científicos son como detectives que unen claves para comprender un proceso o acontecimiento. Una manera en que los científicos reúnen claves es realizar experimentos. Los experimentos prueban las ideas en forma cuidadosa y ordenada. Aunque no todos los experimentos siguen los mismos pasos en el mismo orden, muchos tienen un esquema parecido al que se describe aquí.

Plantear preguntas

Los experimentos comienzan planteando una pregunta científica. Una pregunta científica es aquella que se puede responder reuniendo evidencias. Por ejemplo, la pregunta "¿Qué se congela más rápido, el agua dulce o el agua salada?" es una pregunta científica, porque puedes realizar una investigación y reunir información para responderla.

Desarrollar una hipótesis

El siguiente paso es formular una hipótesis. Una **hipótesis** es una explicación posible para un conjunto de observaciones, o la respuesta a una pregunta científica. En ciencias, una hipótesis debe ser algo que se pueda poner a prueba. Una hipótesis se puede formular como un enunciado *Si… entonces…* Por ejemplo, una hipótesis sería "*Si añado sal al agua dulce, entonces tardará más en congelarse*". Las hipótesis enunciadas de esta manera son un esquema a grandes rasgos del experimento que debes realizar.

Destrezas de investigación

Diseñar un experimento

Luego, tienes que hacer un plan para poner a prueba tu hipótesis. Escribe tu plan en forma de pasos y describe las observaciones o mediciones que harás.

Dos pasos importantes en el diseño de un experimento son controlar las variables y formular definiciones operativas.

Controlar variables En un experimento bien diseñado, tienes que conservar igual todas las variables excepto una. Una **variable** es cualquier factor que puede cambiar en un experimento. El factor que modificas se llama **variable manipulada**. En nuestro experimento, la variable manipulada es la cantidad de sal que se añade al agua. Los demás factores, como la cantidad de agua o la temperatura inicial, son constantes.

El factor que cambia como resultado de la variable manipulada se llama **variable respuesta**. La variable respuesta es lo que mides u observas para obtener tus resultados. En este experimento, la variable respuesta es cuánto tarda el agua en congelarse.

Un experimento donde se mantienen constante todos los factores excepto uno, se llama **experimento controlado**. Estos experimentos incluyen una prueba llamada de control. En este experimento, el recipiente 3 es el de control. Como no se le añade sal, puedes comparar con él los resultados de los otros experimentos. Cualquier diferencia en los resultados debe obedecer tan sólo a la adición de sal.

Formular definiciones operativas Otro elemento importante de los experimentos bien diseñados es tener definiciones operativas claras. Una **definición operativa** es un enunciado que describe cómo se va a medir cierta variable o cómo se va a definir. Por ejemplo, en este experimento, ¿cómo determinarás si el agua se congeló? Quizá decidas meter un palito en cada recipiente al inicio del experimento. Tu definición operativa de "congelada" sería el momento en que el palito dejara de moverse.

Procedimiento experimental

1. Llena 3 recipientes con 300 mililitros de agua fría de la llave.

2. Añade 10 gramos de sal al recipiente 1 y agita. Añade 20 gramos de sal al recipiente 2 y agita. No añadas sal al recipiente 3.

3. Coloca los tres recipientes en el congelador.

4. Revisa los recipientes cada 15 minutos. Anota tus observaciones.

Interpretar datos

Las observaciones y mediciones que haces en los experimentos se llaman **datos**. Debes analizarlos al final de los experimentos para buscar patrones o tendencias. Muchas veces, los patrones se hacen evidentes si organizas tus datos en una tabla o una gráfica. Luego, reflexiona en lo que muestran los datos. ¿Apoyan tu hipótesis? ¿Señalan una falla en el experimento? ¿Necesitas reunir más datos?

Sacar conclusiones

Una **conclusión** es un enunciado que resume lo que aprendiste del experimento. Cuando sacas una conclusión, necesitas decidir si los datos que reuniste apoyan tu hipótesis o no. Tal vez debas repetir el experimento varias veces para poder sacar alguna conclusión. A menudo, las conclusiones te llevan a plantear preguntas nuevas y a planificar experimentos nuevos para responderlas.

Actividad

¿Influye en el rebote de una pelota la altura de la que la dejas caer? Usa los pasos que se describieron para planificar un experimento controlado e investigar el problema.

Manual de destrezas ◆ 179

MANUAL de destrezas

Destrezas de diseño tecnológico

Los ingenieros son personas que usan el conocimiento científico y tecnológico para resolver problemas prácticos. Para diseñar productos nuevos, los ingenieros a menudo siguen el proceso descrito aquí antes, aunque no siempre siguen los pasos en el mismo orden. Mientras lees estos pasos, piensa cómo podrías aplicarlos en los laboratorios de tecnología.

Identificar una necesidad

Antes de empezar a diseñar un producto nuevo, los ingenieros deben identificar la necesidad que intentan satisfacer. Por ejemplo, supón que perteneces al equipo de diseño de una empresa fabricante de juguetes. Tu equipo ha identificado una necesidad: un barco de juguete que no sea caro y sea fácil de armar.

Analizar el problema

Lo primero que hacen los diseñadores es reunir información que los ayude con el diseño nuevo. Esta investigación incluye buscar artículos en libros, revistas o en la Internet. A veces también incluye conversar con otros ingenieros que hayan resuelto problemas similares. A menudo, los ingenieros realizan experimentos relacionados con el producto que quieren diseñar.

Para tu barco de juguete podrías revisar juguetes parecidos al que quieres diseñar. Podrías hacer una búsqueda en la Internet. También podrías probar algunos materiales para ver si funcionan bien con el barco de juguete.

Dibujo para el diseño de un barco ▼

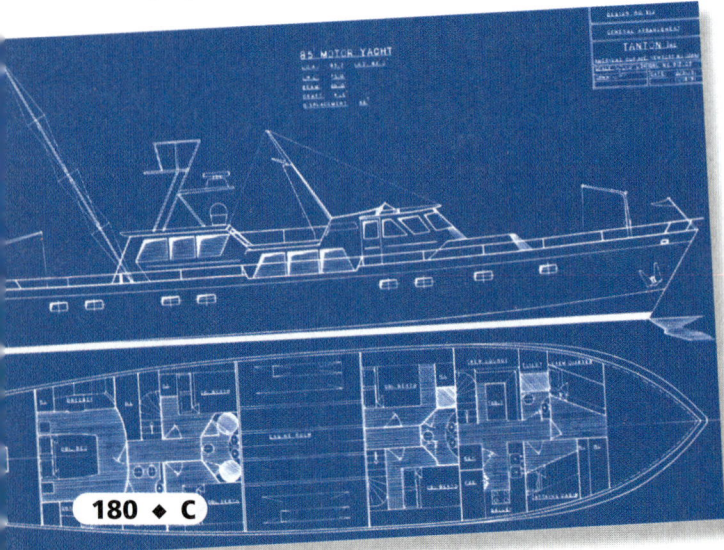

Diseñar una solución

La investigación provee a los ingenieros información útil para diseñar un producto. Los ingenieros trabajan en equipos cuando diseñan productos nuevos.

Generar ideas Por lo común, los equipos de diseño generan lluvias de ideas en las que cualquier integrante del equipo puede aportar algo. Una **lluvia de ideas** es un proceso creativo en el que las sugerencias de los integrantes del equipo dan ideas a los demás integrantes. Una lluvia de ideas puede proporcionar un nuevo enfoque para resolver un problema de diseño.

Evaluar restricciones Durante una lluvia de ideas, un equipo de diseño puede pensar en varios diseños posibles y evaluar cada uno.

Como parte de su evaluación, los ingenieros consideran las restricciones. Las **restricciones** son factores que limitan el diseño de un producto. Las características físicas, como las propiedades del material que usarás para hacer tu barco de juguete, son restricciones, así como el dinero y el tiempo. Si los materiales de un producto son muy caros o si se necesita mucho tiempo para fabricarlo, el diseño puede ser poco funcional.

Hacer intercambios Los equipos de diseño suelen hacer intercambios. En un **intercambio,** los ingenieros renuncian a un beneficio de un diseño propuesto para obtener otro. Al diseñar tu barco de juguete, tendrás que hacer intercambios. Por ejemplo, supón que un material es durable pero no es completamente a prueba de agua. Otro material resiste mejor al agua pero es frágil. Podrías decidir renunciar al beneficio de durabilidad para tener el beneficio de que sea a prueba de agua.

Destrezas de investigación

Construir y evaluar un prototipo

Una vez que el equipo ha elegido un plan de diseño, los ingenieros construyen un prototipo del producto. Un **prototipo** es un modelo de trabajo que se usa para probar un diseño. Los ingenieros evalúan el prototipo para ver si funciona bien, si es fácil y seguro de usar, y si soporta un uso repetido.

Piensa en tu barco de juguete. ¿Cómo sería el prototipo? ¿Qué materiales usarías para hacerlo? ¿Cómo lo pondrías a prueba?

Solucionar dificultades y rediseñar

Pocos prototipos funcionan a la perfección, por eso se tienen que probar. Luego de probar un prototipo, los integrantes del equipo de diseño analizan los resultados e identifican cualquier problema. El equipo trata de **solucionar las dificultades,** o sea arreglar los problemas del diseño. Por ejemplo, si tu barco de juguete tiene grietas o se tambalea, tendrás que rediseñar el barco para eliminar estos problemas.

Comunicar la solución

Un equipo de diseño debe comunicar el diseño final a la gente que va a fabricar el producto y a la que va a usarlo. Para hacerlo, el equipo podría usar diagramas, dibujos detallados, simulaciones de computadora y descripciones por escrito.

Actividad

Puedes usar el proceso de diseño tecnológico para diseñar y construir un barco de juguete.

Analizar e investigar

1. Ve a la biblioteca o haz una búsqueda en línea de barcos de juguete.
2. Investiga cómo se puede impulsar un barco de juguete, incluyendo viento, ligas elásticas o carbonato de sodio con vinagre.
3. Haz una lluvia de ideas para elegir los materiales, la forma y el modo de dirección de tu barco.

Diseñar y construir

4. Diseña un barco de juguete que
   - esté hecho de materiales disponibles
   - no mida más de 15 cm de largo y 10 de ancho
   - incluya un sistema de propulsión, un timón y un área de carga
   - avance 2 metros en línea recta llevando una carga de 20 monedas de 1 centavo
5. Haz tu diseño y escribe un plan paso por paso para construir tu barco. Después de que tu maestro apruebe tu plan, construye tu barco.

Evaluar y rediseñar

6. Prueba tu barco, evalúa los resultados y soluciona cualquier problema.
7. Basándote en tu evaluación, rediseña tu barco de juguete para que funcione mejor.

Manual de destrezas ◆ 181

MANUAL de destrezas

Crear tablas de datos y gráficas

¿Cómo se comprende el significado de los datos de los experimentos científicos? El primer paso es organizarlos para comprenderlos. Para ello, son útiles las tablas de datos y las gráficas.

Tablas de datos

Ya reuniste los materiales y preparaste el experimento. Pero antes de comenzar, necesitas planificar una forma de anotar lo que sucede durante el experimento. En una tabla de datos puedes escribir tus observaciones y mediciones de manera ordenada.

Por ejemplo, supón que un científico realizó un experimento para saber cuántas calorías queman personas con diversas masas corporales al realizar varias actividades. La tabla de datos muestra los resultados.

Observa en la tabla que la variable manipulada (la masa corporal) es el encabezado de una columna. La variable respuesta (en el experimento 1, las Calorías quemadas al montar en bicicleta) encabeza la siguiente columna. Las columnas siguientes se refieren a experimentos relacionados.

Calorías quemadas en 30 minutos			
Masa corporal	Experimento 1: Ciclismo	Experimento 2: Baloncesto	Experimento 3: Ver televisión
30 kg	60 Calorías	120 Calorías	21 Calorías
40 kg	77 Calorías	164 Calorías	27 Calorías
50 kg	95 Calorías	206 Calorías	33 Calorías
60 kg	114 Calorías	248 Calorías	38 Calorías

Gráfica de barras

Para comparar cuántas Calorías quema una persona al realizar varias actividades, puedes crear una gráfica de barras. Una gráfica de barras muestra los datos en varias categorías distintas. En este ejemplo, el ciclismo, el baloncesto y ver televisión son las tres categorías.

Para crear una gráfica de barras, sigue estos pasos.

1. En papel cuadriculado, dibuja un eje horizontal, o eje *x*, y uno vertical, o eje *y*.
2. En el eje horizontal, escribe las categorías que vas a representar gráficamente. También escribe un nombre para todo el eje.
3. En el eje vertical anota el nombre de la variable respuesta. Incluye las unidades de medida. Para crear una escala, marca números con espacios equilaventes que cubran el intervalo de los datos que recopilaste.
4. Dibuja una barra por cada categoría, usando el eje vertical para determinar la altura. Haz todas las barras del mismo ancho.
5. Agrega un título que describa la gráfica.

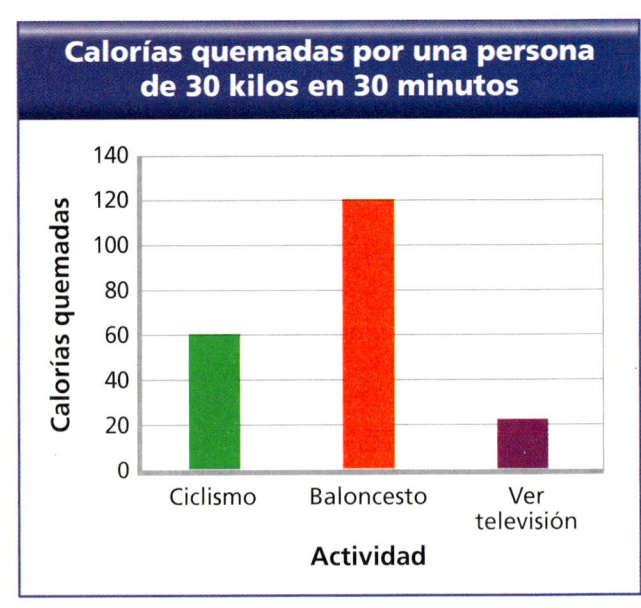

Destrezas de investigación

Gráficas lineales

Puedes trazar una gráfica lineal para saber si hay una relación entre la masa corporal y la cantidad de calorías quemadas al montar en bicicleta. En una gráfica lineal, los datos muestran los cambios de una variable (la respuesta) como resultado de los cambios de la otra variable (la manipulada). Conviene trazar una gráfica lineal cuando la variable manipulada es **continua,** es decir, cuando hay otros puntos entre los que estás poniendo a prueba. En este ejemplo, la masa corporal es una variable continua porque hay otros pesos entre los 30 y los 40 kilos (por ejemplo, 31 kilos). El tiempo es otro ejemplo de variable continua.

Las gráficas lineales son herramientas poderosas, pues con ellas calculas los valores de condiciones que no probaste en el experimento. Por ejemplo, con tu gráfica puedes estimar que una persona de 35 kilos quemaría 68 calorías al montar en bicicleta.

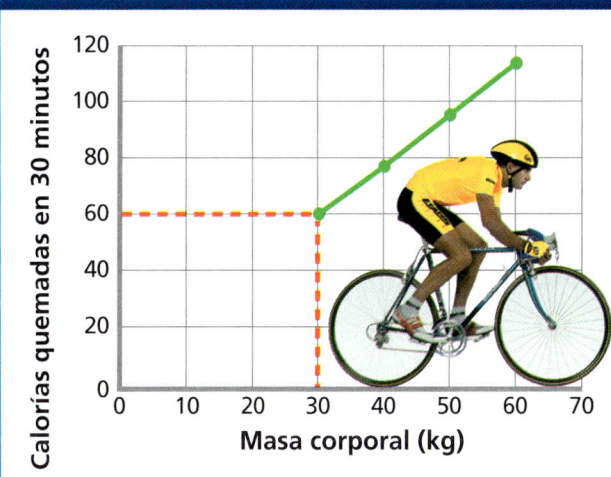

Para crear una gráfica lineal, sigue estos pasos.

1. En papel cuadriculado, dibuja un eje horizontal, o eje *x,* y uno vertical, o eje *y.*
2. En el eje horizontal, escribe el nombre de la variable manipulada. En el eje vertical, anota el nombre de la variable respuesta. Incluye las unidades de medida.
3. Para crear una escala, marca números con espacios equivalentes que cubran el intervalo de los datos que recopilaste.
4. Traza un punto en la gráfica por cada dato. En la gráfica de esta página, las líneas punteadas muestran cómo marcar el punto del primer dato (30 kilogramos y 60 calorías). En el eje horizontal, sobre la marca de los 30 kilos, traza una línea vertical imaginaria hacia arriba. Luego, sigue una línea horizontal imaginaria que se proyecte del eje vertical en la marca de las 60 calorías. Haz el punto en donde se cruzan las líneas.
5. Une los puntos con una línea continua. (En algunos casos, tal vez sea mejor trazar una línea que muestre la tendencia general de los puntos graficados. En tales casos, algunos de los puntos quedarán arriba o abajo de la línea. No todas las gráficas son lineales. En algunos casos, puede ser más apropiado dibujar una curva para unir los puntos.)
6. Escribe un título que identifique las variables o su relación en la gráfica.

Actividad

Crea gráficas lineales con los datos de la tabla de los experimentos 2 y 3.

Actividad

Acabas de leer en el periódico que en la zona donde vives cayeron 4 centímetros de lluvia en junio, 2.5 centímetros en julio y 1.5 centímetros en agosto. ¿Qué gráfica usarías para mostrar estos datos? Dibuja tu gráfica en papel cuadriculado.

MANUAL de destrezas

Gráficas circulares

Al igual que las gráficas de barras, las gráficas circulares sirven para mostrar los datos en varias categorías. Sin embargo, a diferencia de las gráficas de barras, las gráficas circulares sólo se usan cuando tienes datos para *todas* las categorías que componen un tema. Las gráficas circulares a veces se llaman gráficas de pastel. El pastel representa todo el tema y las rebanadas son las categorías. El tamaño de cada rebanada indica qué porcentaje del total tiene cada categoría.

La siguiente tabla de datos muestra los resultados de una encuesta en la que se les preguntó a 24 adolescentes cuál era su deporte favorito. Con esos datos, se creó la gráfica circular de la derecha.

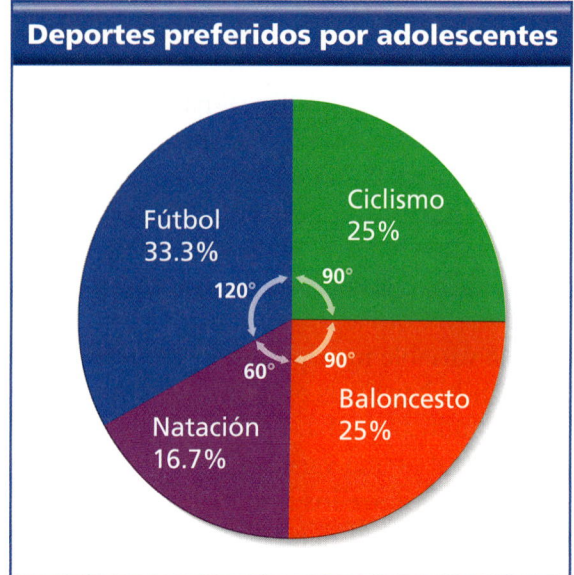

Deportes preferidos por los adolescentes	
Deporte	Estudiantes
Fútbol	8
Baloncesto	6
Ciclismo	6
Natación	4

Para crear una gráfica circular, sigue estos pasos.

1. Dibuja un círculo con un compás. Marca el centro con un punto. Luego, traza una línea del centro a la parte de arriba del círculo.
2. Para determinar el tamaño de cada "rebanada", establece una proporción en la que x sea igual al número de grados de la rebanada. (*Nota*: Un círculo tiene 360 grados.) Por ejemplo, para calcular el número de grados de la rebanada del "fútbol", plantea la siguiente proporción:

$$\frac{\text{Estudiantes que prefieren el fútbol}}{\text{Número total de estudiantes}} = \frac{x}{\text{Número total de grados del círculo}}$$

$$\frac{8}{24} = \frac{x}{360}$$

Multiplica cruzado y halla x.
$$24x = 8 \times 360$$
$$x = 120$$

La rebanada de "fútbol" tendría 120 grados.

3. Mide con un transportador el ángulo de la primera rebanada. La línea de 0° es la que trazaste hasta la parte de arriba del círculo. Dibuja una línea que vaya del centro del círculo al extremo del ángulo que mediste.
4. Continúa alrededor del círculo, midiendo cada rebanada con el transportador. Comienza en el borde de la rebanada anterior para que no se traslapen. Cuando termines, el círculo debe estar completo.
5. Determina el porcentaje del círculo que representa cada rebanada. Para ello, divide el número de grados de cada rebanada entre los grados del círculo (360) y multiplica por 100%. En el caso de la rebanada de "fútbol", calcula el porcentaje como sigue:

$$\frac{120}{360} \times 100\% = 33.3\%$$

6. Colorea cada rebanada de un color diferente. Escribe el nombre de la categoría y el porcentaje que representa.
7. Escribe el título de la gráfica circular.

Actividad

En un salón de 28 estudiantes, 12 van a la escuela en autobús, 10 caminan y 6 van en bicicleta. Dibuja una gráfica circular para mostrar los datos.

Destrezas de matemáticas

Repaso de matemáticas

Los científicos usan las matemáticas para organizar, analizar y presentar datos. Este apéndice te ayudará a repasar algunas destrezas básicas de matemáticas.

Media, mediana y moda

La **media** es el promedio de los datos, o su suma dividida por el número de datos. El número intermedio de un conjunto ordenado de datos se llama **mediana**. La **moda** es el número que más aparece en un conjunto de datos.

Ejemplo

Un científico contó el número de cantos distintos de siete pájaros macho y reunió estos datos.

Cantos de pájaros machos							
Pájaro	A	B	C	D	E	F	G
Número de cantos	36	29	40	35	28	36	27

Para hallar el número medio de cantos, suma el total de cantos y divide por el número de datos: en este caso, el número de pájaros macho.

$$\text{Media} = \frac{231}{7} = 33 \text{ cantos}$$

Para hallar la mediana del número de cantos, acomoda los datos en orden numérico y halla el número intermedio.

27 28 29 35 36 36 40

El número intermedio es 35, así que la mediana del número de cantos es 35.

La moda es el valor que más aparece. En estos datos, 36 aparece dos veces, y los demás valores sólo una vez, así que la moda es 36 cantos.

Práctica

Averigua cuántos minutos tarda cada estudiante de tu clase en llegar a la escuela. Luego, halla la media, la mediana y la moda de los datos.

Probabilidad

La **probabilidad** es la posibilidad de que ocurra un suceso. Se puede expresar como una razón, una fracción o un porcentaje. Por ejemplo, si lanzas al aire una moneda, la probabilidad de obtener cara es de 1 en 2, $\frac{1}{2}$ ó 50 por ciento.

La probabilidad de que ocurra un suceso puede expresarse con esta fórmula:

$$P(\text{suceso}) = \frac{\text{Número de veces que puede ocurrir el suceso}}{\text{Número total de sucesos posibles}}$$

Ejemplo

En una bolsa hay 25 canicas azules, 5 verdes, 5 anaranjadas y 15 amarillas. Si cierras los ojos y sacas una canica de la bolsa, ¿cuál es la probabilidad de que sea amarilla?

$$P(\text{canicas amarillas}) = \frac{15 \text{ canicas amarillas}}{50 \text{ canicas totales}}$$

$$P = \frac{15}{50}, \text{ o sea } \frac{3}{10}, \text{ o sea } 30\%$$

Práctica

Cada cara de un dado tiene una letra. Dos caras tienen *A*, tres caras tienen *B* y una cara tiene *C*. Si lanzas el dado, ¿cuál es la probabilidad de que una *A* quede arriba?

MANUAL de destrezas

Área

El **área** de una superficie es el número de unidades cuadradas que la cubren. La portada de tu libro de texto tiene un área aproximada de 600 cm².

Área de un rectángulo y un cuadrado

Para hallar el área de un rectángulo, multiplica su longitud por su anchura. La fórmula del área de un rectángulo es

$$A = \ell \times a, \text{ o sea } A = \ell a$$

Como los cuatro lados de un cuadrado tienen la misma longitud, el área de un cuadrado es la longitud de un lado multiplicada por sí misma, o sea, al cuadrado.

$$A = l \times l, \text{ o sea } A = l^2$$

Ejemplo

Un científico estudia las plantas de un campo que mide 75 m × 45 m. ¿Qué área tiene el campo?

$A = \ell \times a$

$A = 75 \text{ m} \times 45 \text{ m}$

$A = 3{,}375 \text{ m}^2$

Área de un círculo

La fórmula del área de un círculo es

$$A = \pi \times r \times r, \text{ o sea } A = \pi r^2$$

La longitud del radio se representa con r, y el valor aproximado de π es $\frac{22}{7}$.

Ejemplo

Halla el área de un círculo con radio de 14 cm.

$A = \pi r^2$

$A = 14 \times 14 \times \frac{22}{7}$

$A = 616 \text{ cm}^2$

Práctica

Halla el área de un círculo cuyo radio mide 21 m.

Circunferencia

La distancia alrededor de un círculo se llama **circunferencia**. La fórmula para hallar la circunferencia de un círculo es

$$C = 2 \times \pi \times r, \text{ o sea } C = 2\pi r$$

Ejemplo

El radio de un círculo es de 35 cm. ¿Qué circunferencia tiene el círculo?

$C = 2\pi r$

$C = 2 \times 35 \times \frac{22}{7}$

$C = 220 \text{ cm}$

Práctica

¿Qué circunferencia tiene un círculo de 28 m de radio?

Volumen

El **volumen** de un objeto es el número de unidades cúbicas que contiene. El volumen de una papelera, por ejemplo, podría ser de unos 26,000 cm³.

Volumen de un objeto rectangular

Para hallar el volumen de un objeto rectangular, multiplica la longitud del objeto por su anchura y por su altura.

$$V = \ell \times a \times h, \text{ o sea } V = \ell a h$$

Ejemplo

Halla el volumen de una caja con longitud de 24 cm, anchura de 12 cm y altura de 9 cm

$V = \ell a h$

$V = 24 \text{ cm} \times 12 \text{ cm} \times 9 \text{ cm}$

$V = 2{,}592 \text{ cm}^3$

Práctica

¿Qué volumen tiene un objeto rectangular con longitud de 17 cm, anchura de 11 cm y altura de 6 cm?

Destrezas de matemáticas

Fracciones

Una **fracción** es una forma de expresar una parte de un todo. En la fracción $\frac{4}{7}$, 4 es el numerador y 7 es el denominador.

Suma y resta de fracciones Para sumar o restar dos o más fracciones con el mismo denominador, primero suma o resta los numeradores. Luego, escribe la suma o diferencia arriba del denominador común.

Para sumar o restar fracciones con distintos denominadores, primero halla el mínimo común múltiplo de los denominadores, que se llama mínimo común denominador. Luego, convierte cada fracción a fracciones equivalentes que tengan el mínimo común denominador. Suma o resta los numeradores y escribe la suma o diferencia arriba del denominador común.

Ejemplo

$$\frac{5}{6} - \frac{3}{4} = \frac{10}{12} - \frac{9}{12} = 10 - \frac{9}{12} = \frac{1}{12}$$

Multiplicación de fracciones Para multiplicar dos fracciones, primero multiplica los numeradores y luego los denominadores.

Ejemplo

$$\frac{5}{6} \times \frac{2}{3} = \frac{5 \times 2}{6 \times 3} = \frac{10}{18} = \frac{5}{9}$$

División de fracciones Dividir por una fracción es lo mismo que multiplicar por el recíproco de la fracción. Un recíproco es un número cuyo numerador y denominador se han intercambiado. Para dividir una fracción por otra, primero invierte la fracción por la que vas a dividir. Luego, multiplica las dos fracciones.

Ejemplo

$$\frac{2}{5} \div \frac{7}{8} = \frac{2}{5} \times \frac{8}{7} = \frac{2 \times 8}{5 \times 7} = \frac{16}{35}$$

Práctica

Resuelve esto: $\frac{3}{7} \div \frac{4}{5}$

Decimales

Las fracciones cuyo denominador es 10, 100 u otra potencia de 10 suelen expresarse como decimales. Por ejemplo, la fracción $\frac{9}{10}$ puede expresarse como el decimal 0.9; la fracción $\frac{7}{100}$ puede escribirse como 0.07.

Suma y resta de decimales Para sumar o restar decimales, alinea los puntos decimales antes de hacer la operación.

Ejemplo

$$\begin{array}{r} 27.4 \\ +\ 6.19 \\ \hline 33.59 \end{array} \qquad \begin{array}{r} 278.635 \\ -\ 191.4 \\ \hline 87.235 \end{array}$$

Multiplicación de decimales Al multiplicar dos números con decimales, el número de lugares decimales del producto es igual al total de lugares decimales de los números que se multiplican.

Ejemplo

$$\begin{array}{r} 46.2 \\ \times\ 2.37 \\ \hline 109.494 \end{array}$$ (un lugar decimal)
(dos lugares decimales)
(tres lugares decimales)

División de decimales Para dividir un decimal por un entero positivo, pon el punto decimal del cociente sobre el punto decimal del dividendo.

Ejemplo

$$15.5 \div 5$$

$$5\overline{)5.5}^{\,3.1}$$

Para dividir un decimal por un decimal, tienes que reescribir el divisor como entero positivo. Hazlo multiplicando el divisor y el dividendo por el mismo múltiplo de 10.

Ejemplo

$$1.68 \div 4.2 = 16.8 \div 42$$

$$42\overline{)16.8}^{\,0.4}$$

Práctica

Multiplica 6.21 por 8.5.

MANUAL de destrezas

Razones y proporciones

Una **razón** es la comparación de dos números mediante una división. Por ejemplo, supón que un científico cuenta 800 lobos y 1,200 alces en una isla. La razón de lobos a alces puede escribirse como fracción, $\frac{800}{1,200}$, que se reduce a $\frac{2}{3}$. La misma razón puede expresarse como 2 a 3, ó 2 : 3.

Una **proporción** es un enunciado matemático que dice que dos razones son equivalentes. Por ejemplo, una proporción podría decir que $\frac{800 \text{ lobos}}{1,200 \text{ alces}} = \frac{2 \text{ lobos}}{3 \text{ alces}}$. A veces, podrás plantear una proporción para hallar o estimar una cantidad desconocida. Supón que un científico cuenta 25 escarabajos en un área de 10 m². El científico quiere estimar el número de escarabajos que hay en 100 m².

Ejemplo

1. Expresa la relación entre escarabajos y área como una razón: $\frac{25}{10}$, ó sea, $\frac{5}{2}$.
2. Escribe una proporción, donde *x* sea el número de escarabajos: $\frac{5}{2} = \frac{x}{100}$.
3. Multiplica cruzado; es decir, multiplica el numerador de cada fracción por el denominador de la otra fracción.

    $5 \times 100 = 2 \times x$, o sea, $500 = 2x$

4. Para hallar el valor de *x*, divide ambos lados por 2. El resultado es 250, o sea que hay 250 escarabajos en 100 m².

Práctica

Halla el valor de *x* en esta proporción: $\frac{6}{7} = \frac{x}{39}$.

Porcentaje

Un **porcentaje** es una razón que compara un número con 100. Por ejemplo, hay 37 rocas de granito en una colección de 100 rocas. La razón $\frac{37}{100}$ puede escribirse 37%. Las rocas de granito son el 37% de la colección.

Puedes calcular porcentajes de números distintos de 100 escribiendo una proporción.

Ejemplo

En junio, llueve en 9 de 30 días. ¿Qué porcentaje de días con lluvia hubo en junio?

$$\frac{9 \text{ días}}{30 \text{ días}} = \frac{d\%}{100\%}$$

Para hallar el valor de *d*, multiplica cruzado, como en cualquier proporción:

$9 \times 100 = 30 \times d \qquad d = \frac{100}{30} \qquad d = 30$

Práctica

Hay 300 canicas en un frasco, y 42 de ellas son azules. ¿Qué porcentaje de las canicas es azul?

Destrezas de matemáticas

Cifras significativas

La **precisión** de una medición depende del instrumento que usas para medir. Por ejemplo, si la unidad más pequeña de una regla es milímetros, la medición más precisa que podrás hacer será en milímetros.

La suma o diferencia de mediciones no puede ser más precisa que la medición menos precisa que se suma o resta. Redondea tu respuesta al mismo número de lugares decimales que tiene la medición menos precisa. Redondea hacia arriba si el último dígito es 5 ó más, y hacia abajo si el último dígito es 4 ó menos.

> **Ejemplo**
>
> Resta una temperatura de 5.2 °C a la temperatura de 75.46 °C.
>
> **75.46 − 5.2 = 70.26**
>
> 5.2 tiene menos lugares decimales, así que es la medición menos precisa. Dado que el último dígito de la respuesta es 6, se redondea hacia arriba, a 3. La diferencia más precisa entre las mediciones es 70.3 °C.

> **Práctica**
>
> Suma 26.4 m a 8.37 m. Redondea tu respuesta según la precisión de las mediciones.

Las **cifras significativas** son el número de dígitos distintos de cero en una medición. Los ceros entre dígitos distintos de cero también son significativos. Por ejemplo, las mediciones 12,500 L, 0.125 cm y 2.05 kg tienen tres cifras significativas. Al multiplicar y dividir mediciones, la que tiene menos cifras significativas determina el número de cifras significativas en la respuesta.

> **Ejemplo**
>
> Multiplica 110 g por 5.75 g.
>
> **110 × 5.75 = 632.5**
>
> Como 110 sólo tiene dos cifras significativas, se redondea la respuesta a 630 g.

Notación científica

Un **factor** es un número por el que otro número puede dividirse sin dejar residuo. En el ejemplo, el número 3 se usa como factor cuatro veces.

Un **exponente** indica cuántas veces se usa un número como factor. Por ejemplo, $3 \times 3 \times 3 \times 3$ puede escribirse como 3^4. El exponente ^{4} indica que el número 3 se usa como factor cuatro veces. Otra forma de expresar esto es decir que 81 es igual a 3 a la cuarta potencia.

> **Ejemplo**
>
> $$3^4 = 3 \times 3 \times 3 \times 3 = 81$$

La **notación científica** usa exponentes y potencias de 10 para escribir números muy grandes o muy pequeños en forma abreviada. Al escribir un número en notación científica, lo escribes usando dos factores. El primero es cualquier número entre 1 y 10; el segundo es una potencia de 10, como 10^3 ó 10^6.

> **Ejemplo**
>
> La distancia media entre el planeta Mercurio y el Sol es de 58,000,000 km. Para escribir el primer factor de la notación científica, agrega un punto decimal al número original de modo que tengas un número entre 1 y 10. En el caso de 58,000,000 el número es 5.8.
>
> Para determinar la potencia de 10, cuenta los lugares que se movió el punto decimal. En este caso, se movió 7 lugares.
>
> **58,000,000 km = 5.8×10^7 km**

> **Práctica**
>
> Expresa 6,590,000 en notación científica.

MANUAL de destrezas

Destrezas de comprensión de lectura

Tu libro de texto es una importante fuente de información científica. A medida que lees tu libro de ciencias, verás que fue escrito para ayudarte a comprender los conceptos de ciencias.

Cómo aprender con los textos de ciencias

Al estudiar ciencias en la escuela, aprenderás los conceptos científicos de diversas maneras. A veces realizarás actividades y experimentos interesantes para explorar ideas científicas. Para comprender plenamente lo que observas en los experimentos y actividades, necesitarás leer tu libro de texto. Para ayudarte en la lectura, se han resaltado las ideas importantes de modo que puedas reconocerlas. Además, una destreza clave de lectura en cada sección te ayudará a comprender lo que lees.

Usando las destrezas clave de lectura, mejorarás tu comprensión de la lectura; es decir, aumentarás tu capacidad para comprender lo que lees. A medida que aprendes ciencias, acumularás conocimientos que te ayudarán a comprender aún más lo que lees. Esos conocimientos te permitirán aprender todos los temas que se abordan en el libro.

Y, ¿sabes qué?, estas destrezas de lectura te serán útiles siempre que leas. Leer para aprender es muy importante en la vida, y ahora tienes la oportunidad de iniciar ese proceso.

A continuación se describen las destrezas clave de lectura que mejorarán tu comprensión de lo que lees.

Desarrollar el vocabulario

Para comprender los conceptos científicos de este libro, debes recordar el significado de los términos clave. Una estrategia consiste en escribir las definiciones de esos términos con tus propias palabras. También puedes practicar usando los términos en oraciones y haciendo listas de palabras o frases que asocias con cada término.

Usar el conocimiento previo

Tu conocimiento previo es lo que ya sabías antes de comenzar a leer acerca de un tema. Si te apoyas en eso, tendrás ventaja al aprender información nueva. Antes de iniciar una tarea, piensa en lo que ya sabes. Podrías hojear tu tarea de lectura, viendo los encabezados y las ilustraciones para estimular tu memoria. Anota lo que sabes en el organizador gráfico que viene al principio de la sección. Luego, a medida que leas, considera preguntas como las que siguen para relacionar lo aprendido con lo que ya sabías.

- ¿Qué relación hay entre lo que estás aprendiendo y lo que ya sabes?
- ¿Cómo te ayudó algo que ya sabes a aprender algo nuevo?
- ¿Tus ideas originales coinciden con lo que acabas de aprender? Si no, ¿cómo modificarías tus ideas originales?

Formular preguntas

Hacerte preguntas es una forma excelente de concentrarte en la información nueva de tu libro y recordarla. Debes aprender a hacer buenas preguntas.

Una técnica es convertir en preguntas los encabezados del libro. Entonces, tus preguntas te guiarán para identificar y recordar la información importante mientras lees. Ve estos ejemplos:

Encabezado: Uso de datos sismográficos

Pregunta: ¿Cómo se usan los datos sismográficos?

Encabezado: Tipos de fallas

Pregunta: ¿Qué tipos de fallas hay?

Destrezas de comprensión de lectura

No tienes que limitar tus preguntas a los encabezados del libro. Haz preguntas acerca de todo lo que necesites aclarar o que te ayude a comprender el contenido. Las preguntas más comunes comienzan con *qué* y *cómo*, pero también puedes preguntar *por qué*, *quién*, *cuándo* o *dónde*. Aquí hay un ejemplo:

Propiedades de las ondas

Pregunta	Respuesta
¿Qué es la amplitud?	La amplitud es . . .

Examinar ayudas visuales

Las ayudas visuales son fotografías, gráficas, tablas, diagramas e ilustraciones. Las ayudas, como este diagrama de una falla normal, contienen información importante. Examina las ayudas y sus leyendas antes de leer. Ello te ayudará a prepararte para la lectura.

A menudo te preguntarán qué quieres aprender acerca de una ayuda visual. Por ejemplo, después de ver el diagrama de la falla, podrías preguntar: ¿qué movimiento hay a lo largo de una falla normal? Estas preguntas crean un propósito de la lectura: respondera tus preguntas. Examinar las ayudas visuales también es útil para recordar lo que ya sabes.

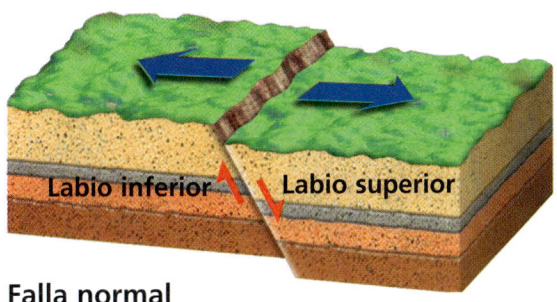

Falla normal

Hacer un esquema

Un esquema muestra la relación entre las ideas principales y las de apoyo, y tiene una estructura formal. Las ideas principales (temas) se escriben con números romanos. Las ideas de apoyo (subtemas) se escriben debajo de las principales y se rotulan A, B, C, etcétera. Un esquema se ve así:

Tecnología y sociedad

I. Tecnología a través de la historia
II. El efecto de la tecnología en la sociedad
  A.
  B.

Con un esquema así, podrás captar de un vistazo la estructura de la sección. El esquema te ayudará a estudiar.

Identificar ideas principales

Mientras lees, es importante tratar de comprender las ideas y los conceptos de cada párrafo. Verás que cada párrafo del material de ciencias contiene mucha información y detalles. Un buen lector trata de identificar la idea más importante o amplia de cada párrafo o sección. Esa es la idea principal. El resto de la información del párrafo apoya o explica la idea principal.

A veces, las ideas principales se plantean directamente. En este libro, algunas ideas principales ya vienen identificadas como conceptos clave en negritas. No obstante, tú debes identificar las demás ideas principales. Para ello, hay que identificar todas las ideas de un párrafo o sección y preguntarse cuál de ellas es lo bastante amplia como para incluir a todas las demás.

Manual de destrezas ♦ 191

MANUAL de destrezas

Comparar y contrastar

Cuando comparas y contrastas, examinas las diferencias y semejanzas entre las cosas. Puedes usar un diagrama de Venn o una tabla para comparar y contrastar. El diagrama o la tabla, ya terminados, muestran en qué se parecen y en qué se diferencian las cosas.

Diagrama de Venn Un diagrama de Venn consiste en dos círculos traslapados. En el lugar donde los dos círculos se traslapan, escribe las características comunes de los datos que estás comparando. En uno de los círculos fuera del área común, escribe los diferentes rasgos o características de uno de los datos. En el otro círculo fuera del área común, escribe las características diferentes del otro dato.

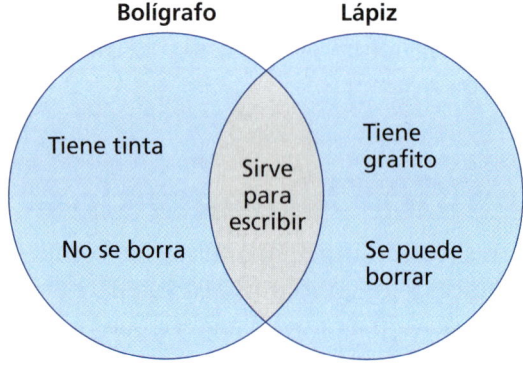

Tabla En una tabla de comparar/contrastar, escribe los datos que vas a comparar en la fila de arriba de la tabla. Luego, escribe los rasgos o características que vas a comparar en la columna de la izquierda. Completa la tabla escribiendo la información sobre cada característica o rasgo.

Vaso sanguíneo	Función	Estructura de la pared
Arteria	Lleva la sangre fuera del corazón	
Capilar		
Vena		

Ordenar en serie

Una serie es el orden en que se da un grupo de sucesos. Reconocer y recordar la serie de los sucesos es importante para comprender muchos procesos en ciencias. Algunas veces, en el texto se usan palabras como *primero*, *luego*, *durante* y *después* para señalar una serie. Un diagrama de flujo o un diagrama de ciclos te puede ayudar a visualizar una serie.

Diagrama de flujo Para hacer un diagrama de flujo, escribe una descripción breve de cada paso o suceso en un cuadro. Coloca los cuadros en orden, con el primer suceso al principio de la página. Luego, dibuja una flecha para conectar cada paso o suceso con el siguiente.

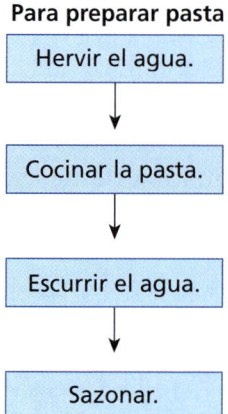

Diagrama de ciclos Un diagrama de ciclos muestra una serie continua o cíclica. Una serie continua no tiene final porque donde termina el último suceso, empieza el primero. Para crear un diagrama de ciclos, escribe el suceso inicial en un cuadro dibujado arriba y al centro de una página. Después, siguiendo un círculo imaginario en el sentido de las manecillas del reloj, escribe cada suceso en un cuadro siguiendo su propia serie. Dibuja flechas para conectar cada suceso con el que le sigue, para formar un círculo continuo.

Destrezas de comprensión de lectura

Identificar evidencia de apoyo

Una hipótesis es una explicación posible a una observación hecha por un científico o una respuesta a una pregunta científica. Una hipótesis se pone a prueba varias veces. Las pruebas pueden producir evidencia que apoye la hipótesis. Cuando se tiene suficiente evidencia de apoyo, una hipótesis se puede convertir en una teoría.

Identificar la evidencia de apoyo para una hipótesis o teoría te puede ayudar a comprender mejor esa hipótesis o teoría. La evidencia consiste en hechos, o sea, información cuya exactitud se puede confirmar mediante pruebas u observaciones.

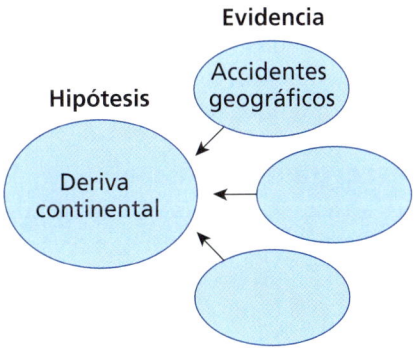

Relacionar causa y efecto

Identificar causas y efectos te ayuda a comprender las relaciones entre los sucesos. Una causa hace que algo suceda. Un efecto es lo que sucede. Cuando reconoces qué suceso provoca otro, estás relacionando causa y efecto. Palabras como *causa*, *porque*, *efecto*, *afecta* y *resulta* a menudo indican una causa o un efecto.

Algunas veces, un efecto puede tener más de una causa, o una causa puede producir varios efectos. Por ejemplo, las emisiones contaminantes de los autos y el humo de las plantas industriales son dos causas de la contaminación del aire. Algunos efectos de esta contaminación son la dificultad para respirar que tienen algunas personas, la muerte de las plantas a lo largo de la carretera y daños a las fachadas de los edificios.

En ciencias, hay muchas relaciones causa y efecto. Observar y comprender estas relaciones te ayuda a entender los procesos científicos.

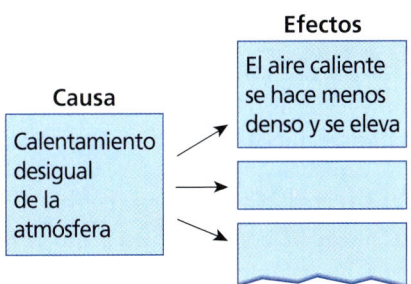

Hacer un mapa de conceptos

Los mapas de conceptos son útiles para organizar información sobre cualquier tema. Un mapa de conceptos se inicia con una idea principal o un concepto central y muestra cómo se puede subdividir la idea en subconceptos relacionados o ideas menores. De este modo, las relaciones entre los conceptos se hacen más claras y fáciles de comprender.

Construye un mapa de conceptos escribiendo conceptos (a menudo una sola palabra) dentro de óvalos que se conectan con palabras relacionadas. El concepto o idea principal se coloca en un óvalo en la parte superior del mapa. Los conceptos relacionados se acomodan en óvalos debajo de la idea principal. Las palabras relacionadas suelen ser verbos y frases verbales que se escriben entre las líneas que conectan los óvalos.

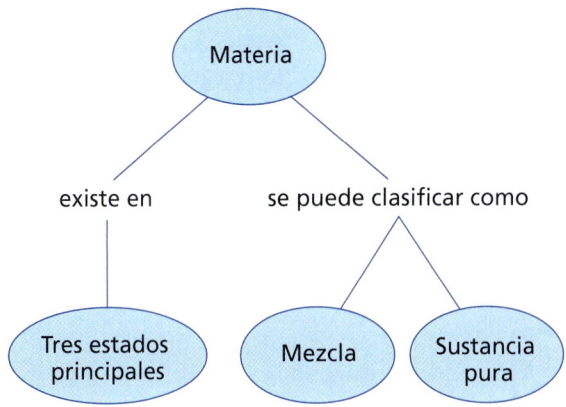

Manual de destrezas ♦ 193

Apéndice A Seguridad en el laboratorio

Símbolos de seguridad

Estos símbolos te advierten de posibles peligros en el laboratorio y te recuerdan trabajar con cuidado.

 Gafas de protección Usa estas gafas para protegerte los ojos en actividades con sustancias químicas, fuego o calor, u objetos de cristal.

 Delantal de laboratorio Usa un delantal de laboratorio para proteger tu piel y tu ropa de cualquier daño.

 Rotura de objetos Maneja con cuidado los materiales que pueden romperse, como termómetros y objetos de cristal. No toques cristales rotos.

 **Guantes resistentes al calor** Usa un guante para hornos u otra protección al manejar materiales calientes, como hornillos u objetos de cristal calientes.

 Guantes de hule Usa guantes de hule desechables para protegerte del contacto con sustancias químicas u organismos que pudieran ser dañinos. Mantén las manos alejadas de tu rostro, y desecha los guantes según las indicaciones de tu maestro.

 Calor Usa pinzas o tenazas para sujetar objetos calientes. No toques los objetos calientes con las manos descubiertas.

 **Fuego** Sujétate el cabello y la ropa que te quede floja antes de trabajar con fuego. Sigue las instrucciones de tu maestro sobre cómo encender y apagar fuego.

 Trabajar sin fuego Cuando uses materiales inflamables, asegúrate que no haya llamas, chispas o fuentes de calor expuestas.

 Sustancia química corrosiva Evita el contacto del ácido u otras sustancias corrosivas con tu piel, ropa u ojos. No inhales los vapores. Lávate las manos al terminar la actividad.

 Veneno No permitas que ninguna sustancia química te caiga en la piel ni inhales su vapor. Lávate las manos al terminar la actividad.

 Vapores Al trabajar con vapores venenosos, hazlo en un área ventilada. Evita inhalar el vapor directamente. Huélelo sólo cuando tu maestro te lo indique abanicando el vapor hacia tu nariz.

 Objetos afilados Tijeras, bisturís, navajas, agujas, alfileres y tachuelas pueden cortar tu piel. Dirige los bordes afilados en dirección contraria de donde estás tú o los demás.

 Seguridad de los animales Trata a los animales vivos o conservados o a las partes de animales cuidadosamente para no lastimarlos o lastimarte. Lávate las manos al terminar la actividad.

 Seguridad de las plantas Maneja las plantas sólo como tu maestro te indique. Avísale si eres alérgico a ciertas plantas; no realices una actividad donde se usen esas plantas. No toques las plantas nocivas, como la hiedra. Lávate las manos al terminar la actividad.

 Descarga eléctrica Para evitar descargas eléctricas, nunca uses un equipo eléctrico cerca del agua ni cuando tus manos estén húmedas. Asegúrate de que los cables no estorben el paso. Desconecta el equipo cuando no lo uses.

 Seguridad física Cuando un experimento requiera actividad física, evita lastimarte o lesionar a los demás. Avisa a tu maestro si algo te impide participar en la actividad.

 **Desechos** Las sustancias químicas y otros materiales utilizados en la actividad deben eliminarse de manera segura. Sigue las instrucciones de tu maestro.

 Lavarse las manos Lávate bien las manos al terminar la actividad. Usa jabón antibacteriano y agua caliente. Enjuágate bien.

 Advertencia de seguridad general Sigue las instrucciones indicadas cuando veas este símbolo. Cuando se te pida que diseñes tu propio experimento de laboratorio, pide a tu maestro que apruebe tu plan antes de proseguir.

Reglas de seguridad en ciencias

Precauciones generales
Sigue todas las instrucciones. Nunca realices actividades sin la aprobación y supervisión de tu maestro. No tomes la actividad como un juego. Nunca ingieras alimentos o bebidas. Mantén el área de trabajo limpia y en orden.

Normas de vestimenta
Usa gafas de protección siempre que trabajes con sustancias químicas, objetos de cristal, fuentes de calor, o cualquier sustancia que pudiera entrar en tus ojos. Si usas lentes de contacto, avísale a tu maestro.

Usa un delantal o una bata siempre que trabajes con sustancias corrosivas o que manchen. Usa guantes de hule desechables cuando trabajes con organismos o químicos dañinos. Si tienes el cabello largo, sujétalo. Quítate o anúdate por la espalda cualquier prenda o adorno que cuelgue y que pueda entrar en contacto con sustancias químicas, llamas o equipo. Súbete las mangas largas. Nunca uses sandalias.

Primeros auxilios
Informa de todos los accidentes, lesiones o fuego a tu maestro, por insignificantes que sean. Averigua dónde está el botiquín de primeros auxilios, el equipo de emergencia y el teléfono más cercano. Identifica a quién llamar en caso de emergencia.

Seguridad con fuego y calor
Mantén los materiales combustibles lejos del fuego. Al calentar una sustancia en un tubo de ensayo, fíjate que la boca del tubo no apunte hacia ti o hacia los demás. Nunca calientes líquidos en recipientes cerrados. Usa un guante para hornos para levantar un recipiente caliente.

Seguridad con sustancias químicas
Nunca acerques la cara a la boca de un recipiente que contiene sustancias químicas. No toques, pruebes ni inhales una sustancia a menos que lo indique el maestro.

Usa sólo las sustancias químicas requeridas en la actividad. Cuando no uses las sustancias, mantén cerrados los recipientes que las contienen. Vierte las sustancias sobre el fregadero o un recipiente, nunca sobre tu área de trabajo. Desecha las sustancias químicas según las instrucciones de tu maestro.

Presta atención especial cuando trabajes con ácidos o bases. Cuando mezcles un ácido con agua, vacía primero el agua al recipiente y luego agrega el ácido. Nunca pongas agua en un ácido. Limpia inmediatamente todos los derrames y salpicaduras con mucha agua.

Uso seguro de objetos de cristal
Si algún utensilio de cristal se rompe o astilla, notifícalo de inmediato a tu maestro. Nunca tomes con las manos descubiertas ningún cristal roto o astillado.

Nunca fuerces tubos ni termómetros de cristal en topes de hule y tapones de corcho. Pide ayuda a tu maestro para hacer esto, si la actividad lo requiere.

Uso de instrumentos afilados
Maneja con cuidado los instrumentos afilados. Nunca cortes el material hacia ti, sino en dirección opuesta.

Seguridad con animales y plantas
Nunca realices experimentos que causen dolor, incomodidad o daño a los animales. Toma animales sólo si es indispensable. Si eres alérgico a ciertas plantas, mohos o animales, díselo a tu maestro antes de iniciar una actividad que implique su uso. Lávate bien las manos después de trabajar con animales, partes de animales, plantas, partes de plantas o tierra.

Durante el trabajo de campo, usa pantalones largos, mangas largas, calcetines y zapatos cerrados. Evita el contacto con plantas y hongos venenosos, así como las plantas con espinas.

Reglas al terminar experimentos
Desconecta el equipo eléctrico. Limpia tu área de trabajo. Elimina materiales de desecho según las indicaciones de tu maestro. Lávate las manos después de cualquier experimento.

Apéndice B   Uso del microscopio

El microscopio es un instrumento indispensable en las ciencias de la vida. Te permite ver cosas demasiado pequeñas como para verse a simple vista.

Probablemente usarás un microscopio compuesto como el que se ilustra aquí. El microscopio compuesto tiene más de una lente que amplifica el objeto que se estudia.

Por lo regular, un microscopio compuesto tiene una lente en el ocular: la parte por la que miras. La lente del ocular por lo general tiene un aumento de 10 ×. Un objeto visto a través de esta lente se verá 10 veces más grande de lo que es.

El microscopio compuesto podría contener una o dos lentes adicionales llamadas objetivos. Si hay dos lentes objetivo, una es de baja potencia y la otra es de alta potencia. La lente objetivo de baja potencia suele tener un aumento de 10 × y la de alta potencia suele tener un aumento de 40 ×.

Para calcular el aumento total de un objeto, multiplica el aumento de la lente ocular por el aumento de la lente objetivo que estás usando. Por ejemplo, el aumento del ocular, 10 ×, multiplicado por el aumento de la lente objetivo de baja potencia, 10 ×, da un aumento total de 100 ×.

Usa la foto del microscopio compuesto para familiarizarte con las partes del microscopio y sus funciones.

Partes de un microscopio compuesto

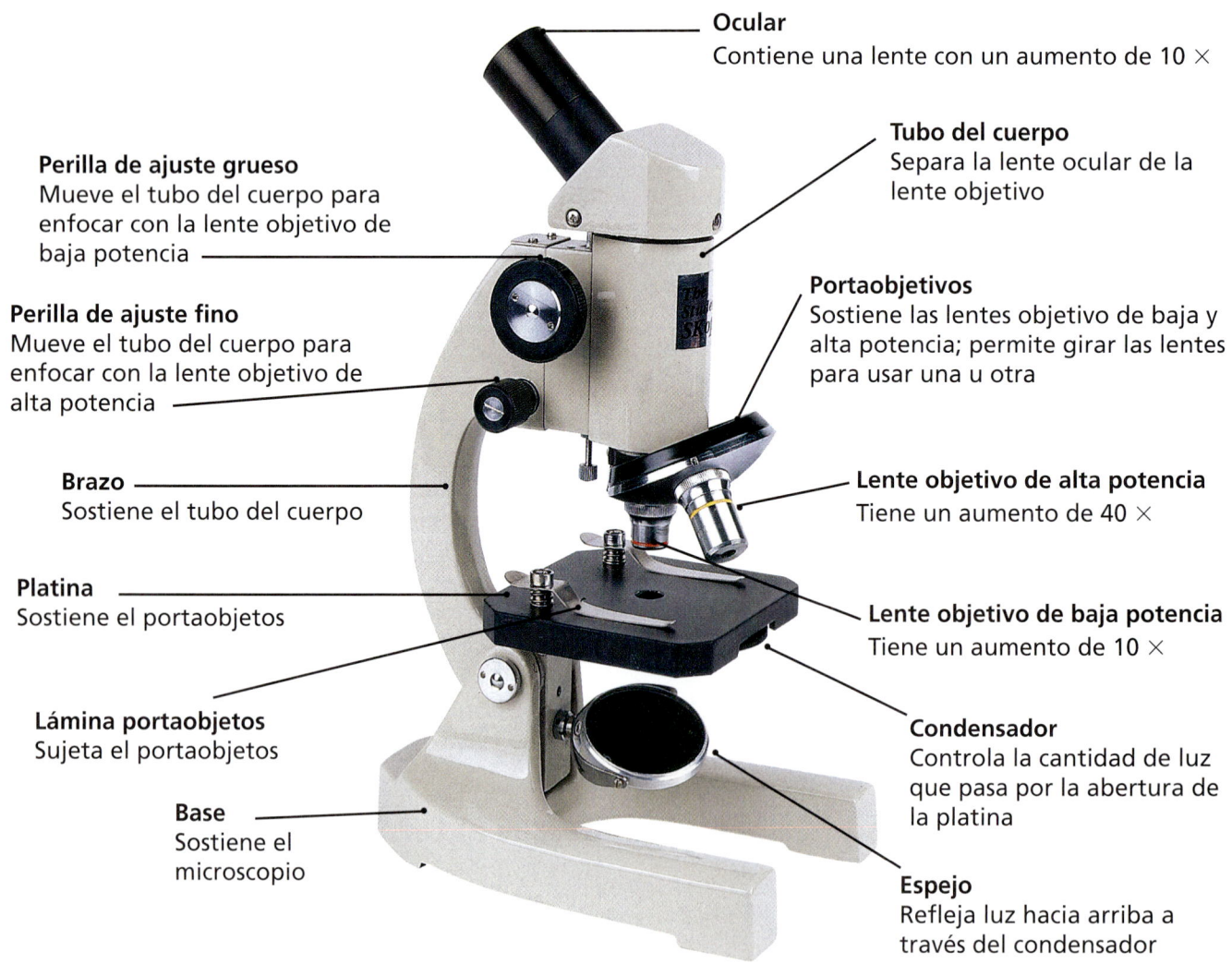

Ocular
Contiene una lente con un aumento de 10 ×

Tubo del cuerpo
Separa la lente ocular de la lente objetivo

Portaobjetivos
Sostiene las lentes objetivo de baja y alta potencia; permite girar las lentes para usar una u otra

Lente objetivo de alta potencia
Tiene un aumento de 40 ×

Lente objetivo de baja potencia
Tiene un aumento de 10 ×

Condensador
Controla la cantidad de luz que pasa por la abertura de la platina

Espejo
Refleja luz hacia arriba a través del condensador

Perilla de ajuste grueso
Mueve el tubo del cuerpo para enfocar con la lente objetivo de baja potencia

Perilla de ajuste fino
Mueve el tubo del cuerpo para enfocar con la lente objetivo de alta potencia

Brazo
Sostiene el tubo del cuerpo

Platina
Sostiene el portaobjetos

Lámina portaobjetos
Sujeta el portaobjetos

Base
Sostiene el microscopio

Uso del microscopio Apéndice B

Uso del microscopio
Sigue estos procedimientos cuando trabajes con un microscopio.

1. Para llevar el microscopio, sujeta el brazo con una mano y coloca la otra mano bajo la base.
2. Coloca el microscopio en una mesa con el brazo hacia ti.
3. Gira la perilla de ajuste grueso para elevar el tubo del cuerpo.
4. Gira el portaobjetivos hasta que la lente objetivo de baja potencia quede en posición.
5. Ajusta el condensador. Mirando por el ocular, ajusta también el espejo hasta ver un círculo brillante. **PRECAUCIÓN:** *Nunca uses luz solar directa como fuente de luz.*
6. Coloca un portaobjetos en la platina. Centra el espécimen sobre la abertura de la platina. Usa la lámina portaobjetos de la platina para mantener fijo el portaobjetos. **PRECAUCIÓN:** *Los portaobjetos de vidrio son frágiles.*
7. Mira la platina desde un lado. Gira con cuidado la perilla de ajuste grueso para bajar el tubo del cuerpo hasta que el objetivo de baja potencia casi toque el portaobjetos.
8. Mirando por el ocular, gira muy lentamente la perilla de ajuste grueso hasta enfocar el espécimen.
9. Para cambiar a la lente objetivo de alta potencia, mira el microscopio desde un lado. Gira con cuidado el portaobjetivos hasta que la lente objetivo de alta potencia quede en posición. Cuida que la lente no toque el portaobjetos.
10. Mirando por el ocular, gira la perilla de ajuste fino hasta enfocar el espécimen.

Cómo montar un espécimen en húmedo
Sigue estos procedimientos para montar un espécimen en húmedo en un portaobjetos.

1. Consigue un portaobjetos y un cubreobjetos limpios. **PRECAUCIÓN:** *Los portaobjetos y cubreobjetos son frágiles.*
2. Coloca el espécimen en el portaobjetos. El espécimen debe ser lo bastante delgado como para que la luz lo atraviese.
3. Con un gotero de plástico, coloca una gota de agua sobre el espécimen.
4. Coloca suavemente un borde del cubreobjetos contra el portaobjetos de modo que toque el borde de la gota de agua con un ángulo de 45°. Baja lentamente el cubreobjetos. Si quedan atrapadas burbujas de aire bajo el cubreobjetos, dale a éste unos golpecitos suaves con el borrador de un lápiz.
5. Retira el exceso de agua del borde del cubreobjetos con una toalla de papel.

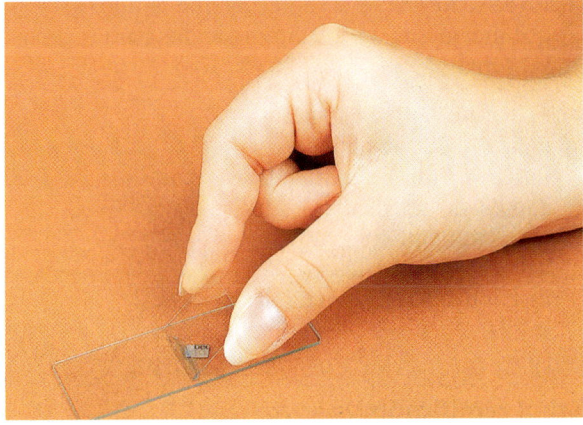

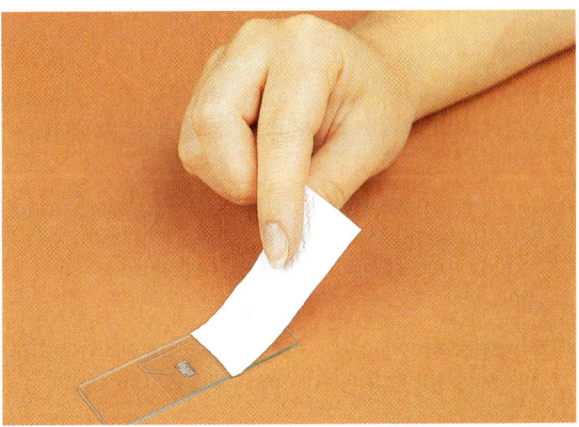

Glosario

A

ácido nucleico Molécula orgánica muy grande compuesta de carbono, oxígeno, hidrógeno, nitrógeno y fósforo, que contiene las instrucciones que las células necesitan para realizar todas las funciones vitales. (pág. 29)

adaptación Rasgo que ayuda a sobrevivir y a reproducirse a un organismo. (pág. 141)

ADN Ácido desoxirribonucleico; material genético que lleva información sobre un organismo y que se pasa de padres a hijos. (pág. 29)

alelo dominante Alelo cuyo rasgo siempre se manifiesta en el organismo, cuando el alelo está presente. (pág. 79)

alelo múltiple Tres o más formas de un gen que codifican un solo rasgo. (pág. 112)

alelo recesivo Alelo que queda oculto cuando está presente un alelo dominante. (pág. 79)

alelos Diferentes formas de un gen. (pág. 79)

aminoácido Pequeña molécula que se une químicamente a otros aminoácidos para formar proteínas. (pág. 28)

aparato de Golgi Estructura en la célula que recibe del retículo endoplasmático las proteínas y otros materiales recientemente formados, los empaqueta y los distribuye a otras partes de la célula. (pág. 22)

árbol ramificado Diagrama que muestra cómo piensan los científicos que se relacionan diferentes grupos de organismos. (pág. 152)

ARN Ácido ribonucleico; ácido nucleico que juega un papel importante en la producción de proteínas. (pág. 29)

ARN de transferencia ARN en el citoplasma que lleva un aminoácido al ribosoma y lo suma a la cadena proteínica que se está formando. (pág. 99)

ARN mensajero ARN que copia el mensaje codificado del ADN en el núcleo y lo lleva al citoplasma. (pág. 99)

autótrofo Organismo que produce su propio alimento. (pág. 45)

C

cáncer Enfermedad en la que algunas células del cuerpo crecen y se dividen sin control, dañando las partes del cuerpo que están a su alrededor. (pág. 65)

carbohidrato Compuesto orgánico rico en energía, como el azúcar o almidón, que está formado por carbono, hidrógeno y oxígeno. (pág. 27)

cariotipo Imagen de todos los cromosomas de una célula, organizados en parejas. (pág. 120)

célula Unidad básica de estructura y función de los seres vivos. (pág. 7)

ciclo celular Secuencia regular de crecimiento y división de las células. (pág. 56)

citocinesis Fase final del ciclo celular en la cual se divide el citoplasma de la célula y se distribuyen los organelos en cada una de las dos nuevas células. (pág. 60)

citoplasma Región entre la membrana celular y el núcleo; en los organismos sin núcleo, la región ubicada dentro de la membrana celular. (pág. 19)

clon Organismo que es genéticamente idéntico al organismo del que proviene. (pág. 125)

clorofila Pigmento verde que se encuentra en los cloroplastos de las plantas, algas y algunas bacterias. (pág. 46)

cloroplasto Estructura en las células vegetales y algunos otros organismos que captan la energía de la luz solar y la usan para producir alimento. (pág. 22)

codominancia Condición en la que ninguno de los dos alelos de un gen es dominante ni recesivo. (pág. 89)

compuesto Dos o más elementos que se combinan químicamente. (pág. 26)

cromosoma Doble bastón de cromatina condensada; contiene ADN que transporta información genética. (pág. 57)

cromosomas sexuales Par de cromosomas portadores de genes que determinan si una persona es macho o hembra. (pág. 113)

cruce selectivo Proceso de selección de algunos organismos con los rasgos deseados para que sirvan de progenitores de la siguiente generación. (pág. 124)

Glosario

cuadrado de Punnett Tabla que muestra todas las combinaciones posibles de los alelos que pueden resultar de una cruza genética. (pág. 86)

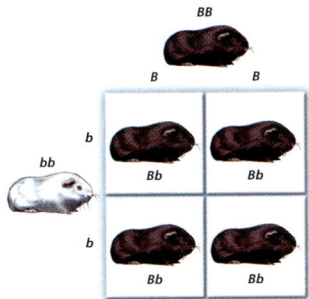

D

datación radiactiva Técnica que se usa para determinar la edad real de un fósil basándose en la cantidad de elementos radiactivos que contiene. (pág. 158)

datación relativa Técnica que se usa para determinar cuál de dos fósiles es más antiguo. (pág. 157)

difusión Proceso por el cual las moléculas se mueven de un área de mayor concentración a otra de menor concentración. (pág. 33)

E

elemento Cualquier sustancia que no puede descomponerse en sustancias más pequeñas. (pág. 25)

elemento radiactivo Elemento inestable que se descompone en un elemento diferente. (pág. 158)

endogamia Método de cruce selectivo en el que se cruzan dos individuos con pares de alelos idénticos o semejantes. (pág. 124)

enzima Tipo de proteína que acelera la reacciones químicas en un ser vivo. (pág. 28)

equilibrio puntuado Teoría que enuncia que las especies evolucionan durante períodos breves de cambios rápidos. (pág. 163)

especie Grupo de organismos similares que pueden aparearse entre ellos y producir descendencia fértil. (pág. 139)

estomas Pequeños orificios en la superficie inferior de la hoja a través de los cuales se intercambia oxígeno y dióxido de carbono. (pág. 47)

estructuras homólogas Partes del cuerpo que son estructuralmente similares entre las especies relacionadas; proveen evidencia de que las estructuras se heredaron de un antepasado común. (pág. 150)

evolución Cambio gradual de una especie a través del tiempo. (pág. 142)

extinto Término que se usa para indicar una especie que ya no tiene miembros vivos. (pág. 159)

F

fecundación Proceso por el cual un óvulo y un espermatozoide se unen para formar un organismo nuevo. (pág. 77)

fenotipo Apariencia física de un organismo, es decir, los rasgos visibles. (pág. 88)

fermentación Proceso por el cual las células descomponen las moléculas para liberar energía sin usar oxígeno. (pág. 52)

fósil Restos o huellas preservados de un organismo que vivió en el pasado. (pág. 139)

fósil petrificado Fósil que se forma cuando los minerales reemplazan todo el organismo o parte de él. (pág. 156)

fotosíntesis Proceso por el cual las plantas y otros organismos captan la energía de la luz solar y la usan para producir alimento. (pág. 45)

G

gen Conjunto de información que controla un rasgo; un segmento de ADN en un cromosoma el cual codifica un rasgo determinado. (pág. 79)

gen ligado al sexo Gen portador del cromosoma X o Y. (pág. 114)

genealogía Tabla o "árbol genealógico" que muestra qué miembros de una familia tienen un rasgo en particular. (pág. 119)

genética Ciencia que estudia la herencia. (pág. 76)

genoma Todo el ADN de una célula de un organismo. (pág. 128)

genotipo Composición genética de un organismo, es decir, las combinaciones de los alelos. (pág. 88)

gradualismo Teoría que enuncia que la evolución ocurre lenta pero continuamente. (pág. 163)

H

herencia Transmisión de rasgos de padres a hijos. (pág. 76)

Glosario

heterocigoto Tener dos alelos diferentes para el mismo rasgo. (pág. 88)

heterótrofo Organismo que no puede producir su propio alimento. (pág. 45)

hibridación Método de cruce selectivo en el cual se cruzan dos individuos genéticamente diferentes. (pág. 124)

híbrido Organismo que tiene dos alelos diferentes para un rasgo; un organismo que es heterocigoto para un rasgo en particular. (pág. 80)

homocigoto Tener dos alelos idénticos para el mismo rasgo. (pág. 88)

ingeniería genética Transferencia de un gen desde el ADN de un organismo a otro, para producir un organismo con los rasgos deseados. (pág. 126)

interfase Fase del ciclo celular que ocurre antes de la división; durante esta fase la célula crece, copia su ADN y se prepara para la división. (pág. 56)

lípido Compuesto orgánico rico en energía, como grasa, aceite y cera, formado por carbono, hidrógeno y oxígeno. (pág. 27)

lisosoma Pequeña estructura celular redonda que contiene sustancias químicas que descomponen las partículas de alimento grandes en otras más simples. (pág. 22)

meiosis Proceso que ocurre en la formación de las células sexuales (espermatozoide y óvulo) por el cual el número de cromosomas se reduce a la mitad. (pág. 94)

membrana celular Estructura celular que controla qué sustancias pueden entrar y salir de la célula. (pág. 17)

microscopio Instrumento que hace que los objetos pequeños se vean más grandes. (pág. 7)

mitocondria Estructura celular con forma de bastón que transforma la energía de las moléculas de alimentos en energía que la célula puede usar para llevar a cabo sus funciones. (pág. 19)

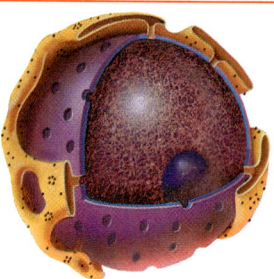

mitosis Fase del ciclo celular durante la cual el núcleo de la célula se divide en dos nuevos nucleolos y se distribuye una copia del ADN a cada célula hija. (pág. 57)

molde Tipo de fósil que se forma cuando la caparazón, concha u otra parte dura de un organismo enterrado se disuelve y deja un área hueca con la forma de esa parte. (pág. 156)

mutación Cambio en un gen o cromosoma. (pág. 65)

núcleo Estructura celular que contiene ácidos nucleicos, es decir, las instrucciones químicas que dirigen las actividades de la célula. (pág. 18)

organelo Diminuta estructura celular que realiza una función específica dentro de la célula. (pág. 16)

ósmosis Difusión de las moléculas de agua a través de una membrana con permeabilidad selectiva. (pág. 34)

pared celular Capa rígida de material no vivo que rodea las células vegetales y de algunos organismos. (pág. 17)

permeabilidad selectiva Propiedad de las membranas celulares que permite que algunas sustancias pasen y otras no. (pág. 32)

pigmento Compuesto químico de color que absorbe luz. (pág. 46)

portador Persona que tiene un alelo recesivo para un determinado rasgo, pero que no tiene el rasgo. (pág. 115)

probabilidad Número que describe la posibilidad de que ocurra un suceso. (pág. 84)

proteína Molécula orgánica grande compuesta de carbono, hidrógeno, oxígeno, nitrógeno y, a veces, azufre. (pág. 28)

quimioterapia Uso de medicamentos para tratar enfermedades como el cáncer. (pág. 66)

rasgo Característica que un organismo puede transmitir a su descendencia a través de sus genes. (pág. 76)

raza pura Descendiente de muchas generaciones que tienen los mismos rasgos. (pág. 77)

registro fósil Los millones de fósiles que han descubierto los científicos. (pág. 158)

replicación Proceso por el cual una célula copia el ADN de su núcleo. (pág. 56)

respiración Proceso por el cual las células descomponen moléculas simples de alimento para liberar la energía que contienen. (pág. 50)

retículo endoplasmático Estructura celular que forma un laberinto de pasajes por los que se transportan las proteínas y otros materiales de una parte de la célula a otra. (pág. 19)

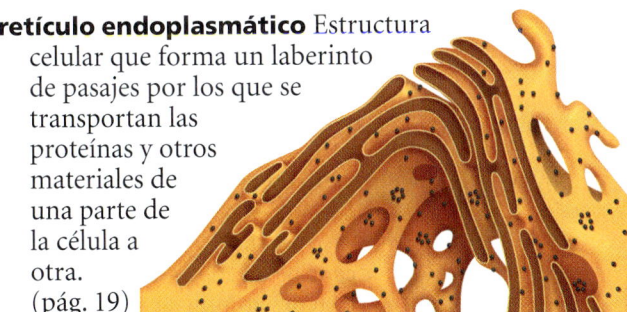

ribosoma Estructura pequeña parecida a un grano en el citoplasma de una célula donde se fabrican las proteínas. (pág. 19)

selección natural Proceso por el cual los individuos que se adaptan mejor a sus ambientes tienen más posibilidades de sobrevivir y reproducirse que otros miembros de la misma especie. (pág. 143)

teoría celular Explicación ampliamente aceptada sobre la relación entre las células y los seres vivos. (pág. 10)

teoría científica Concepto comprobado que explica una amplia gama de observaciones. (pág. 142)

terapia génica Inserción de copias activas de un gen en las células de una persona con un trastorno genético para intentar corregir dicho trastorno. (pág. 127)

transporte activo Movimiento de materiales a través de la membrana celular que usa energía de la célula. (pág. 36)

transporte pasivo Movimiento de materiales a través de la membrana celular sin el uso de energía. (pág. 36)

trastorno genético Condición anormal que hereda una persona a través de genes o cromosomas. (pág. 118)

tumor Masa de células anormales que se desarrolla cuando las células cancerosas se dividen y crecen sin control. (pág. 65)

vaciado Tipo de fósil que se forma cuando un molde se llena con minerales que luego se endurecen. (pág. 156)

vacuola Saco dentro de la célula que actúa como área de almacenamiento. (pág. 22)

variación Cualquier diferencia entre individuos de la misma especie. (pág. 143)

vida media Tiempo que demoran en desintegrarse la mitad de los átomos de un elemento radiactivo. (pág. 158)

Índice

Los números de página correspondientes a los términos clave se muestran en **negrita**.
Los números de página correspondientes a ilustraciones, mapas y tablas se muestran en *cursiva*.

Abert, ardilla de 153
ácido desoxirribonucleico. *Ver* ADN
acontecimientos, independencia de 85
activo, transporte 36-37
adaptación *141*
   de animales en las islas Galápagos 141, *142*
adenina 61, *62*, 98, 99, 100
Administración de Alimentos y Medicamentos (FDA), aprobación de fármacos 68, 69
ADN **29**, 97–103, 123
   analizar 131
   bases nitrogenadas 61, *62*, 98, 151
   cáncer y daño al 65
   comparación con ARN 99
   cromosomas y 98
   distribución en las células hijas durante la mitosis 57
   estructura 61
   genes y 98
   genoma **128**
   inferir relaciones entre especies a partir de semejanzas de 151
   mutaciones y 102–103, 118
   replicación **56**, *62*, 102
   síntesis de proteínas 99–101
ADN, dactilografía de **128**, 130–131
agua
   como producto de la respiración celular 51
   función en la fotosíntesis 47
   función en las células 30
aislamiento, formación de especies debida al 152–153
alanina 98
albinismo 119
alcohólica, fermentación 53
alelos **79**
   codominantes **89**, 112, 118
   dominantes **79**–81, 87, 114
   en las cruzas de Mendel 80
   genes simples con dos 11
   genotipo de combinaciones de 88
   múltiples 112
   para tipo sanguíneo 112
   recesivos **79**–81, 87, 114, 115, 118
   separación de, durante la meiosis 95
   símbolos de los 80
alimento(s)
   carbohidratos 27
   energía de los 49
   fotosíntesis en plantas para producir 45, 47

   lípidos 27
   proteínas *28*
almidones 27
ambiente, medio
   interacción entre genes y 116
   selección natural y cambios en 144
aminoácidos **28**. *Ver también* **proteínas**
   bases de ADN que codifican 98
   inferir relaciones entre especies según el orden de los 151
   transportados por el ARN de transferencia 101
amplificación, lentes de
   microscopios y 11–12
   microscopio compuesto y 12
anafase 57
animal, célula *21*
   citocinesis en *60*
animálculos 9
animales
   clonación **125**
   ingeniería genética en 127
antibióticos 103
antibióticos, resistencia bacteriana a 103
aparato digestivo, descomposición de alimentos en el 49
árboles ramificados 152
área 186
ARN **29**
   comparación con ADN 99
   función en la síntesis de proteínas 99, 100–101
   tipos 99
ARN de transferencia **99**, 101
ARN mensajero **99**, 100–101
asesoramiento genético 120
asteroide, cambio climático causado por 162
atmósfera, oxígeno y dióxido de carbono en 52
átomo 25
autopolinización 77, 78
autótrofo *45*
azúcar 27
   como energía almacenada en las plantas 48
   de seis carbonos, como producto de la fotosíntesis 47

bacterianas, células 24
bacterias
   ingeniería genética en las **126**–127
   resistencia antibiótica en las 103

Beagle, viaje del HMS 139, *139*, 140. *Ver también* **Darwin, Charles**
bioquímico x–3

calcular, destreza 177
cambios climáticos, extinción masiva debido a 162
Cáncer (constelación) 64
cáncer 64, **65**–67
   desarrollo del 65
   diseminación del 66
   prevención 67
   tipos de 65, 67
   tratamiento 66
cáncer pulmonar 65, 67
cánceres de piel 67
carbohidratos 27
   como producto de la fotosíntesis 47, 50
carbohidratos complejos 27
cariotipo 120
Celsius, escala 177
célula del cáncer de mama 65
célula(s) 6, 7–13, 16–24
   animal *21*, 60
   bacteriana 24
   citoplasma 19
   como unidad básica de estructura 7
   compuestos químicos de 25–30
   desarrollo de la teoría celular 10–11
   difusión en 34
   efectos de la ósmosis en 35
   en su ambiente 32–37
   especializada 23
   funciones del agua en 30
   herencia y 92–96
   hija 56, 57, 60
   microscopios para observar 7, 11–13
   núcleo de **18**
   organelos de **16**, 19–22
   origen del nombre 8
   pared celular de 17
   participación en las funciones de los organismos 7
   primeras observaciones de 7–9
   sexual 77, 92, 93, 94–95, 102
   síntesis proteica en 99–101
   tamaño de 7, 37
   vegetal 17–22, 60
células cutáneas 7
células falciformes, enfermedad de 118
   vivir con 121

Índice

células hijas 56
    distribución de organelos en 60
    distribución del ADN en 57
células sexuales 92
    cromosomas en 93
    en plantas de guisante 77
    meiosis y formación de **94**–95
    mutación en 102
células vegetales 17–22
    citocinesis 60
    estructuras típicas que se encuentran en 20
    organelos del citoplasma 19–22
    pared celular 17
celulosa 17, 27
centrómero 57
cerebro, tejido nervioso del 23
Cheddar, Hombre de 123
ciclo celular 56, 58–59
    citocinesis **60**
    interfase 56
    mitosis 57
    mutaciones que alteran el 65
cifras significativas 189
cirugía, como tratamiento del cáncer 66
citocinesis 60
citoplasma 19
    división 60
    movimiento de moléculas 37
    respiración celular 51
    síntesis de proteínas en los ribosomas 99, 100
citosina 61, 62, 98, 100
clasificar, destreza 175
clon 125
clonación *125*
clorofila 46
cloroplastos 22, 46
    reacciones químicas en 47
coagulación sanguínea, hemofilia como trastorno de 118
código genético 98, 99
    síntesis de proteínas y traducción del 100–101
codominancia 89, 112, 118
Colón, Wilfredo x–3
color de la piel, genes múltiples que controlan 112
compensaciones 180
competencia, selección natural y 144
compuesto *26*
comunicar, destreza 175
concentración de sustancia, difusión de mayor a menor 33–34
    ósmosis y 34–35

conclusión 179
Cretáceo, extinción masiva al final del período 162
crianza (perros) 168–173
Crick, Francis 61
cromátida 57
cromatina 18
cromosomas 57, 92
    ADN y 98
    cariotipo para estudiar 120
    en las células somáticas humanas 96
    genes en 93, 96
    mutación durante la meiosis 102
    sexuales 113–115
cromosomas sexuales 113–115
    fecundación y 113

D

dactilografía del ADN 128, 130–131
daltonismo
    herencia de 115
    rojo-verde 114, 115
Darwin, Charles 138–145
    observaciones 138, 139
    organismos de las Galápagos que estudió 139, 140–141
    selección natural 143–145
    teoría de la evolución 142–145
    teoría del gradualismo 163
datación
    radiactiva 158, 159
    relativa 157
dato 179
desarrollo temprano, semejanzas en el 149
desoxirribosa 61
dieta saludable, prevención del cáncer con 67
difusión 33–34
    ósmosis y 34–35
    transporte activo y **36**
dinosaurio, fósil de 155
dióxido de carbono
    como producto de la fermentación alcohólica 53
    como producto de la respiración celular 51
    molécula de 26
    papel en la fotosíntesis 47
diversidad de los seres vivos 139
división celular 55–62. *Ver también* ciclo celular
    cáncer y división descontrolada 65, 66

etapas de 56–60
preparación para 56
doblamiento de proteínas x–3
dominante, alelo 79–81, 87, 114
Down, síndrome de 118, 120
    vivir con 121

E

edades de los fósiles, cómo determinar 157–158
electrones 13
elemento(s) **25**
    en ácidos nucleicos 29
    en carbohidratos 27
    en lípidos 27
    en proteínas 28
    en seres vivos 25
    radiactivos 158
encapsulación, transporte por 37
endogamia *124*
energía
    almacenada en carbohidratos 27
    almacenada en lípidos 27
    almacenada en plantas 48, 50
    célula y requerimientos de 44
    de la fermentación 52–53
    de la respiración celular **50**–53
    del alimento 49
    fuentes de 45
    solar, captación de 46, 50
    transporte activo con uso de 36–37
    utilizada para producir alimento 47
enzima 28
eras de la Escala de tiempo geológico 159
Escala de tiempo geológico 159, *160–161*
especializadas, células 23
especies 139
    cambio ambiental y 144
    competencia y 144
    extintas **159**, 162
    formación de nuevas 152–153
    genes y 145
    inferir relaciones evolutivas entre 151–152
    selección y 144
    sobreproducción de 143
    variación de *143*, 144
espermatozoides en plantas de guisantes 77. *Ver también* células sexuales
estambres 77

Índice

Los números de página correspondientes a los términos clave se muestran en **negrita**.
Los números de página correspondientes a ilustraciones, mapas y tablas se muestran en *cursiva*.

estatura
genes múltiples que controlan 112
medio ambiente y 116
estomas 47
estructura corporal, semejanzas en 150
estructura proteica, inferir relaciones entre especies según las semejanzas de su 151
evolución 142–145. *Ver también* registro fósil
equilibrio puntuado y **163**
gradualismo y 163
por selección natural **143**–145, 148
evolución, evidencias de 148–153
combinar 151–152
especies nuevas, formación de 152–153
evidencias de selección natural 148
fósiles como 149
inferir relaciones entre especies 151–152
semejanzas de estructuras corporales como 150
semejanzas en el desarrollo temprano como 149
experimento controlado 179
exponente 189
extinciones masivas 162
extinto 159
extinciones masivas 162

factor 189
fecundación 77
cromosomas sexuales y 113
pares de cromosomas formados por 93
fenotipo 88
mutaciones que afectan 102
fermentación 53–53
alcohólica 53
de ácido láctico 53
fibrosis quística 118
cómo enfrentar 121
flores, adaptaciones de 141
fólico, ácido 121
forma del pico, adaptación de 141
fosfatos 61
fósiles 139, 155–158
como evidencia de evolución 149
determinar la edad de 157–158

evidencias de apoyo proporcionadas por las estructuras homólogas 150
formación de 156
petrificados 156
fotosíntesis 44, **45**–48, 50
comparar respiración celular y 52
dos etapas de 46–48
ecuación 48
fracción 157
Franklin, Rosalind 61
funciones en los organismos 7

Galápagos, organismos de las islas 140–141
adaptaciones de *141*, 142
comparaciones con organismos sudamericanos 140
comparaciones entre las islas 141
observaciones de Darwin 139
gen(es) 79
ADN y 98
en los cromosomas 93, 96
función principal 98
ligados al sexo **114**
medio ambiente y 116
mutaciones **65**, 102–103, 118
rasgos controlados por varios 112
selección natural y 145
únicos, con alelos múltiples 112
únicos, con dos alelos 111
genealogía *119*
genealogía de un rasgo 119
generaciones filiales
primera (F1) **78**, 80
segunda (F2) **78**, 80
genes ligados al sexo 114
genética 76
cuadrados de Punnett 86, 95, 111, 115, 120
herencia humana 110–116
probabilidad y 86–87
trabajos de Mendel en 76–81
genética, adelantos en 123–128
clonación *125*
cruce selectivo **124**
genética humana, aprendizaje en 128
ingeniería genética *126*–127
genoma 128
genotipo 88
glucosa 27
respiración celular y descomposición de 51

Golgi, aparato de 19, 22
gradualismo 163
gramo (g) 177
gris, lobo 168
guanina 61, 62, 98, 99, 100

hacer modelos, destreza 175
hemofilia 118
proteína para la coagulación sanguínea 127
vivir con *120*–121
hemoglobina 118
herencia 76. *Ver también* **genética**
estudio de Mendel sobre 76–81, 86, 87
humana 110–116
herencia humana 110–116
adelantos en el aprendizaje de 128
medio ambiente y 116
patrones de 111–112
cromosomas sexuales y 113–115
herencia. *Ver también* **genética**; herencia
células y 92–96
estudios de Mendel en 76–81, 86, 87
humana 110–116
teoría cromosómica de la 92, 93
heterocigoto **88**, 89
cuadrado de Punnett para el pico de viuda 111
heterótrofo 45
hibridación *124*
híbrido 80
heterocigoto de un rasgo 88
hipótesis 178
homocigoto 88
homólogas, estructuras *150*
Hooke, Robert 8
humanos, trastornos genéticos 117–121

iguanas, comparación de, en Galápagos y tierra firme 140
independencia de acontecimientos 85
inferir, destreza 174
ingeniería genética *126*–127
inquietudes acerca de 127
inorgánicos, compuestos 26
insectos, resistencia a los plaguicidas entre los 148
insulina 126–127
interfase 56

204 ◆ C

Índice

Kaibab, ardilla *153*

laboratorio, seguridad en el 190–191
láctico, fermentación de ácido 53
Leeuwenhoek, Anton van 9, 10
lente convexa 11
lentes, microscopio y 7
   amplificación y 11–12
lípidos 27
lisosoma 22
litro (L) 176
lluvia de ideas 180
Lou Gehrig, Enfermedad de (ALS) 2

material genético de la cromatina 18. *Ver también* ADN
media 185
mediana 185
medicinas nuevas, pruebas con 68–69
meiosis *94*–95, 145
   mutación durante la 102, 118
membrana celular 17
   citocinesis y **60**
   difusión a través de **33**–34
   función de 17
   permeabilidad selectiva **32**, 33
   transporte activo a través de **36**–37
Mendel, Gregor 76–81
   como Padre de la Genética 81
   descubrimiento de genes y alelos 79–81
   experimentos de 76, 77–78, 86, 87
metafase 57
metro (m) 176
microscopio 7, 11–13, 196–197
   amplificación y lentes 11–12
   compuesto 7, 8, 12
   electrónico 13
   invención del 7
   óptico 7, 11–12
   resolución 12
microscopio compuesto 7, 8
   amplificación 12
microscopio óptico 7, 11–12
microscopios electrónicos 13
mímulos 144
mitocondrias *19*
   respiración en 51
mitosis 57

moda 185
molde (fósil) 156
molécula de agua 26
   ósmosis de **34**–35
moléculas 26
   difusión de **33**–34
múltiples, alelos 112
músculos, fermentación de ácido láctico en 53
mutación 65, 102–103
   efectos de 103, 118
   tipos de 102

natural, selección 143–145
   evidencias actuales de 148
   sobreproducción y 143
naturalista, Darwin como 138
nerviosa, célula 23
nervioso, sistema 23
nitrogenadas, bases en el ADN 61
   de diferentes especies 151
   orden de 98
   proceso de replicación y 62
notación científica 189
nuclear, membrana 18
nucleico, ácido 29
núcleo 18
   ausencia de, en células bacterianas 24
nucléolo 18

observar, destreza 174
Olimpiadas Especiales 117
operativa, definición 179
organelos 16, 19–22
   cloroplastos **22**, 46, 47
   cuerpo de Golgi 19, *22*
   distribución en las células hijas, durante la citocinesis 60
   lisosomas 22
   mitocondrias *19*, 51
   retículo endoplasmático *19*
   ribosomas 18, **19**, 99, 100
   vacuolas 22
orgánicos, compuestos 26
   ácidos nucleicos 29
   carbohidratos 27
   lípidos 27
   proteínas 28
orgánicos, sistemas 23
organismos 6
   células en. *Ver* célula(s)
órganos 23

Origen de las Especies, El (Darwin) 143
ósmosis 34–35
   efectos de 35
   transporte pasivo y **36**
óvulos en plantas de guisantes 77. *Ver también* células sexuales
oxígeno
   como producto de la fotosíntesis 47
   respiración y 51

P

pared celular 17
parental, generación (generación P) 78
pares de cromosomas 93
   meiosis y separación de **94**–95, 102, 118
pasivo, transporte 36
Período Precámbrico 159
permeabilidad selectiva, membrana celular con **32**, 33
perros 168–173
petrificados, fósiles 156
pico de viuda 111
pigmentos 46
pinzones de las islas Galápagos, adaptaciones de 141
pistilo 77
placa celular 60
plaguicida, desarrollo de la resistencia a 148
plantas
   adaptaciones que contribuyen a la reproducción 141
   clonación **125**
   energía almacenada 48, 50
   fotosíntesis 44, **45**–48, 50, 52
   modificadas con ingeniería genética 127
   que contienen almidón 27
plantas de guisantes, experimentos de Mendel con 76, 77–78, 86, 87
plásmidos 126
polinización 77
   autopolinización 77–78
   polinización cruzada 77–78
polinización cruzada en plantas de guisante 77–78
porcentaje 85, **188**
portador 115
precisión 189
predecir, destreza 174

preservados, fósiles de restos 156
probabilidad 84, **185**
   genética y 86–87
   independencia de acontecimientos en 85
   matemáticas de 85
   predecir 87
   principios de 84–85
proceso de aprobación de medicamentos, debate sobre 69–69
profase 57
proporción 33, **188**
proteína de la coagulación sanguínea, ingeniería genética para producir 127
proteína(s) **28**, x–3
   código genético en el control de la producción 98
   estructura 28
   funciones de 28
   síntesis en ribosomas 18, **19**, 99, 100–101
   transporte 36
proteínas transportadoras 36
prototipo 181
Proyecto Genoma Humano 128
Punnett, cuadrado de **86**
   asesoramiento genético y 120
   codominancia 89
   daltonismo 115
   meiosis y 95
   pico de viuda 111
   predecir probabilidades con 87
   uso 87
puntuado, equilibrio 163

quimioterapia 66

radiación, en el tratamiento del cáncer 66
radiactiva, datación **158**, 159
radiactiva, descomposición 158
radiactivos, elementos 158
rasgo(s) **76**
   alelos dominantes y recesivos 79–81, 87, 114, 115, 118
   controlados por numerosos genes 112
   controlados por un solo gen con alelos múltiples 112
   controlados por un solo gen con dos alelos 111
   cromosomas y herencia de 92, 93
   cruce selectivo para obtener **124**, 142
   en una genealogía 119
   experimentos de Mendel con la herencia de 77–78
   fenotipo o visible **88**
   heterocigotos de un **88**, 89, 111
   homocigotos de **88**
   ligados al sexo 114, 115
   portador de **115**
rasgos ligados al sexo 114, 115
raza pura 77, 78, 169
recesivo, alelo 79–81, 87, 114, 115, 118
registro fósil **158**–163
   de organismos extintos 159
   Escala de tiempo geológico y 159, *160–161*
   espacios vacíos 162–163
relativa, datación **157**
replicación del ADN **56**, 62
   mutación durante 102
reproducción. *Ver también* células sexuales
   adaptaciones que contribuyen 141
   mutaciones útiles para 103
resolución del microscopio **12**
respiración celular 49, **50**–53
   comparar fotosíntesis y 52
   dos etapas de 51
   ecuación 51
   respiración pulmonar y 50
respiración celular 50–53
respiración pulmonar y respiración celular 50
restricciones 180
retículo endoplasmático *19*
ribonucleico, ácido. *Ver* ARN
ribosomas 18, **19**, 99, 100
rojos, glóbulos 23
   falciformes 118
rojo–verde, daltonismo 114, 115

saliva, enzimas de 28
Schleiden, Matthias 10
Schwann, Theodor 10
sedimentaria, formación de fósiles en roca 156
   datación relativa y 157
sedimentos 156
segunda (vez) 177
seguridad en el laboratorio 190–191
selectivo, cruce **124**
   teoría de la evolución de Darwin y 142
sobreproducción, selección natural y 143
solar, luz
   fotosíntesis utilizando energía de **45**, 45, 50
   luz ultravioleta de, cáncer de piel y 67
solares, celdas 46
solución de dificultades 181
sudamericanos, organismos, comparados con organismos de las Galápagos 140
supervivencia, mutaciones útiles para 103
Sutton, Walter 92, 93

tabaco, humo de, y cáncer 67
tabaquismo, cáncer y 67
Targett, Adrian 123
tejidos 23
telofase 57
teoría celular **10**–11
teoría científica **142**
teoría cromosómica de la herencia 92, 93
terapia génica 127
Tierra, registro fósil de la historia de la vida en la **158**–163
   Escala de tiempo geológico y 159, *160–161*
   especies extintas **159**
timina 61, 62, 98
tipo sanguíneo, herencia del 112
trastorno genético ligado al sexo 118
trastornos genéticos
   causas 118
   endogamia y **1245**
   frecuentes 118
   genealogías y *119*
   humanos 117, **118**–121
   manejo 120–121
trilobites 163
tumor 65, 66
Tyrannosaurus rex 155

ultravioleta, luz, y cáncer de piel 67
unidades de medición SI 176
uracilo 99, 100

V

vaciado (fósil) 156
vacuola 22
variable 179
variable manipulada 179
variable respuesta 179
variación *143*
    supervivencia y reproducción debidas a variaciones útiles 144
vertebrados, estructuras corporales semejantes en 150
vida media 158
Virchow, Rudolf 10
Volcánicas, erupciones y cambio climático debido a 162

W

Wallace, Alfred Russel 143
Watson, James 61

X

X, cromosoma 113, 114, 115

Y

Y, cromosoma 113, 114

Reconocimientos

Reconocimiento para la página 172: Fragmento de *James Herriot's Dog Stories*. Copyright © 1986 by James Herriot. Published by St. Martin's Press.

Créditos del personal

Diane Alimena, Michele Angelucci, Scott Andrews, Jennifer Angel, Laura Baselice, Carolyn Belanger, Barbara A. Bertell, Suzanne Biron, Peggy Bliss, Stephanie Bradley, James Brady, Anne M. Bray, Sarah M. Carroll, Kerry Cashman, Jonathan Cheney, Joshua D. Clapper, Lisa J. Clark, Bob Craton, Patricia Cully, Patricia M. Dambry, Kathy Dempsey, Leanne Esterly, Emily Ellen, Thomas Ferreira, Jonathan Fisher, Patricia Fromkin, Paul Gagnon, Kathy Gavilanes, Holly Gordon, Robert Graham, Ellen Granter, Diane Grossman, Barbara Hollingdale, Linda Johnson, Anne Jones, John Judge, Kevin Keane, Kelly Kelliher, Toby Klang, Sue Langan, Russ Lappa, Carolyn Lock, Rebecca Loveys, Constance J. McCarty, Carolyn B. McGuire, Ranida Touranont McKneally, Anne McLaughlin, Eve Melnechuk, Natania Mlawer, Janet Morris, Karyl Murray, Francine Neumann, Baljit Nijjar, Marie Opera, Jill Ort, Kim Ortell, Joan Paley, Dorothy Preston, Maureen Raymond, Laura Ross, Rashid Ross, Siri Schwartzman, Melissa Shustyk, Laurel Smith, Emily Soltanoff, Jennifer A. Teece, Elizabeth Torjussen, Amanda M. Watters, Merce Wilczek, Amy Winchester, Char Lyn Yeakley. **Créditos adicionales** Tara Alamilla, Louise Gachet, Allen Gold, Andrea Golden, Terence Hegarty, Etta Jacobs, Meg Montgomery, Stephanie Rogers, Kim Schmidt, Adam Teller, Joan Tobin.

Ilustración

Art developed and produced by **Michelle Barbera:** 143–145; **Kerry Cashman:** 96, 106; **John Ceballos:** 30; **David Corrente:** 86–87; **John Edwards and Associates:** 10, 19t, 19b, 22, 33, 52, 87b, 152, 159; **Kevin Jones Associates:** 156–157; **Keith Kasnot:** 18; **Steve McEntee:** 35, 36, 61, 62, 99, 100–101; **Richard McMahon:** 46–47; **Karen Minot:** 45, 77, 78, 166; **Morgan-Cain & Associates:** 26, 58–59, 94–95; **J/B Woolsey Associates:** 40, 66–67, 72, 89, 126, 150; **XNR Productions:** 138–139. **Todas las gráficas y diagramas por Matt Mayerchak.**

Fotografía

Investigación fotográfica Paula Wehde

Imagen superior de portada, David Madison/Getty Images, Inc.; **inferior,** Ian Walton/Getty Images, Inc.

Página vi, AP/Wide World Photos; **vii,** Richard Haynes; **viii,** E.R. Degginger/Color-Pic, Inc.; **x,** Rensselear Polytechnic Institute; **1l,** Angel E. Garcia (Los Alamos National Laboratory) and Jose N. Onuchic (University of California at San Diego); **1r,** Rensselear Polytechnic Institute; **2,** Bettmann/Corbis; **3,** Rensselear Polytechnic Institute.

Capítulo 1

Páginas 4–5, Dr. David E. Scott/Phototake; **5r,** Richard Haynes; **6t,** Richard Haynes; **6b,** McDonald Wildlife Photo, Inc./DRK Photo; **7t,** Photo Researchers, Inc.; **7b,** Richard Haynes; **8l,** FSU Research Foundation; **8m,** The Granger Collection; **8r,** Bettmann/Corbis; **9l,** Bettmann/Corbis; **9m,** Pascal Goetgheluck/SPL/Photo Researchers, Inc.; **9r,** Lawrence Migdale/Stock Boston; **10,** John Locke/Dembinsky Photo Associates; **11,** Getty Images, Inc.; **12t,** Photo Researchers, Inc.; **12bl,** Sinclair Stammers/SPL/Photo Researchers, Inc.; **12br,** SPL/Photo Researchers, Inc.; **13,** CRNI/SPL/Photo Researchers, Inc.; **14,** Richard Haynes; **16t,** Runk/Schoenberger/Grant Heilman Photography, Inc.;**16b,** Corbis; **17l,** Runk/Schoenberger/Grant Heilman Photography; **17r,** Mike Abbey/Visuals Unlimited; **18,** Alfred Paskieka/SPL/Photo Researchers, Inc.; **19t,** Bill Longcore/Photo Researchers, Inc.; **19b,** SPL/Photo Researchers, Inc.; **22,** Photo Researchers, Inc.; **23t,** Dr. David Scott/CRNI/Phototake; **23br,** Motta & S. Correr/SPL/Photo Researchers, Inc.; **23bl,** Eric V. Grave/Photo Researchers, Inc.; **24l,** Dr. Gary Gaugler/Photo Researchers, Inc.; **24m,** SNRI/Phototake; **24r,** Phototake; **25t,** Russ Lappa; **25b,** Jeffrey A. Scovil; **26,** Digital Vision/Getty Images, Inc.; **27t,** Japack Company/Corbis; **27m,** Andrew Syred/SPL/Photo Researchers, Inc.; **27bl,** Vittoriano Rastelli/Corbis; **27br,** Getty Images, Inc.; **28,** Scheidermeyer/OSF/Animals Animals/Earth Scenes; **31,** Richard Haynes; **32–33,** Damilo P. Donadomi/Bruce Coleman, Inc.; **35l,** Stanley Flegler/Visuals Unlimited; **35m,** David M. Phillips/Visuals Unlimited; **35r,** David M. Phillips/Visuals Unlimited; **37,** M. Abbey/Visuals Unlimited; **40,** Runk/ Schoenberger/Grant Heilman Photography.

Capítulo 2

Páginas 42–43, Michael J. Doolittle/The Image Works; **43r,** Russ Lappa; **44t,** Russ Lappa; **44–45b,** Todd Gustafson/Panoramic Images; **45 inset,** Stephen J. Krasemann/Photo Researchers, Inc.; **46,** Biophoto Associates/Photo Researchers, Inc.; **47,** Dr. Jeremy Burgess/SPL/Photo Researchers, Inc.; **48,** Superstock, Inc.; **49,** Royalty-Free/Corbis; **50l,** Stephen Dalton/Photo Researchers, Inc.; **50r,** Phil Dotson/Photo Researchers, Inc.; **53,** Richard Hutchins/PhotoEdit; **55t,** David Scharf/Peter Arnold, Inc.; **55b,** AP/Wide World Photos; **56–57t,** Royalty-Free/Corbis; **57b,** Biophoto Associates/Science Source/Photo Researchers, Inc.; **58–59 todas,** M. Abbey/Photo Researchers, Inc.; **60,** Visuals Unlimited; **63,** Runk/Schoenberger/Grant Heilman Photography; **64t,** Richard Haynes; **64b,** Corbis; **65,** National Cancer Institute/SPL/Photo Researchers, Inc.; **68t,** Bettmann/Corbis; **68b,** Pallava Bagla/Corbis Sygma; **69t,** Royalty-Free/Corbis; **69b,** Gabe Palmer/Corbis; **70,** Royalty-Free/Corbis.

Capítulo 3

Páginas 74–75, Ron Kimball Studios; **75r,** Richard Haynes; **76t,** Getty Images, Inc.; **76bl,** Hulton Archive/Getty Images, Inc.; **76br,** Jerry Howard/Positive Images; **77,** Jerry Howard/Positive Images; **79,** Dorling Kindersley; **80 ambas,** Meinrad Faltner/Corbis; **81t,** David Young-Wolff/PhotoEdit; **81b,** Villanova University; **82tl,** Michael Newman/PhotoEdit; **82tml,** David Young-Wolff/PhotoEdit; **82tmr,** David Young-Wolff/PhotoEdit; **82tr,** David Young Wolff/PhotoEdit; **82bl,** Mary Kate Denny/PhotoEdit; **82bml,** Nicolas Russell/Getty Images, Inc.; **82bmr,** David Young-Wolff/PhotoEdit; **82br,** Corbis; **84t,** U.S. Mint/Omni-Photo Communications, Inc.; **84b,** David Young-Wolff/PhotoEdit; **85,** Jim Cummins/Getty Images, Inc.; **90,** Dorling Kindersley; **91t,** Dorling Kindersley; **91b,** Richard Haynes; **92,** Dennis Kunkel/Phototake; **93l,** Michael Abbey/Photo Researchers, Inc.; **93r,** E.R. Degginger/Color-Pic, Inc.; **97,** Adrian Warren/Last Refuge Ltd.; **103,** Dorling Kindersley; **104,** Adrian Warren/Last Refuge Ltd.

Capítulo 4

Páginas 108–109, Royalty-Free/Corbis; **109 detalle,** Richard Haynes; **110b,** Michael Newman/PhotoEdit; **110t,** Richard Haynes; **111 cuadrícula, todas,** David Young-Wolff/PhotoEdit; **111l,** Michael Newman/PhotoEdit; **111m,** David Urbina/PhotoEdit; **111r,** Everett Collection; **112,** Camille Tokerud/Getty Images, Inc.; **113l,** Biophoto Associates/Photo Researchers, Inc.; **113r,** Biophoto Associates/Photo Researchers, Inc.; **114l,** Corbis; **114r,** Michael Douma, Institute for Dynamic Educational Advancement; **116,** Amy Etra/PhotoEdit; **117b,** Jonathan Nourok/PhotoEdit; **117t,** CNRI/Photo Researchers, Inc.; **118 ambas,** Stanley Flegler/Visuals Unlimited; **119,** Craig Farraway; **121 ambas,** National Hemophilia Foundation; **122,** White Packert/Getty Images, Inc.; **123,** South West News Service; **124bl,** Foodpix; **124bm,** Photo Researchers, Inc.; **124br,** Foodpix; **124m,** Paul McCormick/Getty Images, Inc.; **124t,** Grant Heilman Photography, Inc.; **125,** Image Works; **127l,** 5-D and Segrest Farms/AP/Wide World Photos; **127r,** Animals Animals/Earth Scenes; **128,** Photo Researchers, Inc.; **129,** David Parker/Photo Researchers, Inc.; **130t,** Nathan Benn/Corbis; **130b,** Getty Images, Inc.; **131,** Andrew Brooks/Corbis; **132b,** Craig Farraway; **132t,** The Image Works.

Capítulo 5

Páginas 136–137, Tui De Roy/Minden Pictures; **137r,** Richard Haynes; **138t,** Portrait by George Richmond/Down House, Downe/Bridgeman Art Library; **138b,** Christopher Ralling; **138 marco,** Dorling Kindersley; **139 all,** Tui De Roy/Minden Pictures; **140t,** Photo Researchers, Inc.; **140b,** Jeremy Woodhouse/Masterfile; **141,** Dr. Jeremy Burgess/SPL/Photo Researchers, Inc.; **142t,** Barbara D. Livingston; **142m,** Barbara D. Livingston **142b,** AP/Wide World; **142 herradura,** Dorling Kindersley; **147,** Richard Haynes; **148t,** Richard Haynes; **148b,** Dorling Kindersley; **149 all,** Michael K. Richardson; **150l,** Photo Researchers, Inc.; **150m,** G. Alamany & E. Vicouns/Corbis; **150r,** Robert Pearcy; **151l,** Gary Milburn/Tom Stack & Associates, Inc.; **151r,** Betty K. Bruce/Animals Animals/Earth Scenes; **155t,** James L. Amos/Photo Researchers, Inc.; **155b,** AP/Wide World Photos; **157,** Peter Pavlovsky/Fossils.de; **162 all,** Douglas Henderson; **163,** Breck P. Kent; **164,** Photo Researchers, Inc.

Página 168b, Myrleen Ferguson Cate/PhotoEdit; **168t,** Bridgeman Art Library; **169,** Ron Kimball; **170 todas excepto la del galgo,** Corel Corp.; **170 galgo,** Jack Daniels/Getty Images, Inc.; **171bl,** C. Jeanne White/Photo Researchers, Inc.; **171br,** Corel Corp.; **171m,** Corel Corp.; **171tl,** Corel Corp.; **171tr,** Dorling Kindersley; **172l,** G. K. & Vikki Hart/Getty Images, Inc.; **172r,** AP/Wide World Photos; **173,** Corbis; **174,** Tony Freeman/PhotoEdit; **175t,** Russ Lappa; **175m,** Richard Haynes; **175b,** Russ Lappa; **176,** Richard Haynes; **178,** Richard Haynes; **180,** Morton Beebe/Corbis; **181,** Richard Haynes; **183t,** Dorling Kinderlsey; **183b,** Richard Haynes; **185,** Image Stop/Phototake; **188,** Richard Haynes; **195,** Richard Haynes; **196,** Russ Lappa; **197 ambas,** Russ Lappa.

Versión en español

Editorial Compuvisión México.

Créditos del personal

Marina Liapunov, Claudio Barriga.

Símbolos de seguridad

Estos símbolos aparecen en las actividades de laboratorio. Te advierten de posibles peligros en el laboratorio y te recuerdan que trabajes con cuidado.

 Gafas de protección Usa estas gafas para protegerte los ojos en actividades con sustancias químicas, fuego o calor, u objetos de cristal.

 Delantal de laboratorio Usa un delantal de laboratorio para proteger tu piel y tu ropa de cualquier daño.

 Rotura de objetos Maneja con cuidado los materiales que pueden romperse, como termómetros y objetos de cristal. No toques cristales rotos.

 **Guantes resistentes al calor** Usa un guante para hornos u otra protección al manejar materiales calientes, como hornillos u objetos de cristal calientes.

 Guantes de hule Usa guantes de hule desechables para protegerte del contacto con sustancias químicas u organismos que pudieran ser dañinos. Mantén las manos alejadas de tu rostro, y desecha los guantes según las indicaciones de tu maestro.

 Calor Usa pinzas o tenazas para sujetar objetos calientes. No toques los objetos calientes con las manos descubiertas.

 Fuego Sujétate el cabello y la ropa que te quede floja antes de trabajar con fuego. Sigue las instrucciones de tu maestro sobre cómo encender y apagar fuego.

 Trabajar sin fuego Cuando uses materiales inflamables, asegúrate que no haya llamas, chispas o fuentes de calor expuestas.

 Sustancia química corrosiva Evita el contacto del ácido u otras sustancias químicas corrosivas con tu piel, tu ropa o tus ojos. No inhales los vapores. Lávate las manos al terminar la actividad.

 Veneno No permitas que ninguna sustancia química te caiga en la piel ni inhales su vapor. Lávate las manos al terminar la actividad.

 Vapores Al trabajar con vapores venenosos hazlo en un área ventilada. Evita inhalar el vapor directamente. Huélelo sólo cuando tu maestro te lo indique, abanicando el vapor hacia tu nariz.

 Objetos afilados Tijeras, bisturís, navajas, agujas, alfileres y tachuelas pueden cortar tu piel. Dirige los bordes afilados en dirección contraria de donde estás tú o los demás.

 Seguridad de los animales Trata a los animales vivos o conservados o a las partes de animales cuidadosamente para no lastimarlos o lastimarte. Lávate las manos al terminar la actividad.

 Seguridad de las plantas Maneja las plantas sólo como tu maestro te indique. Avísale si eres alérgico a ciertas plantas; no realices una actividad donde se usen esas plantas. No toques las plantas nocivas, como la hiedra. Lávate las manos al terminar la actividad.

 Descarga eléctrica Para evitar descargas eléctricas, nunca uses un equipo eléctrico cerca del agua ni cuando tus manos estén húmedas. Asegúrate de que los cables no estorben el paso. Desconecta el equipo cuando no lo uses.

 Seguridad física Cuando un experimento requiera actividad física, evita lastimarte o lesionar a los demás. Avisa a tu maestro si algo te impide participar en la actividad.

 **Desechos** Las sustancias químicas y otros materiales utilizados en la actividad deben eliminarse de manera segura. Sigue las instrucciones de tu maestro.

 Lavarse las manos Lávate bien las manos al terminar la actividad. Usa jabón antibacteriano y agua caliente. Enjuágate bien.

 Advertencia de seguridad general Sigue las instrucciones indicadas cuando veas este símbolo. Cuando se te pida que diseñes tu propio experimento de laboratorio, pide a tu maestro que apruebe tu plan antes de proseguir.